多维贫困视阈下珠江—西江经济带精准扶贫与脱贫的机制与政策研究

廉 超 著

中国财经出版传媒集团

经济科学出版社

Economic Science Press

·北京·

图书在版编目（CIP）数据

多维贫困视阈下珠江—西江经济带精准扶贫与脱贫的
机制与政策研究/廉超著. ––北京：经济科学出版社，
2024.1

ISBN 978 – 7 – 5218 – 5566 – 1

Ⅰ.①多… Ⅱ.①廉… Ⅲ.①区域经济发展 – 经济带
– 扶贫 – 研究 – 广东②区域经济发展 – 经济带 – 扶贫 – 研
究 – 广西 Ⅳ.①F127.6

中国国家版本馆 CIP 数据核字（2024）第 035251 号

责任编辑：李晓杰
责任校对：杨　海
责任印制：张佳裕

多维贫困视阈下珠江—西江经济带精准扶贫与脱贫的机制与政策研究

廉　超　著

经济科学出版社出版、发行　新华书店经销
社址：北京市海淀区阜成路甲 28 号　邮编：100142
教材分社电话：010 – 88191645　发行部电话：010 – 88191522
网址：www. esp. com. cn
电子邮箱：lxj8623160@ 163. com
天猫网店：经济科学出版社旗舰店
网址：http://jjkxcbs. tmall. com
北京季蜂印刷有限公司印装
710×1000　16 开　18.25 印张　300000 字
2024 年 1 月第 1 版　2024 年 1 月第 1 次印刷
ISBN 978 – 7 – 5218 – 5566 – 1　定价：76.00 元
（图书出现印装问题，本社负责调换。电话：010 – 88191545）
（版权所有　侵权必究　打击盗版　举报热线：010 – 88191661
QQ：2242791300　营销中心电话：010 – 88191537
电子邮箱：dbts@ esp. com. cn）

本成果获得国家社科基金青年项目"多维贫困视阈下珠江—西江经济带精准扶贫与脱贫的机制与政策研究"（16CJL048）、"广西高等学校千名中青年骨干教师培育计划"立项课题"乡村振兴背景下农民文化贫困治理逻辑与路径研究"（2022QGRW007）、广西哲学社会科学规划课题"广西高水平推进西部陆海新通道共建共享的机制与路径研究"（23FYJO28）、"广西高等学校千名中青年骨干教师培育计划"立项课题"西部地区自由贸易试验区建设的区域经济增长效应及政策支持研究"（2022QGRW029）、广西马克思主义理论研究与建设工程（广西师范大学）基地立项项目"2020年后我国相对贫困的变动趋势及其治理逻辑研究"（2020MJD04）、广西八桂青年拔尖人才培养项目、广西师范大学马克思主义学院学术著作的出版资助。

前　　言

本书从多维贫困视角，对珠江—西江经济带精准扶贫与脱贫的机制与政策进行研究，主要是缘于 2013 年 11 月习近平总书记在湖南花垣县十八洞村考察时首次提出了"精准扶贫"之后，2015 年 11 月中共中央、国务院正式发布了《关于打赢脱贫攻坚战的决定》，强调要确保到 2020 年农村贫困人口实现脱贫，并把"精准扶贫、精准脱贫"确定为基本方略；而珠江—西江经济带作为典型的流域经济带，其脱贫攻坚任务具有典型性、代表性和特殊性，面对当时珠江—西江经济带脱贫攻坚所面临的艰巨和繁重任务，如何深入探讨和解决珠江—西江经济带脱贫攻坚中所面临的深层次问题和挑战，是一个值得深入研究的重大理论和实践问题。

本书是国家社科基金青年项目《多维贫困视阈下珠江—西江经济带精准扶贫与脱贫的机制与政策研究》的研究成果。在项目获得立项后，课题组结合课题研究的实际情况，持续跟踪国家精准扶贫、精准脱贫的政策和工作走向，并组织课题组成员到珠江—西江经济带沿线的贫困地区进行了实地调研走访和采集研究数据资料，并收集到 1 万余户、四万余名贫困与脱贫人员的数据资料，为深入开展课题研究奠定了重要基础。在研究期间，课题组从不同层面和角度开展了深入研究，撰写了 20 余篇阶段性成果论文，其中发表在 CSSCI 源期刊、中文核心期刊上的相关阶段性成果论文 7 篇，在全国性报纸上发表相关论文 3 篇，入选《珠江—西江经济带蓝皮书：珠江—西江经济带发展报告（2020～2021）》2 篇，另有论文《精准扶贫、精准脱贫背景下贫困地区女性就业脱贫与家庭可持续发展保障研究》于 2018 年 12 月获广西妇女联合会"新时代妇女理论与实践创新发展"研讨会一等奖，报告《PPP 模式助推珠江—西江经济带精准扶贫、精准脱贫的对策建议》入选珠江—西江经济带发展研究院《智库专刊》2016 年第 3 期。

本书关于多维贫困视阈下珠江—西江经济带精准扶贫与脱贫的机制与政策

研究，主要包括以下几大研究内容：一是多维贫困视阈下珠江—西江经济带精准扶贫与脱贫研究的理论基础；二是多维贫困视阈下珠江—西江经济带精准扶贫与脱贫的成效和典型经验；三是珠江—西江经济带多维贫困的维度特征及其评价指标体系构建；四是多维贫困视阈下珠江—西江经济带精准扶贫与脱贫的实证分析；五是多维贫困视阈下珠江—西江经济带精准扶贫与实现脱贫致富面临的问题及原因分析；六是推进珠江—西江经济带精准扶贫、精准脱贫与乡村振兴的运行机制与模式选择；七是多维贫困视阈下推进珠江—西江经济带精准扶贫与脱贫及与乡村振兴有机衔接的对策建议。

　　本书从多维贫困视角，深入探讨了珠江—西江经济带精准扶贫与精准脱贫问题，转变了传统以单一维度贫困为核心的反贫困理论体系的研究，并进一步推动学者从多维贫困角度来考察地区绝对贫困、相对贫困问题，具有较大的学术价值和应用价值。希望本书能够为各位专家、学者、读者深入研究地区贫困问题以及推进乡村振兴提供一定的理论指导和现实参考。

康 超

2023 年 12 月

目 录
contents

>   >   >   >   >   >

引　言

一、研　究　背　景

一直以来，贫困都是一个世界性的难题，是每个国家和地区都无法避免且必然要面临的问题。之前人们所普遍认同的贫困仅局限于收入贫困，并以收入的多少来作为衡量贫困的标准。1985 年，我国的贫困线标准为人均年纯收入200 元。此后，随着人均收入水平的提高，国家对贫困线进行逐年微调。2007年贫困标准线调整为 1067 元；2008 年，我国将贫困线细分为绝对贫困线和低收入贫困线两种，将低收入贫困标准线定为 786～1067 元，并将人均纯收入785 元定为绝对贫困线标准。随后，绝对贫困线和低收入贫困线合二为一，2009 年将贫困线标准提高到 1196 元[①]。2011 年以前，我国的贫困线标准跟国际贫困标准存在一定的差距，世界银行 1990 年将贫困线确定为每人日均 1 美元左右，并于 2005 年将国际贫困线标准调整为每人日均 1.25 美元，之后 2015年再将国际贫困线标准提升至每人日均 1.9 美元。[②] 根据我国扶贫开发的实际情况，2011 年 11 月 29 日中央在北京召开了扶贫开发会议，将农民人均纯收入2300 元定为新的国家扶贫标准，这个标准比 2009 年提高了 92%[③]。

"多维贫困"的概念最早由诺贝尔经济学奖得主阿玛蒂亚·森（Amartya

[①] 人民日报海外版. 中国扶贫线 30 年涨 10 倍 [EB/OL]. http：//paper. people. com. cn/rmrbhwb，2015 - 10 - 16.

[②] 新华网. 世界银行上调国际贫困线标准 [EB/OL]. http：//www. xinhuanet. com/world/2015 - 10/05/c_1116739916. htm，2015 - 10 - 5.

[③] 光明网. 中央扶贫开发工作会议在北京召开 [EB/OL]. https：//epaper. gmw. cn/gmrb，2011 - 11 - 30.

Sen，1988）提出，其从"能力贫困"视角对贫困进行了定义，认为贫困是人的基本可行能力被剥夺，贫困不仅表现在人的收入水平的低下，还表现在受教育年限、道路、饮用水、卫生设施等指标的缺乏。随着经济社会的发展以及贫困相关理论的演化，尤其是阿玛蒂亚·森"可行能力"理论的提出，渐渐演化出多维贫困理论。多维贫困理论强调，不能简单地以收入的多少来划分贫困地区和人口，而要从多维度如健康、教育、基础设施、生活尊严等方面来认识贫困。1990 年，联合国开发计划署借鉴阿玛蒂亚·森的多维贫困理论，从"预期寿命""教育年限""生活水平"等方面构建了人文发展指数；2010 年，联合国开发计划署发布的《2010 年人类发展报告》提到了多维贫困指数（MPI），并从教育、健康、生活标准等三个维度 10 个具体指标来衡量贫困程度，多维贫困指数逐步代替人类贫困指数。目前，多维贫困已受到各界的广泛关注，对改变传统的仅以收入水平来衡量贫困程度的手段和方法提出了挑战，并对解决地区、家庭和农户的贫困问题提供了新的研究思路。在中国广大农村地区，尽管居民收入水平有所提升，但教育、交通、医疗、卫生等基础设施建设方面还不是很完善，单纯依靠收入维度来衡量贫困程度难以全面反映居民的真实贫困情况。因此，需要从多维贫困视角来进一步看待贫困问题，其对于深入推动我国绝对贫困和相对贫困问题的解决，促进农村居民生活质量和水平的提升具有重要的现实意义。

2013 年 11 月，习近平总书记在湖南湘西考察时首次提出"精准扶贫"的概念和内涵；与此同时，习近平总书记多次强调扶贫开发贵在精准，重在精准，并强调要从扶持对象、项目安排、资金使用、措施到户、因村派人、脱贫成效等方面提高扶贫的精准性。[①] 2015 年 11 月，中共中央、国务院发布了《关于打赢脱贫攻坚战的决定》，把"精准扶贫、精准脱贫"确定为扶贫的基本方略。实际上，自改革开放以来，我国已经进行了很多大规模的扶贫工作，这些扶贫工作的实施也确实大量减少了我国的贫困人口数量。尤其是 21 世纪以来，随着我国经济的迅速发展，人民的生活水平有了质的飞跃，人民对于生活质量的提升产生了更高的要求，因此，我国的扶贫开发工作也进入了新的阶段，党和国家的扶贫开发工作面临着新的挑战。2020 年，中共中央、国务院印发的《关于抓好"三农"领域重点工作 确保如期实现全面小康的意见》指出，2020 年后贫困治理的重点将由绝对贫困转向相对贫困，而在相对贫困治

---

① 本书编写组．习近平的小康情怀［M］．北京：人民出版社，2022.

理的新阶段，贫困治理战略也将逐步向培育并激发相对贫困地区和主体的内生动力方向转变，并探讨构建相对贫困治理的长效机制，实现相对贫困地区及当地居民内生发展动力的可持续发展。总而言之，在新时代背景下，以习近平同志为核心的党中央确立的精准扶贫、精准脱贫方略为我国的扶贫开发工作作出了新的指引，有利于深入推动我国消除贫困问题，更好地改善民生，共享经济社会改革发展成果，最终实现共同富裕。2022 年，党的二十大报告强调，要巩固拓展脱贫攻坚成果，增强脱贫地区和脱贫群众内生发展动力，进一步明确了下一步贫困治理的工作重点。

2014 年 7 月，国务院批复并实施《珠江—西江经济带发展规划》（以下简称《规划》），为珠江—西江经济带的发展迎来了新的发展契机。该《规划》指出珠江—西江经济带区域面积 16.5 万平方千米，范围主要包括广东、广西两个省份，涉及广州、佛山、肇庆、云浮、南宁、柳州、梧州、来宾、崇左、贵港、百色 11 个城市，并基于流域特点，将范围扩展至延伸区，也就是将沿江地区的广西桂林、玉林、贺州、河池等市，贵州黔东南、黔南、黔西南、安顺、云南文山、曲靖这些地区作为延伸区。珠江—西江经济带涵盖有国家级贫困县、滇桂黔石漠化片区、乌蒙山片区等区域。与此同时，《中国农村贫困监测报告 2017》等数据统计显示，2016 年广东、广西、云南、贵州分别有贫困人口 161.5 万人、341 万人、402 万人、373 万人[①]。由此可见，珠江—西江经济带的贫困地区和人口都较多，人口的贫困程度也较深，因此脱贫难度也较大。

"精准扶贫、精准扶贫"是习近平总书记基于中国的扶贫和脱贫实际提出的扶贫理论和思想，具有浓厚的中国扶贫特色。而多维贫困理论则从多维的角度来阐述贫困的内涵，对深入推进珠江—西江经济带多维贫困问题、精准扶贫和精准脱贫问题、相对贫困问题、乡村振兴问题等问题的解决提供了理论借鉴和现实指导。为此，本书将珠江—西江经济带（包含延伸区）作为区域研究范围，以多维贫困为视角，从健康贫困、生活条件贫困、生产条件贫困、公共资源贫困、自我发展能力贫困等多个维度对珠江—西江经济带的精准扶贫与脱贫的机制与政策问题进行研究，进而提出有针对性的减贫策略，其有利于深入推动珠江—西江经济带的扶贫工作开展，进一步巩固珠江—西江经济带精准扶

---

① 国家统计局住户调查办公室．中国农村贫困监测报告 2017［M］．北京：中国统计出版社，2017 年．

贫、精准脱贫成果，并为实现珠江—西江经济带扶贫开发与乡村振兴的有机衔接提供重要的理论和现实指导。

二、研究目的和意义

（一）研究目的

珠江—西江经济带作为国家重要区域和未来经济发展的新增长点，同时也是包含多个国家级贫困地区和贫困人口的重要区域，珠江—西江经济带精准扶贫和脱贫的机制与政策问题已经成为该经济带未来发展需要重点关注的问题。本书以多维贫困为研究视角，围绕多维贫困理论，从健康贫困、生活条件贫困、生产条件贫困、公共资源贫困和自我发展能力贫困等5个维度，在对珠江—西江经济带沿线的广东、广西、贵州、云南等省份的贫困人口进行调查研究的基础上，对珠江—西江经济带的精准扶贫与脱贫的机制与政策问题进行研究，从而提出有针对性的减贫策略，并为进一步巩固珠江—西江经济带精准扶贫、精准脱贫成果以及深入推动其扶贫开发及实现与乡村振兴的有机衔接提供理论和现实指导，以及为推动东部、西部地区的区域协调发展和民族地区的和谐发展提供理论和现实借鉴。

（二）研究意义

1. 理论意义

第一，有助于转变传统以单一维度贫困为核心的贫困治理机制，补充和完善我国多维贫困理论的研究框架以及健全落后地区和当地居民的长效发展机制。从福利经济学和多维角度出发，研究珠江—西江经济带多维贫困问题、多维贫困的维度特征及其影响机制，揭示多维贫困的表现特征和内在规律，有助于转变传统以单一维度贫困为核心的反贫困理论机制，转向以多维贫困为核心的反贫困理论体系研究。国内关于多维贫困问题的研究，起步较晚，成果也较缺乏，国外在多维贫困的测度方面仍有较大争议，因此，项目研究有助于逐步补充和完善我国的多维贫困测度理论研究框架，并为解决跨区域经济带和贫困地区的绝对贫困和相对贫困问题提供新的理论视角和现实途径。

第二，为推动珠江—西江经济带全面脱贫，以及为促进东部、西部地区的协调发展提供理论指导。珠江—西江经济带横跨东部的广东地区和西部的广西、贵州、云南地区，研究多维贫困视阈下珠江—西江经济带精准扶贫和脱贫的机制与政策问题，提出减贫策略，可以为东部、西部及其他地区的精准扶贫与脱贫等扶贫开发工作的有效实施提供很好的示范，具有重要的理论指导和借鉴意义。其中，作为东部发达地区的代表地区——广东省，经济发展水平较高，人民生活水平和生活质量都较高，整体贫困问题相对较轻；而广西、贵州、云南是贫困程度较深的地区，脱贫难度较大。因此，本书对多维贫困视阈下珠江—西江经济带精准扶贫和脱贫的机制与政策进行研究，既可以为农村地区的绝对贫困和相对贫困问题解决，实现跨区域协同发展提供理论指导和借鉴，又可以为其他地区的脱贫和实现区域协调发展提供典型的示范和指导作用。

第三，为我国东部、西部帮扶合作和流域经济带扶贫开发理论的完善提供了新的理论支撑。依据服务珠江—西江经济带发展研究的需要，对珠江—西江经济带贫困地区进行调研，获取研究需要的第一手资料。从健康维度、生活条件维度、生产条件维度、公共资源维度、自我发展能力维度等维度出发，分析多维贫困各维度之间的内在联系，并从贫困识别、维度组成、指标设计、方法测度等方面构建评价指标体系。因此，本书将通过理论和实证角度对珠江—西江经济带多维贫困的维度特征进行研究，如实反映珠江—西江经济带的真实贫困程度及其成因，为我国东部、西部帮扶合作和流域经济带扶贫开发理论的完善提供了新的理论支撑。

2. 实践意义

第一，有利于缩小东部、西部地区的发展差距，是促进民族团结和区域协调发展的战略需要。研究多维贫困视阈下珠江—西江经济带精准扶贫与脱贫的机制与政策问题，是实现区域协调发展、民族团结和谐、边疆稳定的国家战略需要。珠江—西江经济带既包含沿海开放地区，又包括老少边穷地区；既有民族地区，又有边疆地区；珠江中上游的少数民族贫困人口占全国贫困人口的比例较高。因此，该研究对缩小东部、西部地区收入差距，打造贯穿中国沿海和内陆地区的沿江国土空间开发主轴，形成与东盟、粤港澳、西南地区联动发展格局具有重要战略意义。珠江—西江经济带沿线地区，尤其是广西、云南、贵州等地区，是少数民族较为聚集的区域，因此，对多维贫困视阈下珠江—西江经济带精准扶贫与脱贫的机制与政策进行研究，并提出相应的减贫策略，是推动珠江—西江经济带民族地区和谐发展、区域协调发展的战略需要。

第二，为珠江—西江经济带扶贫发展与巩固脱贫攻坚成果提供决策和咨询服务。珠江—西江经济带多维贫困测度及减贫策略研究，旨在从健康、生活条件、生产条件、公共资源、自我发展能力等 5 个维度出发，对珠江—西江经济带真实贫困状况进行调研，进而在获取第一手研究数据的基础上，对基于多维贫困评价指标体系的珠江—西江经济带多维贫困的维度特点进行分析，进一步探讨和了解珠江—西江经济带的真实贫困程度及其贫困成因，挖掘和发现其本质问题，并找出珠江—西江经济带在实施精准扶贫与脱贫政策等一系列扶贫工作中面临的问题，精准施策，提出多维贫困视阈下珠江—西江经济带精准扶贫与脱贫的治理模式、脱贫路径等政策建议，为其他地区扶贫发展与巩固脱贫攻坚成果提供决策和咨询服务。

第三，为珠江—西江经济带相对贫困治理与实现乡村振兴提供解决思路。全国全面建成小康社会后，相对贫困问题就日益突显，将乡村振兴战略考虑进来，分析珠江—西江经济带扶贫与脱贫工作的作用机制，并在此基础上总结乡村振兴与精准扶贫、精准脱贫有机衔接的政策逻辑，进而深入把握乡村振兴战略实施与"精准扶贫、精准脱贫"方略实施的内在联系和本质区别，进一步为 2020 年后相对贫困治理以及推动新时代乡村振兴与精准扶贫、精准脱贫的有效衔接提供对策和思路。

三、文 献 综 述

（一）关于贫困及多维贫困的内涵和特点研究

从 18 世纪开始，关于贫困问题的理论研究一直是世界各国关注的热点和难点问题，一系列理论和模型建立起来用以描述贫困的形成和发展过程，如马尔萨斯的自然致贫说（T. R. Malthus，1798）、马克思的制度贫困理论（K. H. Marx，1847）、纳克斯的贫困恶性循环理论（R. Nurkse，1953）、纳尔逊的"低水平均衡陷阱"理论（R. R. Nelson，1956）、奥斯卡·刘易斯的贫困文化理论（O. Lewis，1959）、功能学派（H. J. Gans，1979）和冲突学派的贫困观、贫困代际传递理论（O. Lewis）等；其他较具代表性的贫困形成理论观点包括要素短缺论（D. S. Landes）、环境成因论（A. Inkeles）、平等与效率权衡说（A. M. Okun，M. Friedman）、智力低下论（R. J. Herrnstein & C. Murray）、贫困文化论（O. Lewis）、功能贫困论（H. J. Gans）、能力贫困论（A. Sen）、素质贫困论、社会排斥论等（王洪涛，2013；李晓明，2006）。然而，长期以来，贫困被视为一维概念，仅指经济上的贫困，包括联合国、世界银行以及世界各国和地区在内都习惯把收入或消费转化成一定数量的货币来作为衡量贫困的标准（尚卫平、姚智谋，2005；张雪梅等，2011；蒋翠侠等，2011）；但是，随着理论与实践的发展，传统意义上的收入维度贫困遭到了人们的质疑和批评，人们开始认识到，贫困不仅是指收入低于贫困线，更应该从广泛的视角进行分析和研究（刘密斯，2013），于是，贫困的内涵开始从狭义的收入维度贫困转向广义的多维贫困，国际社会对贫困表现多元性的特质也逐渐形成共识，多维贫困理论和方法也日益受到重视（UNDP，1997；郭建宇和吴国宝，2012；陈辉和张全红，2013）。

最早对于贫困的定义主要是从最低收入维持基本生活的角度进行考虑的，但随着人们对贫困内涵了解的不断深入，关于贫困问题的研究重点逐步从满足基本生活需要向生存和福利方向转移，并更多地考虑福利缺失的问题，而福利是一个多维度的概念，所以贫困的内涵也逐渐向多维贫困方向发展（刘密斯，2013）。1992 年，诺贝尔经济学奖得主阿玛蒂亚·森在"能力贫困"理论的基础上，创立了多维贫困理论，他从福利经济学的角度把行动能力和功能活动概念引入贫困分析，认为贫困是对人的基本可行能力的一种剥夺，不仅仅表现为收入低下，还有一些其他因素会对人的可行能力产生剥夺（李娜娜，2012；王保雪、王荣党，2013）。其核心观点是人的贫困应该既包括客观指标的贫困，如收入、水、交通、卫生、住房等，也包括主观感受的贫困（张全红等，2014；刘伟、黎洁，2014；侯卉等，2012）。自 20 世纪 90 年代以来，对贫困的认识观点基本趋于一致：贫困既包括客观状态和某些主观感受，也是一个动态过程，而且相对是一个比较模糊的概念，研究上扩展到多维视野（刘杰等，2014；侯卉等，2012）。自从阿玛蒂亚·森提出多维贫困理论以来，越来越多的学者开始从多维角度分析、识别贫困（陈辉等，2013），面临的最大挑战是如何识别贫困人口和对多维贫困进行测量（侯凤涛，2013；王小林、Sabina Alkire，2009），这也越来越成为贫困研究和反贫困所依据的重要基础（陈辉和张全红，2013；王小林、Sabina Alkire，2009）。目前，学术界针对多维贫困研究的焦点主要集中在如何进行多维贫困测度方面（刘密斯，2013；沈扬扬等，2018）。

目前，国内外关于多维贫困问题的研究主要围绕以下各方面展开：阿玛蒂亚·森基于能力、权利和福利的发展理论体系，构建了新的以能力为基础的贫困发展观（吴胜泽，2012），提出了这种以"能力方法"为标准来衡量的多维贫困理论。如果贫困人口拥有个人能力，那么他可以依靠自身技能来找到工作，以此获得较高的收入，从而摆脱贫困，甚至走向富裕。相反，如果一个人没有个人能力，即使他现在不是贫困人口，也很难保证未来一定不会贫困，这种以能力为基础的多维贫困理论使人们对贫困有了重新的理解和认识。从以收入为衡量标准的贫困到多维贫困，从多维贫困到基于能力的贫困发展观，再到权利贫困，学者对贫困问题的研究不断深入，并在此基础上，将贫困分为绝对贫困、相对贫困和社会排斥三类主要贫困类型（张全红等，2014）。贫困不仅表现为经济资本的不足，还表现为能力资本的贫困、社会资本的缺乏、人力资本的匮乏和自然资本的缺失（李波平、何雄，2014）。

随着人们对贫困问题的深入认识以及社会经济的发展，学者对贫困研究的视角也出现了相应的变化，即由之前的聚焦于经济或者物质视角，变成现在以可行能力和社会排斥为视角。权力贫困理论是基于社会排斥视角，认为贫困人口会受到物质和权利等方面的多重打击，例如，在社会地位上较低、政治上被歧视、法律上不被保护等；从这一层面来看，即使拥有一定的收入和能力，但是如果受到主流政治、经济、社会、文化等活动的排斥，也依然会很穷（霍萱，2017）。阿玛蒂亚·森认为应该从概念上将贫困定义为能力不足，而不是收入低下（吴胜泽，2012），人的贫困既包括收入贫困，还应当包括健康、教育、生活质量、医疗等福利指标方面的贫困（张全红等，2014）。

学术界关于多维贫困的定义普遍沿用阿玛蒂亚·森多维贫困的定义方法和思想，然后在此基础上从不同的角度进行梳理、解读和阐释。如联合国开发计划署（UNDP，1997）指出贫困不只表现为缺乏收入，还表现为对发展权利、教育、医疗、生活质量等方面的剥夺（郭建宇、吴国保，2012）。联合国开发计划署《2010年人类发展报告》发布的多维贫困指数，从教育维度、健康维度和生活标准维度等三个维度，选取10个细分指标对多维贫困进行了研究，而有的学者考虑到货币性指标对个体福利的重要性，在此基础上增加了资产维度来进行研究（王素霞、王小林，2013）。陈立中（2008）则从收入、教育、健康三个维度出发，采用多维度贫困指数对我国多维度贫困进行测算。胡鞍钢（2008）认为，缺乏收入只是多维贫困的一个现象，贫困的核心应该是对一个人的能力、权利和福利方面的剥夺，他在"减贫与发展高层论坛"上提出将贫困分为收入贫困、人类贫困、知识贫困和生态贫困四类贫困。邹薇和方迎风（2011）以能力为视角，采用 CHNS 数据，选取收入、教育和生活质量三个维度方面的 8 个指标对我国贫困人口的多维贫困进行研究，结果显示，多维性也是多维贫困的较突出特点（Amartya Sen，1992，2002）。沈扬扬等（2018）通过中国家庭调查数据（CFPS），测算了中国的多维贫困状况，分析结果显示，虽然中国的多维贫困程度并不高，但是区域发展不平衡是造成多维贫困的重要影响因素，贫困人群普遍在健康、教育等方面面临较大问题和挑战。总体而言，中国贫困人口的发展能力得到了显著提升。

（二）关于多维贫困维度划分的研究

1. 贫困的维度划分

多维贫困研究属于社会学或发展经济学的重要领域（陈成文，2017）。要解决贫困问题，首先得弄清楚多维贫困的划分类型，因此，多维贫困维度划分的研究也引起了众多研究者的关注。由于中国幅员辽阔，不同地区的自然资源禀赋、生活生产条件、基础设施条件、人口素质等具有明显的区域差异性，因此在某些地区，贫困依然具有"贫困程度深、成因复杂、分布广泛、强聚集性"的特性（刘彦随等，2016；罗刚等，2018）。多维贫困类型划分是制定贫困治理策略的重要前提，是提高贫困治理时效性的重要基础（黄开腾和张丽芬，2018）。从已有研究来看，学术界关于贫困类型划分的研究已经形成了"成因分类说"（周静茹，2014；王瑞军等，2014；王晓毅，2015）、"性质分类说"（韦璞，2015；党国英，2016；张鲜华，2017；张永丽、刘卫兵，2017）、"程度分类说"（谭贤楚、朱力，2012；张建华，2016）三种代表性学术观点。"成因分类说"，是以贫困成因为标准而对贫困类型进行划分的一种学术观点，学者从这一视角将贫困细分为资源制约型、能力约束型、生产生活条件落后型、认知观念型贫困；"性质分类说"，是以贫困内涵或属性为标准而对贫困类型进行划分的一种学术性观点，学者从贫困概念的内涵（韦璞，2015）和性质（张鲜华，2017；张永丽、刘卫兵，2017；杨树燕，2018）出发，将贫困类型大致划分为广义贫困与狭义贫困、客观贫困与主观贫困、长期贫困与暂时贫困、区域贫困与个人贫困等类型；"程度分类说"，是以贫困程度为标准而对贫困类型进行划分的一种学术观点，根据贫困程度，学者将贫困细分为生存型、温饱型和发展型三个类型。多维贫困分类问题研究涉及诸多方面，通过文献梳理，可以将多维贫困大致划分为公共资源贫困、自我提升能力贫困、生产条件贫困、生活条件贫困和健康贫困五个维度。下面，将进一步分别从这五个维度梳理研究成果。

2. 公共资源贫困

多维贫困的突显与地区间非均等的公共资源密切相关。学者分别从自然环境（李春根等，2019）和社会环境（牛胜强，2017）层面对公共资源贫困的含义及形成机制进行研究，并有学者以农村流动人口（温兴祥、郑子媛，2020；刘文烈、魏学文，2016）为对象指出在教育、医疗等基本公共资源的城乡、区域和群体间差距仍十分明显，不利于从源头阻断贫困（陈志刚等，2019），进而大大增加了地区、城乡和群体间的长期多维贫困及不平等程度（郭熙保、周强，2016）。学者一致认为公共资源贫困指的是某些群体由于被某些特定的制度和社会网络排除在外，导致其没有办法享受这些社会资源或公共服务，其自身生活发展的需求得不到满足而产生的一种贫困（刘文烈、魏学文，2016）。与此同时，不同学者分别从乡村振兴（郝晓薇等，2019）、转移支付（刘佳，2019；陈国强等，2018；张鹏、徐志刚，2020）等视角研究公共服务对多维贫困的减贫效应，基本公共服务与减贫之间存在特定的内在关系（温兴祥、郑子媛，2020）。随着全面小康社会的建成，统筹城乡相对贫困治理，实行城乡并重的减贫战略逐渐成为 2020 年后扶贫战略的重要聚焦点（白永秀、刘盼，2019）。造成贫困地区贫困的直接原因就是非竞争性的公共物品和服务严重供给不足，此外，公共资源贫困也是降低经济层面扶贫效果的主要原因。因此，应该坚持以超常规的理念、方法和举措持续推进公共物品和服务的有效供给（牛胜强，2017）。

3. 自我提升能力贫困

在影响贫困的诸多因素中，自我提升能力是实现"造血"脱贫与不返贫的关键环节，内生性的自我发展能力提升是实现脱贫的根本保障（张永亮，2018；张子豪、谭燕芝，2020），为进一步从根本上解决贫困问题，应当高度重视对贫困人口的自我发展能力提升（吴胜泽，2012）。"能力贫困"的概念是由著名经济学家阿玛蒂亚·森于 1988 年首次提出，这一概念的提出为贫困问题的研究开创了新的领域，贫困群体的自我发展能力不足是导致贫困的内在根本原因，并为越来越多的国内外学者所接受（Mudombi S. & Maltitz G.，2016；Alkire S. et al.，2015）。为此，国内外学者纷纷从精准扶贫（刘七军、李昭楠，2016；王瑞华，2020；王磊、张冲，2017）、统筹城乡发展（黄承伟、覃志敏，2013；张原，2019；梁土坤，2019）、乡村振兴（申云等，2019；龙静云，2019；徐孝勇、曾恒源，2019）等视角对自我提升能力的概念（曾艳华，2006；）、构成要素（Nussbaum，2000；李华红，2011）、评价体系（李海红、张剑，2013；马明、高宇璇，2016；李毅等，2019）以及实现路径（王剑利等，2015；王美英，2017；曾静，2017；陈静、王名，2018；张志胜，2018）等方面进行深入研究。大部分学者一致认为，自我提升能力是指贫困人口在没有外部帮扶的情况下，凭借自身力量实现满足家庭基本需要、增加选择的机会、提高自身尊严与价值、改善生活质量等的程度与可能性（孙鲁云、谭斌，2018）。自我发展能力的提升是激发其产生脱贫动力的一种内生性力量（梁伟军、谢若扬，2019），大多数学者研究表明自我发展能力提升对收入水平（黄国英、谢宇，2017）、地区发展（Lindqvist，2011）、合作能力（黄少安、张苏，2013）、健康水平（Deary，2012）、创业活动（李涛等，2017）、金融决策（Agarwal，2013）、教育机会（杨慧敏等，2016；田宇等，2017；蒋和胜等，2020）等均具有显著的积极影响。

4. 生产条件贫困

生产条件与减贫情况和贫困人口的收入状况、健康状况紧密联系在一起（Ma et al.，2013；Hansen et al.，2011；Lawry et al.，2017；洪炜杰、罗必良，2018），从 2020 年决胜脱贫攻坚战以后，生产条件等方面的相对贫困、多维贫困问题依然存在（唐萍萍、胡仪元，2020）。大多数国内外学者主要关注农业的生产技术和效率方面，如从农业公共投资（汪小勤、姜涛，2009）、绿色生产（黄安胜等，2014；尚静、张和清，2020）、空间差异（高鸣、宋洪远，2014）、贫困视角（高鸣、马铃，2015）、生产要素（林移刚、杨文华，2017）等角度分析了农业生产技术、效率的影响机制和政策选择，有学者认为生产条件的落后会导致当地居民在运输、获取信息、购物等方面存在困难，导致不必要的成本增加，导致农业生产技术水平和效率低下及产业结构单一等问题。近年来，学者们更侧重于对农业生产技术、效率进行评价研究，有学者运用EBM‒Goprobit二步法模型（高鸣、马铃，2015；高鸣、宋洪远，2017）、随机前沿生产函数模型（徐涛等，2018；李海鹏、杨海晨，2020）、Mate-frontier共同前沿模型（杨朔等，2019）等方法来评价农业生产技术、效率的影响因素，一部分学者认为，农民对现代化的机械、技术和优良品种存在抵触心理，而对传统的土地、劳动力和化肥投入的依赖性却比较强；还有一部分学者认为，农业生产技术投入要素的利用效率仍有待进一步提升；与此同时，很多学者也认为家庭规模、种植年限、种植比例、平均地块面积与播种技术等生产条件对农业生产技术、效率有显著影响。总之，居民生产经营能力差等生产条件方面的贫困问题使发展产业成为实现脱贫的主要路径（傅顺等，2017；王蒙蒙，2018；聂铭等，2020；刘强等，2020）。

5. 生活条件贫困

生活水平贫困是多维贫困的主要特征（唐萍萍、胡仪元，2020），生活水平贫困是多维贫困的重要维度（张立冬，2017）。学者从生活性消费（杨振等，2015；孙咏梅、方庆，2017）、社会资金（陈蕾等，2020）、乡村振兴（王恒等，2019）等视角对生活水平维度的贫困进行分析，且大多数学者采用阿尔凯尔和福斯特（Alkire & Foster）的多维贫困指数进行测量（孙林等，2015；揭子平、丁士军，2016；王恒等，2019）。学者根据联合国千年发展目标中与生活水平相关的规定以及农村实际对耐用品的剥夺值标准，对生活水平的指标剥夺值标准进行设定（张立冬，2017）。围绕生活质量贫困维度，从住房（王小林，2016；彭继权等，2019）、饮用水（杨龙、汪三贵，2015；杨慧敏等，2016；陈闻鹤等，2020）、卫生设施（王恒等，2019；侯军岐、郑盼盼，2020）、用电（孙林等，2016；陈闻鹤等，2020）、生活能源（方黎明、刘贺邦，2019）、入户路况（陈烨烽等，2017；唐萍萍、胡仪元，2020）等方面来分析居民多维贫困特征，对居民生活水平贫困进行分析，学者指出卫生设施、生活能源及其入户状况是影响居民生活水平贫困的主要因素。生活水平贫困会使居民由于某些因素而返贫，导致贫困人口脱贫成果的不稳固，使贫困人口在脱贫与返贫的状态中徘徊（张立冬，2017）。

6. 健康贫困

贫困与健康问题存在着复杂的关系（马婷、唐贤兴，2020），健康是脱贫和可持续发展的基础与动力（国家卫生健康委员会扶贫办，2020），然而依据国际通行的多维贫困识别标准，健康维度的贫困更为突出（张永丽、卢晓，2016）。国内外学者分别从精准扶贫（侯斌，2019）、制度供给（刘一伟，2017；王琳，2019）视角对健康贫困的含义与机制进行研究，有学者认为，健康贫困包含健康能力贫困与健康权利贫困两个方面（蒋谨慎，2015），其实质上是健康可行能力的被剥夺。目前，学界对于健康贫困的研究主要集中在两个方面：一方面，将健康贫困作为整体性贫困的一个研究侧面进行研究（张全红等，2018）；另一方面，独立地对健康贫困进行研究（徐小言、钟仁耀，2019），并针对健康贫困的扶贫机制、效果和路径（左停、徐小言，2017；翟绍果，2018；张仲芳，2017）等内容进行研究。与贫困相交的恶性循环严重阻碍着人的权利的实现以及社会的稳定与发展，贫困状态通常与健康状况互为因果、相互强化（陈安平，2011；李立清、龚君，2020；马婷、唐贤兴，2020）。学者从农村居民医疗卫生服务制度（赵振然，2014；刘文婧、侯江红，2018）、新型农村合作医疗制度（孙淑云、任雪娇，2018）、农村居民健康保障体系（翟绍果，2018）等方面对农村居民的健康问题进行研究，指出国家对农村居民的健康保障体系建设一直在不断探索和完善，但这一健康保险体系强调其保险属性，忽略了其健康属性（李立清、龚君，2020）。

（三）关于多维贫困治理机制的研究

减少和消除贫困不能仅依靠一般性的经济开发或者简单的资源转移，还需要建立更为有效的贫困治理机制（李小云等，2019）。国内学者对贫困治理机制的研究大多强调制度建设、项目运行、环境改善等外力推动的作用（郭熙保、周强，2016；贾俊雪等，2017；李小云等，2018）。近年来，随着贫困个体积极、主动的"行动者"地位逐渐受到学者们的关注，他们逐渐意识到外因是通过内因起作用的（傅安国等，2019）。多维贫困治理机制应是一种综合性治理机制，其至少是区域发展政策、开发式扶贫政策、精准滴灌式政策与城乡一体化扶贫政策的结合（汪三贵、曾小溪，2018）。脱贫攻坚是一项全社会都需要参与的事业，通过脱贫攻坚行动中各主体的合作，上到制度层面，下到贫困人口，形成全社会参与的反贫困机制（赵晓峰、邢成举，2016；李素玲，2017）。吴乐（2018）通过分析扶贫工作中各相关利益主体之间的关系，指出深度贫困地区需要构建以政府为主导、多元协作的模式，发展"特色＋生态产业"的脱贫机制。

学界基于扶贫工作中各相关主体的关系分析，从多元协作的视角对我国贫困治理机制进行探讨。庄天慧等（2015）提出，要构建以政府为主体、多元协作模式的贫困治理模式，强调扶贫工作中需要政府、企业、社会、农户等各相关利益主体共同努力，形成全社会参与的反贫困机制；夏一璞（2018）对此持有相似观点；刘俊生和何炜（2017）从社会资本的视角探讨了我国扶贫模式从参与式到协同式的演进过程，进一步提出多元协同的治理机制。这些多元协作的治理机制对我国摆脱贫困目标发挥了重要作用（李军等，2020）。目前，学术界主要从宏观政策机制（黄承伟、覃志敏，2013；杨宜勇、吴香雪，2016；杨龙、汪三贵，2015；李小云等，2015）、区域贫困治理（李博、左婷，2017；郑长德，2018；李佳，2013）等方面对多维贫困治理机制进行研究。后期的防返贫治理和防返贫困工作，侧重前期预防和机制建设，主张构建返贫预警机制（范和生，2018）、稳固脱贫长效机制（蒋和胜等，2020）、建立解决相对贫困长效机制（蒋永穆，2020）等。

（四）关于多维贫困测算的研究

诺贝尔经济学奖得主阿玛蒂亚·森提出了"能力贫困"概念，他在《以自由看待发展》（*Development as Freedom*）（1999）和《贫困与饥荒》（*Poverty and Famines*）（1981）中系统阐述了多维贫困。引发了学者对多维贫困问题的广泛关注，大家普遍认为，贫困是一个多维概念（陈辉、张全红，2016），贫困的根源是能力的被剥夺（Alkire，2014；张全红，2015），人的贫困除了包含收入的缺乏，还包括健康维度、教育维度、生活质量维度等方面的贫困（Alkire，2014；张全红，2015）。2010年，联合国开发计划署（UNDP）首次衡量了多维贫困状况（UNDP，2010；王小林，2012）。国外的主要代表人物是阿玛蒂亚·森和阿尔凯尔（Alkire Sabina），他们主张贫困是由于权利和能力被剥夺造成的；国内关于多维贫困的研究起步较晚，尚卫平（2005）是较早研究多维贫困问题的学者。目前，国内外学者主要研究包括维度和指标设定、贫困识别、权重确定、被剥夺值识别、维度指数加总和贫困指数分解等在内的多维贫困测度方面的研究（王小林，2009；Alkire，2014；Ramya，2014；杨龙，2015）。在维度研究方面，目前尚无统一的维度划分标准（Alkire，2008；王小林，2009；解垩，2015；王春超、叶琴，2014）。常用的多维贫困测度方法有多维贫困指数法（MPI）（王艳慧，2013；UNDP，2014）、A－F方法（Alkire，2011；王素霞，2013）、FGT法（Alkire，2007）、模糊集方法（高艳云等，2014）、因子分析法（许启发、王侠英，2014）等。总而言之，学者对贫困维度的划分仍不够系统、科学，且在维度构建方面缺乏深入的理论研究。

关于多维贫困测度的理论方法中，发展较成熟、应用较广泛且较具权威性的是多维贫困指数MPI（郭建宇、吴国宝，2012），这是联合国开发计划署（UNDP）2010年与英国牛津大学合作推出的"多维贫困指数"，并被运用于《2010年人类发展报告》中（郭尚武、张全红，2015；郭建宇、吴国宝，2012）。而阿玛蒂亚·森等（1976）开拓建立的八大公理化标准为判定多维贫困指数优劣和多维贫困测算结果的说服力提供了重要的依据（高艳云、马瑜，2014；张建华，2016）。在此公理化标准的基础上，福斯特等提出并经过改进的可分解的FGT多维贫困指数，具有可分解性、对称性、单调性、弱传递性等性质（陈辉、张全红，2013），这一类贫困指数测度通常包括贫困的维度取值和指标确定、剥夺临界值确定与贫困识别、各维度和指标的权重确定、多维贫困被剥夺分值的识别、各维度指数的加总以及多维贫困指数的分解等过程（郭建宇、吴国宝，2012；王小林等，2009）。与此同时，信息理论方法、完全模糊法、"双界限"法、模糊集方法等多维贫困测度方法也都具有一定的代表性，并受到学者的关注。

目前，国外学者在多维贫困测度方面的基础性研究和应用性研究都较多，但国内学者更多侧重于应用性研究（杨龙等，2014），且国内学者应用公理化方法中的多维贫困指数MPI（王艳慧等，2013）、AF方法（王素霞、王小林，2013；马绍东、万仁泽，2018）以及模糊集方法（高艳云、马瑜，2014）对我国多维贫困测度进行了较多的探索和研究。在多维贫困的应用性研究中，许多测度受数据可获得性、贫困被剥夺值和变量权重的确定以及变量间关系的处理等难题的影响，使多维贫困测度方法难以应用于具体的扶贫实践之中（高艳云、马瑜，2014）。此外，由于多维贫困指数可以按照时间、地区、维度等进行分解，同时也可以根据研究需要，计算出分解元素对贫困的贡献率及其影响程度（高艳云，2012），从而确定主要贫困维度和减贫重点，据此制定相应的反贫困策略（陈辉、张全红，2013）。近年来，国内学者更侧重于从政策性视角对多维贫困治理提出有针对性的建议（于涛，2019）。王小林和阿尔凯尔（2009）通过使用教育、住房、水电、卫生、健康等指标，深入分析中国健康与营养调查（CHNS）数据，指出我国的多维贫困发生率较高；邹薇和方迎风

（2011）对多维贫困从生活质量、教育和收入三个维度来衡量，并将饮用水、燃料、电、卫生设施、住房以及拥有耐用品数量等指标纳入生活质量维度。此外，郭熙保和周强（2016）、高帅和毕浩颖（2016）、解垩（2015）等则针对老年人口分别进行了动态和长期性多维贫困研究。但是，总体而言，随着当前我国深入推进精准扶贫等一系列扶贫开发工作，多维贫困问题越来越受到国家和学者的关注和重视，学者根据各地区实际情况，对多维贫困测度的相关实证研究也逐渐增加。

（五）关于多维贫困治理路径的研究

由于致贫原因具有复杂性和多维性，学者们从精准扶贫（莫光辉，2017；黄承伟、王猛，2017；白维军，2019；唐任伍等，2020）、乡村振兴（凌经球，2019；马建富、吕莉敏，2019）、动态"三支"决策（宋俊秀等，2019）、异质性（贾海彦、王晶晶，2019；胡原等，2020）、可持续生计（何仁伟等，2017）等视角对民族地区（莫光辉，2017；高松、杜发春，2018；郑长德，2018；郭儒鹏等，2019）、城市农民工（刘文烈、魏学文，2016；杜为公、王静，2017；于涛，2019）、农村居民（范和生、唐惠敏，2017；王春光，2019；姚玉祥，2019）等对象的多维贫困问题进行影响因素分析和治理机制研究。贫困治理是一项长期的工作，这是由贫困的动态性和复杂性的特性决定的（唐任伍等，2020）。因此，这就要求我们要从新的思路来解决当前多维贫困治理中存在的问题。此外，多维贫困治理不仅面临着贫困人口个人价值取向的差异性，还面临经济、政治、文化等物质和精神层面等领域的问题（何植民、陈齐铭，2017）。因此，多维贫困治理，尤其是在精准扶贫时期，更需要注重各个贫困治理主体以及贫困个体之间的有效配合，各主体之间要达成一致的政策目标，通过相互配合的执行手段，形成高效、整体性的多维贫困治理模式（韩兆柱、于均环，2018）。学者们指出，由于贫困发展的动态性和复杂的致贫因素等原因，致使贫困的治理过程注定是长期且艰巨的，因此，多维贫困治理需要围绕"相对贫困""精神贫困"等治理重心，克服贫困治理碎片化，重塑整体性治理，破除城乡二元结构，实施城乡一体化治理，以进一步为多维贫困治理提供更有效的治理模式。

传统经济学指出，解决贫困的手段之一就是发展经济。事实上，我国的贫困问题是一个复杂的社会问题，农村贫困地区由于物质、人力、文化以及社会资本等比较匮乏，以致农村贫困地区出现经济、文化、社会权利等方面的多维贫困问题。农村贫困地区的贫困治理及脱贫需要增加对基础设施、教育、卫生设施等方面的投入，不断完善社会保障体系，发展特色农业，加强监管，并不断完善精准识别、动态监管、农户参与等的机制，配合产业扶贫、人力资本扶贫、财政保障扶贫等路径实现农村地区的多维贫困治理（覃杰，2017）。通过各种途径构建精准扶贫与脱贫的发展机制、可持续生态机制、家庭增能机制等（黄承伟、王猛，2017）。与此同时，针对民族地区的贫困问题，学者认为，应当基于不同地区具有不同的致贫原因这一原则，有针对性地分析贫困主体所处的生存和发展环境及其自身特性，以提出有针对性的减贫策略（李雨婷，2018）。

（六）关于精准扶贫与精准脱贫的研究

1. 精准扶贫

自习近平总书记提出"精准扶贫"理念以来，以及我国在实践中深入开展精准扶贫工作以来，学界掀起了精准扶贫研究的热潮（庄天慧等，2015；汪三贵、郭子豪，2015；李小云等，2015）。学者分别从可持续生计（何仁伟等，2017；宁泽逵，2017）、社会治理（李迎生、徐向文，2016；高飞、向德平，2017）、大数据背景（王雨磊，2016；莫光辉、张玉雪，2017；文丰安，2019）、区域发展（万君、张琦，2016）等视角对精准扶贫的意义与治理模式进行了探索和研究。有学者指出，精准扶贫是我国新时期扶贫开发工作的正确指引，有助于推动经济新常态下扶贫资源的优化配置，进一步促进全面建成小康社会目标的实现。为了深入推进精准扶贫，学者们分别从教育（王嘉毅等，2016；沈费伟，2018）、产业（刘建生等，2017；杨艳琳、袁安，2019；梁栩丞等，2020）、旅游（吴靖南，2017；邓辉、郭碧君，2020）等角度深入探讨了精准扶贫的作用机制和治理路径。

在市场经济的大背景下，影响我国扶贫成效的重要因素是资源的投入度与扶贫效率问题（唐丽霞等，2015）。从区域开发到连片特区的扶贫攻坚、从贫困县到整村推进，围绕精准扶贫，开展专项的、行业间的、社会性的扶贫工作，扶贫工作的效率和质量都得到显著提升，推进了贫困治理的精准识别、精准帮扶、精准管理和精准考核工作（黄承伟、覃志敏，2013；黄承伟，2019）。

我国精准扶贫工作面临着在发展理念和政策实施的双重压力（李小云等，2015）。事实上，精准扶贫政策的实施，对于提升扶贫工作的效率和质量作用显著，这也表明，各帮扶主体所发挥的积极、促进作用，同时也有助于帮助贫困主体努力改善自身实际情况，积极、主动摆脱贫困现状（郑瑞强、王英，2016）。

2. 精准脱贫

自打响精准脱贫攻坚战以来，国内学者逐渐从对脱贫攻坚战的政策含义、执行情况的研究转向对我国贫困治理的实践反思与总结（许汉泽、李小云，2019）进行研究。近年来，学者们分别从乡村振兴（刘解龙，2018；凌经球，2019）、区域发展（万君、张琦，2016；伍中信等，2020）、同步小康（曹大宇等，2017）、生计策略（孙晗霖等，2020；张蕊、麻宝斌，2020）等角度对精准脱贫的含义与模式进行了研究，有学者指出，精准脱贫政策将为人民服务放在第一位，使得农村在社会建设上取得了重大进展，是一项民生建设工程；还有学者指出，农村的发展需要统揽思想，在脱贫政策实施过程中要充分体现精准性（张晓山，2017）。

学者的研究大多注重从实践的角度反思政府扶贫工作中存在的问题以及精准脱贫中面临的精准性问题（李小云等，2019）。有学者指出，脱贫攻坚战的目标发生了变化，并从乡村既有的权力结构和社会网络、干部与群众之间的关系以及干部自身利益诉求等角度对这一现象进行了解释（邢成举，2015）；也有学者指出，村干部由于受到国家政策实施的压力和贫困人口脱贫的需求压力，致使脱贫攻坚政策落地问题变得突出（雷望红，2017）；还有学者指出，技术扶贫没有真正理性地推动我国贫困治理，他认为精准脱贫实施过程中以数字为核心的技术扶贫是我国贫困治理工作的"悬浮物"，还未发挥出真正的作用（王雨磊，2016）。宋宸刚和丛雅静（2018）总结了我国精准脱贫的现状及特征，归纳出政策实施过程中存在的问题，进而为可持续性精准脱贫提出有针对性的治理模式。

除了对精准脱贫的内涵、模式和对策建议进行研究外，一些学者还对我国精准脱贫绩效进行评价研究，其主要从经济效益、社会效益、生态效益、心理效益四个维度进行评价（洪业应等，2019）。在经济效益评价方面，学者们从经济投入（王志凌、邹林杰，2016）、项目扶贫（李文静等，2016）等视角对精准脱贫战略进行了经济效益维度的绩效评价；郭佩霞（2009）认为，经济效益维度的绩效评价是目前精准脱贫绩效评价中最健全的评价体系，但其仍然存在很多问题。在社会效益方面，杨浩等（2016）从公共服务均等化层面对民族地区贫困人口的精准脱贫策略进行绩效评价；王荣党等（2011）指出，我国精准脱贫绩效评价主要针对政府职能和实施过程，但常常忽略了基层政府这一层面。在生态效益方面，学者从生态补偿（杨玉锋，2015）、生态产业（周淑芳，2016）脱贫的视角，提出了特色的脱贫之路。在心理效益评价方面，学者们就贫困人口对精准脱贫政策实施效果进行满意度测试，并进一步分析了其影响因素（刘裕、王璇，2018；郑烨等，2018）。

3. 精准扶贫与精准脱贫

20 世纪 80 年代后期，与精准扶贫、精准脱贫相近的理念逐渐出现，各国开始实行瞄准式的扶贫政策（刘胜林等，2015）。我国的精准式扶贫与精准式脱贫理念自 20 世纪 90 年代逐步体现出来。2015 年 11 月，《中共中央　国务院关于打赢脱贫攻坚战的决定》确定了"精准扶贫、精准脱贫"的基本方略，这极大地丰富了精准扶贫与精准脱贫的理念和内涵（张琦，2015；王国勇、邢溦，2015）。国内关于精准扶贫与精准脱贫的研究主要集中在以下方面：第一，关于精准扶贫与精准脱贫的理论深化研究（李春明，2015；刘永富，2019）；第二，对产业扶贫（杨艳琳、袁安，2019）、教育扶贫（王嘉毅等，2016；沈费伟，2018）、旅游扶贫（邓辉、郭碧君，2020）、金融扶贫（吴本健等，2019）等治理模式进行研究；第三，研究精准扶贫与精准脱贫的工作机制（李小云等，2015；汪三贵，2015）。然而，学者对精准扶贫与精准脱贫的内在机制问题的研究仍不够深入。

围绕精准扶贫、精准脱贫的内涵（汪三贵、刘未，2016）、实质（王朝明、张海浪，2020）与路径选择（杨安队，2019）等问题，学者对精准扶贫与精准脱贫的关系进行了研究，指出二者都是我国扶贫工作的重大突破，且精准脱贫是精准扶贫的延续和升华（虞崇胜、余扬，2017；骆行、王志章，2018）。从这个意义上来说，精准脱贫不仅要帮扶贫困人口摆脱贫困，还要帮助贫困人口防止再返贫，是对精准扶贫的强化，以实现永久脱贫。精准扶贫与精准脱贫是统一的整体（许源源、彭馨瑶，2016），但是精准扶贫与精准脱贫的统一并不是只要做到了扶贫的"精准"就一定能够出现脱贫的"精准"。学者们还分析了精准扶贫、精准脱贫的内在逻辑与实现机制（李萍、田世野，2019），他们认为：第一，精准扶贫与精准脱贫是以人民为中心的发展性减贫的方略，更加侧重于关注贫困人口的自我发展能力的提高；第二，由于不同贫困地区、贫困人口的致贫原因是不同的，且具有多重性，因此我国提出全方位、有针对性、有效性的精准性减贫要求，以积极寻找和深刻把握减贫规律；第三，精准扶贫与精准脱贫政策的实施是由中国共产党领导，将市场与政府"两只手"相结合，通过这种协作机制来进行贫困治理。

精准扶贫与精准脱贫的辩证关系是怎样的呢？具体来说，如果精准扶贫是手段、过程、量变、战术，那么精准脱贫就是目标、结果、质变、战略（庄天慧等，2016）。精准扶贫与精准脱贫在内容、境界与价值等方面都存在本质的区别，精准扶贫是借助扶贫主体来帮助贫困人口摆脱贫困，而精准脱贫则更加注重贫困人口自身的脱贫能力，旨在通过一系列脱贫措施帮助贫困者获取并提高自身的发展能力，进而摆脱贫困。从这个层面来看，精准扶贫是前奏和准备，精准脱贫是最终目的和升华（虞崇胜、余扬，2017）。

（七）关于流域经济带扶贫开发的研究

1. 流域经济带扶贫开发

目前，推动流域经济带扶贫开发，缩小流域上中下游地区发展差距，实现流域经济一体化发展，是各界共同关注的焦点（覃成林、李敏纳，2010；文余源，2014；魏后凯，2016）。学者主要从两个角度对流域经济带扶贫开发进行了研究。第一，结合贫困与反贫困理论对流域上、中、下游地区的扶贫开发问题进行研究（许月卿等，2006；邵志忠，2011）。与此同时，自然致贫说、制度贫困理论、贫困恶性循环理论、"低水平均衡陷阱"理论、人力资本理论和贫困代际传递理论等理论，为流域经济带扶贫开发的研究提供了重要理论依据。第二，从发展与扶贫相结合的角度进行研究（李永友、沈坤荣，2007）。大部分学者主张以流域发展带动扶贫开发工作，以扶贫开发促进流域发展（许剑峰等，2009）。国外早期关于流域经济的研究多停留在流域的能源开发、航运建设等方面（Christopher，1998），目前主要集中在流域水资源的生态保护与可持续管理等方面（Tortajada，2007；Francois，2009）。而国内研究早期主要集中在国外经验借鉴、开发理念探讨等方面（陆心贤，1993），20 世纪 90 年代以后开始转入流域合作机制的研究（谢志鹏，1994），21 世纪以后主要集中在流域经济一体化与可持续发展等方面（金凤君、牛树海，2005；张蔚文等，2006；张可云、张文彬，2009；胡若隐，2011；张杰平，2012；方创琳等，2015）。在流域经济带建设上，学者普遍主张以城市为节点，以干流为轴线，实现以点带线、以线带面（钟钢、陈雯，1997），最终形成"点—轴—面"的流域空间经济格局（覃成林、李敏纳，2010；王凯，2012；覃剑、冯邦彦，2012；周玉龙、孙久文，2015）。总的来看，国内关于流域经济带扶贫开发的理论研究仍比较薄弱。

2. 珠江—西江经济带扶贫开发

国内外关于经济带发展问题的研究，经历了由增长极观点到点轴开发观点的转变。增长极观点强调将特定的地理空间或城市体作为极点，发挥其极化和扩散效应，带动城市中心及周边地区发展（M. D. Thomas，1975；姚晓艳，2004），较具代表性的理论是增长极理论（F. Perroux，1955）和核心－边缘理论（J. Frishman，1966）。点轴开发观点是增长极观点的延伸，依托特定的交通轴线，增长极之间联结成带状经济区域或经济走廊（G. Ceglie et al.，1999；陈凯，2011），最终形成网络开发状态，较具代表性的理论是点轴开发理论（陆大道，1984）。国内关于珠江—西江经济带发展问题的研究，经历了从流域资源开发论到流域合作发展论的转变。流域资源开发论强调通过水域和水资源的开发利用，带动流域不同地带及腹地的产业发展、资源互补和分工协作，进而推动流域通道经济带建设（陈利丹，2003；李景堂，1998）。流域合作发展论则强调通过实施流域经济一体化战略，引导下游产业向中上游转移，促进流域城市体系和产业带的形成（肖曾艳，2014；代明、覃剑，2009）。

21 世纪以来，珠三角地区粗放型经济增长方式的转变和产业转移，使珠江和西江流域相关研究的重心加快转向产业承接及产业带构建（黄方方，2014；蒋团标、常玲，2016）等方面。目前，国内关于珠江—西江经济带发展问题的研究主要集中在经济带建设（肖曾艳，2014；黄海燕、陈杏梅，2013）、城镇体系构建（李平星、樊杰，2014；蒋团标、赵础昊，2016）、产业发展（刘波，2014；乐小兵、幸伟，2013）、金融支持（潘经富，2014）、流域资源开发（李宁波，2013；陈文捷、闫孝茹，2019）等方面。但是，如何在经济带建设进程中从宏观和微观层面实现跨区域经济带及与周边地区之间的协调发展，仍缺乏系统的研究。

综上所述，目前，国外在多维贫困问题研究方面已取得了较为丰富的理论研究成果，但是在多维贫困的测度理论及其应用方面的研究仍存在不足，同时也尚未形成系统的理论体系。而国内关于多维贫困问题的研究起步较晚，相关研究仍未形成系统的理论研究体系。如何在经济带建设进程中，准确评估和分析珠江—西江经济带农村地区居民的真实贫困状况，并采取有效措施推进珠江—西江经济带农村偏远落后地区的居民实现脱贫致富，以及如何从宏观和微观层面实现珠江—西江经济带的跨区域协调发展，加快推进珠江—西江经济带各地区实现快速发展，国内外仍缺乏系统的研究成果。因此，对多维贫困视阈下珠江—西江经济带精准扶贫与脱贫的机制与政策进行研究，对进一步补充和完善我国反贫困理论框架体系，为制定区域减贫策略，推动区域协调发展及实现 2020 年后的相对贫困治理和乡村振兴具有重要的理论和现实意义。从多维贫困理论视角探寻珠江—西江经济带精准扶贫、精准脱贫的内核、特点、规律、问题、典型模式及发展路径等内容，有利于为珠江—西江经济带及其他各地区的扶贫开发提供新的理论支撑。

四、研究思路、方法和内容

（一）研究思路

本书以多维贫困视阈下的珠江—西江经济带 4 省份 21 市的贫困区域和贫困人口为研究对象，从健康贫困、生活条件贫困、生产条件贫困、公共资源贫困和自我提升能力贫困等五个维度对珠江—西江经济带扶贫开发的理论基础、成效、存在问题及多维贫困的分类、内在机制、贫困测度以及精准扶贫与脱贫的机制、因素评价、对策建议等内容进行了系统地研究。具体来说，本书的研究思路如下所示：首先，从概念界定、相关理论依据及多维贫困视阈下精准扶贫、精准脱贫的理论内涵等方面出发，对多维贫困视阈下的珠江—西江经济带精准扶贫与脱贫研究的理论基础进行梳理和阐述。其次，分析了多维贫困视阈下的珠江—西江经济带精准扶贫与脱贫的成效及各地区精准扶贫、精准脱贫的典型经验；再次，将多维贫困的维度划分为健康贫困、生活条件贫困、生产条件贫困、公共资源贫困、自我发展能力贫困五个维度，进一步探讨了珠江—西江经济带多维贫困的维度特征、各贫困维度的内在逻辑联系以及进一步构建了多维贫困评价指标体系。与此同时，结合多维贫困理论、多维贫困指数、

Alkire - Foster 方法以及有序 Probit 模型，对多维贫困视阈下珠江—西江经济带精准扶贫与脱贫状况进行实证分析；然后从多维贫困的维度角度、精准扶贫与精准脱贫角度、乡村振兴下推进珠江—西江经济带扶贫开发角度，对多维贫困视阈下珠江—西江经济带精准扶贫与脱贫面临的问题进行了探讨，并对其深层次原因进行了进一步的分析；在此基础上，进一步探讨了推进珠江—西江经济带精准扶贫、精准脱贫与乡村振兴的运行机制与模式选择，包括扶贫开发的运行机制、贫困治理的内在机制、经济社会发展的作用力、乡村振兴战略与精准扶贫有机衔接的政策逻辑、珠江—西江经济带扶贫开发与乡村振兴的模式选择等内容。最后，从多维贫困的治理对策、巩固脱贫成果的长效机制以及乡村振兴与精准脱贫有机衔接等角度，提出了多维贫困视阈下的珠江—西江经济带精准扶贫与精准脱贫对策建议。

（二）研究方法

（1）采用文献分析法、实地采访法、问卷调查法和专家咨询法等方法，收集研究所需要的资料和数据。通过文献分析法，对以往相关研究文献进行整理，梳理出多维贫困及其测算的相关理论研究成果；通过发放问卷和实地采访获取贫困户的数据和资料，向专家咨询测算指标体系的可取性。

（2）定性研究法：采用比较分析法、归纳分析法、系统分析法等，对珠江—西江经济带多维贫困的各维度分解、特征、内在逻辑联系、存在问题以及减贫策略等内容进行研究。

（3）定量研究法：运用多维贫困指数（MPI）等方法，对珠江—西江经济带的多维贫困程度进行测度；采用 Alkire - Foster 方法，对珠江—西江经济带县域的多维贫困状况进行识别和测算；结合有序 Probit 模型，对珠江—西江经济带县域多维贫困的影响因素进行实证分析。

（三）研究内容

本书的研究内容除了引言部分主要介绍研究背景、研究目的和意义、文献综述、研究思路和研究方法等内容之外，还包括以下几章研究内容，具体如下所示。

第一章，多维贫困视阈下珠江—西江经济带精准扶贫与脱贫研究的理论基础。该章首先对贫困与多维贫困、扶贫与脱贫、精准扶贫与精准脱贫等概念进行界定；然后进一步介绍了相关理论研究成果，包括贫困理论、贫困测度理论、贫困治理理论、反贫困理论、区域发展理论等。与此同时，进一步阐述了多维贫困视阈下精准扶贫、精准脱贫的理论内涵，为下文的深入研究奠定了理论基础。

第二章，多维贫困视阈下珠江—西江经济带精准扶贫与脱贫的成效和典型经验。该章主要从各方面介绍了珠江—西江经济带精准扶贫、精准脱贫的成效；然后进一步介绍了珠江—西江经济带精准扶贫与精准脱贫的典型经验，包括广东的"双到"模式、贵州"33668"和"十项行动"计划、广西"空店"模式、云南精准扶贫的六项"同心工程"等。

第三章，珠江—西江经济带多维贫困的维度特征及其评价指标体系构建。贫困是一个多维的概念，涉及诸多方面的贫困维度，包括健康贫困维度、生活条件贫困维度、生产条件贫困维度、公共资源贫困维度、自我发展能力贫困维度，每个维度的特征各有不同，因此，该章在探讨多维贫困理论在精准扶贫、精准脱贫中的应用以及珠江—西江经济带脱贫攻坚中的应用的基础上，重点探讨多维贫困的维度划分及其维度特征，并进一步探讨多维贫困的内在逻辑联系，然后在此基础上进一步构建多维贫困评价指标体系。

第四章，多维贫困视阈下珠江—西江经济带精准扶贫与脱贫的实证分析。该章首先分析了珠江—西江经济带多维贫困的维度特点，进一步以珠江—西江经济带上的 ZY 县为例，涵盖 ZY 县 7 个乡（镇），包括 72 个村，调查农户共10770 户，对珠江—西江经济带多维贫困指数（MPI）进行了测度，分析珠江—西江经济带的贫困状况及其致贫因素；其次，在此基础上以 Alkire – Foster 提出的多维贫困指数（AF 指数）为测度依据，选取健康条件、生活条件、生产条件、公共资源及自我发展能力 5 个维度的指标对珠江—西江经济带县域的多维贫困状况进行识别和测算；再次，采用有序 Probit 模型与广义最小二乘法（GLS），以珠江—西江经济带上的贫困县域为单位，对珠江—西江经济带县域多维贫困的影响因素进行实证分析；最后，采用层次分析法（AHP），对多维贫困视阈下珠江—西江经济带精准扶贫与脱贫满意度的评价指标影响权重进行评价。

第五章，多维贫困视阈下珠江—西江经济带精准扶贫与实现脱贫致富面临的问题及原因分析。该章分别对广东、广西、云南和贵州四个省份的脱贫攻坚状况进行分析。首先，分析了多维贫困视阈下珠江—西江经济带精准扶贫与实现脱贫致富所面临的问题，主要从以下三个角度进行探讨：一是珠江—西江经济带多维贫困的维度问题；二是进一步探讨了珠江—西江经济带精准扶贫与脱贫的主要问题；三是以乡村振兴为背景，分析乡村振兴下推进珠江—西江经济带扶贫开发面临的主要问题。其次，进一步探析了珠江—西江经济带精准扶贫及实现农民脱贫致富存在问题的深层次原因。

第六章，推进珠江—西江经济带精准扶贫、精准脱贫与乡村振兴的运行机制与模式选择。首先，该章分析了珠江—西江经济带扶贫开发的运行机制，包括以下三个方面：一是珠江—西江经济带精准扶贫与脱贫的运行动力；二是珠江—西江经济带贫困治理的内在机制；三是驱动珠江—西江经济带经济社会发展的作用力。其次，在此基础上进一步结合当前乡村振兴战略，探讨了乡村振兴战略与精准扶贫、精准脱贫有机衔接的政策逻辑。最后，进一步提出了推进珠江—西江经济带扶贫开发的模式选择，包括珠江—西江经济带精准扶贫与精准脱贫的模式选择，以及推动珠江—西江经济带乡村振兴的模式选择。

第七章，多维贫困视阈下推进珠江—西江经济带精准扶贫与脱贫及与乡村振兴有机衔接的对策建议。该章结合上文研究结果，提出了推进珠江—西江经济带精准扶贫与精准脱贫的对策建议，主要包括以下几个研究内容：一是珠江—西江经济带多维贫困的治理对策；二是巩固珠江—西江经济带精准扶贫与精准脱贫成果的长效机制；三是推进珠江—西江经济带乡村振兴与精准脱贫有机衔接的对策建议。

第一章

多维贫困视阈下珠江—西江经济带
精准扶贫与脱贫研究的理论基础

本章从相关概念界定、相关理论依据和多维贫困视阈下精准扶贫、精准脱贫的理论内涵等方面对多维贫困视阈下珠江—西江经济带精准扶贫与脱贫研究的理论基础进行梳理和阐述。首先，从概念上对贫困、相对贫困、绝对贫困与多维贫困，扶贫与脱贫，精准扶贫与精准脱贫等相关概念进行了界定以及区别；其次，进一步介绍了贫困理论、贫困测度理论、贫困治理理论、反贫困理论、区域发展理论和精准扶贫、精准脱贫等各种理论；最后，介绍了多维贫困视阈下精准扶贫、精准脱贫的理论内涵，明确了多维贫困理论可以为深入推动精准扶贫、精准脱贫提供重要的理论支撑。

一、相关概念界定

（一）贫困与多维贫困

1. 贫困

贫困不仅是一种常见的经济现象，也是一种非常复杂的社会现象。最早，人们从经济层面和物质层面对贫困进行理解，英国学者汤森结合现实研究指出，在所有居民中，个人或者家庭最基本的生活需求不能得到保障与满足，同时各种社会资源也不能得到保障时，就进入了贫困的范畴①。我国国家统计局指出"贫困是指个人或家庭依靠劳动收入等合法收入却不能维持基本生存需要的现象"②。贫困是经济生产、文化水平落后总的概括，它是一种相对或绝对缺乏基本物质和服务，以及因缺乏经济收入而缺乏个人发展机会或手段的状态③。

2. 相对贫困

相对贫困，是指其收入水平在一定程度上低于社会平均收入水平时，一种勉强维持生计的社会生活状况，各阶层内部以及社会各阶层之间存在收入差距。通常是按照人口的一定比例进行划分，从而将低于社会某一收入水平的这一类群体划归于相对贫困的群体。比如，某些国家将低于社会平均居民收入40%的人口划归为相对贫困的类别；世界银行则认为，收入只有（或达不到）社会平均收入的1/3的社会成员就可以确定为相对贫困。相对贫困强调的是由比较造成的差异，这种差异难以完全消除，它是长期的，甚至是永久性的。通过扶贫措施达到的效果只会缩小差距，进而缓解相对贫困状况，而相对贫困是根本不可能彻底消除的④。

3. 绝对贫困

马克思在他的论述中指出，劳动能力在消极方面的表现是"一切客体都完全被剥夺的劳动的可能性"，意味着这是一种"与一切劳动资料和生活资料相分离、与它的全部客体相分离的劳动"，因此，"劳动能力表示绝对贫困，即物的财富被全部剥夺。"⑤ 在国家统计局与贫困相关的课题组的广泛实地调查下，我国目前广泛接受的标准是结合我国农村人口收入等现状提出的绝对贫困的定义，他们认为绝对贫困是指个人和家庭在一定的社会生产生活方式下，不能依靠劳动收入和其他合法收入维持基本生存的需要，导致不能吃饱穿暖，不

　　① 汤森. 英国的贫困：关于家庭经济来源和生活标准的调查 [M]. 伦敦：阿伦莱恩和培根图书公司，1997：82.
　　② 中国国家统计局农调总队. 中国农村统计年鉴 [M]. 北京：中国统计出版社，1993：23.
　　③ 康晓光. 中国贫困与反贫困理论 [M]. 南宁：广西人民出版社，1995.
　　④ 孙菁菁. 灵寿县金融扶贫长效可持续性研究 [D]. 石家庄：河北经贸大学，2019.
　　⑤ 中共中央马克思恩格斯列宁斯大林著作编译局. 马克思恩格斯全集：第四十七卷 [M]. 北京：人民出版社，1979：193.

能维持劳动再生产的个人（或家庭）称为贫困人口（或家庭）[①]。

4. 多维贫困

多维贫困，是指个体或家庭除了因收入低下所导致的贫困之外，还包括诸如自来水、道路、卫生设施等可接入式基础设施提供的服务、医疗保障、日常生活等福利或条件的缺乏所导致的贫困状态[②]。多维贫困的概念最先是由印度经济学家阿玛蒂亚·森提出，他指出，贫困不仅体现在收入上的贫困，也包括身心健康程度、受到教育的年限、生活质量水平、社会福利指标等方面的贫困。联合国开发计划署（UNDP）在阿玛蒂亚·森的理论基础上，研究并开发出了人类贫困指数（包括相关的知识指标、衡量生存的指标、反映享受舒适生活标准的指标）。2010 年，联合国开发计划署进一步完善了人类发展指数和人类贫困指数的相关理论，并在此基础上提出了"多维贫困指数"（简称"MPI"）。随着社会生产的发展、经济的突飞猛进，对造成贫困的影响因素也变得多样化，因此在这样一个物质丰富的社会下，除了首先要考虑能够满足个人生长的基本营养需求外，还要考虑接受文化教育、住房需求、旅游享受、人身安全甚至更高层次人的发展需求等方面，这就需要从多个维度去理解并认识贫困，这才更具有合理性。

（二）扶贫与脱贫

1. 扶贫

国际上通常把消除贫困称为"反贫困"，针对的是贫困现象的消除。我国在特有国情的基础上，把反贫困称为扶贫，更加强调扶贫的主体，即政府的行为。扶贫是政府、社会之间通力配合，对贫困户和贫困村通过直接或者间接的财政援助、政策支持、智力支持等方式进行扶贫，从而帮助贫困人口摆脱贫困目标。贫困是一个复杂的问题，随着社会的不断发展，贫困也随之出现新的情况，因此在不同时期，扶贫重点和扶贫方式都有所不同。

---

① 叶普万. 贫困经济学研究 [M]. 北京：中国社会科学出版社，2004：9.
② 张立冬. 收入导向型农村多维贫困与精准扶贫——基于江苏省农村低收入家庭的分析 [J]. 现代经济探讨，2017（12）：102 – 108.

我国的扶贫事业呈现以下特点：第一，在对扶贫对象进行选择和识别上，目前更加强调实施精准扶贫，即将我国绝对贫困收入线以下的群体确立为扶贫对象，注重满足低收入弱势群体的基本生活需要。第二，在扶贫开发的策略方式上，强调要充分调动贫困人群的积极性，通过各类技能培训等增强自身的综合发展能力，根据各个贫困地区的实际情况，因地制宜地切实全面发展扶贫产业，将扶贫产业的带动作用发挥出来，以促进贫困地区的经济发展，与此同时，还要满足贫困人口的生产生活实际需要而不断完善社会公共服务体系。第三，在扶贫开发的目标上，强调着力激发贫困人口自身脱贫动力，不仅要解决当下现实的贫困，同时还要避免脱贫之后出现返贫，一改以往的"输血"而变为"造血"，不断增强产业扶贫、教育扶贫等扶贫方式的扶贫支持力度，增强贫困人群的自我发展能力，避免只注重短期成效却忽略了长远效益。

2. 脱贫

脱贫攻坚是我国致力于改善贫困人口生活质量和提高人民生活水平背景下的特定概念，在新时代下，我国扶贫开发工作取得了前所未有的进展，脱贫成效显著。脱贫，是指针对贫困人口、贫困村、贫困县，通过帮扶政策帮助其实现脱贫摘帽的目标。通过增加政府补贴、提高就业能力、提高生活保障水平、激发内生动力等一系列举措，解决我国扶贫开发过程中面临的问题与矛盾，让贫困户实现"两不愁、三保障"的生活，推动脱贫目标的实现；与此同时，通过政策扶持，不断提高贫困人口的自身发展能力，稳定、巩固、提升扶贫成果。

（三）精准扶贫与精准脱贫

1. 精准扶贫

精准扶贫，是指结合科学的策略指导，针对不同的地区与贫困人口，对扶贫开发工作进行有针对性的识别、帮扶和管理。与之相对应的是粗放扶贫（王思铁，2014）①。习近平总书记2013年11月在对湖南省花垣县十八洞村进行考

---

① 王思铁. 精准扶贫：改"漫灌"为"滴灌"[J]. 四川党的建设（农村版），2014（4）：14–15.

察时首次提出了"精准扶贫"①。开展精准扶贫与精准脱贫工作的核心和关键就是要做到"精准",其中,"精"强调要拒绝粗放式的扶贫方式,要实现精细化扶贫;"准"强调要在贫困识别和扶贫的过程中做到准确化。总的来说,精准扶贫是对每一个或每一户的贫困者的贫困状况进行区别的一种具有明确针对性、指向性的扶贫策略,强调在贫困的识别、帮扶、管理、评估等方面实行精准式的指向性扶贫,强调了扶贫的精准性,以及采取的相关扶贫政策和措施的精准性。其中,做到精准扶贫的重要前提,是做到精准识别,要根据不同地区贫困村、贫困户的情况,摸清扶贫对象的底子,科学分析贫困成因,进一步确定具体的扶贫对象;精准扶贫的关键是精准帮扶,根据导致扶贫对象贫困的各种原因,明确帮扶对象,并制定具体的帮扶措施,使其摆脱贫困状态。

精准扶贫机制包括以下几个主要方面。第一,精准认定贫困户和贫困村,建立档案卡,以农民的收入为基本依据,综合考虑住房、教育、卫生等条件,这是定向扶贫的前提。第二,通过对贫困户和贫困村的准确认定,分析贫困产生的原因,进而采取有针对性的帮扶措施。第三,精准管理。一方面,通过贫困户信息网络系统进行动态化的管理,并及时监测扶贫措施的落实情况,评估实施效果是否优良;另一方面,通过建立扶贫资金信息披露制度,保障国家财政扶贫资金的规范使用,准确管理扶贫对象及绩效。第四,建立有针对性的扶贫评估机制,准确评估贫困户和贫困村的识别、帮扶与管理的有效性。

2. 精准脱贫

"精准脱贫"与"精准扶贫"含义上有相似之处,不论是扶贫还是脱贫,它们的核心都是强调帮扶对象、措施、资金使用、项目管理等的精准性,通过一系列精准的帮扶措施使贫困对象和贫困地区摆脱贫困。但是扶贫与脱贫之间并不完全相同,既有联系也有区别,其区别主要体现在侧重点有所不同,"精准扶贫"侧重将"扶贫"作为手段,重在扶贫的过程,但其最终的目的仍然是为了实现脱贫;而"精准脱贫"则侧重"脱贫"结果、目标的实现,而扶贫只是其采取的其中一种手段。精准扶贫政策的实施及其取得的一定成果,为精准脱贫目标的实现奠定了基础;与此同时,精准脱贫所采取的政策措施,也是实现精准扶贫的重要手段和方式。结合扶贫实际,确定精准脱贫工作的目

---

① 本书编写组. 习近平的小康情怀 [M]. 北京:人民出版社,2022.

标，明确具体的精准脱贫机制，对贫困户、贫困村、贫困地区实施精准脱贫政策和措施，有利于扶真贫，并实现真脱贫。

二、相关理论依据

（一）贫困理论

1. 基本需要理论

贫困，是指人们缺乏满足其最基本的需要（王小林，2012）。所以，需要明确居民最基本的需要到底是什么，这是解决贫困的关键。早前学者对贫困的内涵已经有所界定，朗特里（Rowntree，1901）认为贫困就是家庭最低数量的物质需求无法得到满足，即家庭总收入无法买到这些物品，他指出人们最基本的需要就是衣、食、住、行，而衡量一个家庭是否贫困的标准就是资金，用这一标准来衡量购买家庭最低数量的物质需求的成本。贝弗里奇从社会保障的视角于1942年在《社会保险和相关服务》报告中揭示了人们缺乏满足其最基本的需要，即存在疾病、物质匮乏、懒惰、无知等问题。后来，学者们逐步形成了由贫困衍生出的绝对贫困与相对贫困的概念。1965年，在对美国的贫困进行测度时，奥珊斯基（Orshansky）将绝对贫困考虑进去，只要人们认为他们的收入低于基本需要就是处于贫困。人们满足其最基本需求的需要（如食品）可能会很缺乏（Sen，1999）。基本需要理论表明，生活必需品对于穷人来说是紧缺的，而这些必需品是可以用货币来衡量的。基本需要理论是对人的最基本生活需要的直接阐述，这些需要是贫困群体亟待满足的最基本生存需要。

2. 能力贫困理论

随着对贫困理论的深入研究，人们清晰地理解了贫困不仅是在收入上低于社会标准，即使当农民的收入高于贫困标准时，也可能存在其他方面的贫困，就像两个收入水平相同的人一样，残疾人的生活往往比健康人更困难。彼得·汤森（Peter Townsend，1979）基于相对剥夺，将贫困定义为当社会成员缺乏必要产品时的物质被剥夺状态。与以往只从收入视角来界定贫困不同的是，当前对于贫困的认定，主要转向效用的角度，即通过消费商品来达到为人们提供有效作用是人们获得收入的最终目的。比如，不同的人可以消费不同的商品，但最终可以带来相同的作用；对于不同的人，即便是消费的商品一样，他们的满意度也会有很大的差异，造成这种差异的原因是人们在个体、环境、社会氛围、人际交往、家庭分配等方面存在差异。在《贫困与饥荒》一书中，印度学者阿玛蒂亚·森指出，贫困包括能力和机会方面的缺乏。阿玛蒂亚·森在此基础上，提出了至今仍有影响的能力贫困理论，具体来说，就是指基本可行能力方面的被剥夺。贫困还体现在剥夺其基本可行能力方面，而不只是收入上的缺乏。森指出，想要更好地界定贫困，需要基于可行能力来分析，可能的原因是：一方面，可行能力被剥夺的原因之一，可能是收入低下，而导致可行能力被剥夺的原因还有很多其他方面；另一方面，可行能力低与收入低是一种工具性关系，不同地区的农民、不同区域的国家之间的关系也呈现出差异。可行性能力缺失的人，他们由于受到自身各方面的限制而导致收入低下。可以看出，不同群体的可行能力与收入之间的转换是存在差异的。

因此，只凭借收入来衡量人的福利水平，不可避免地会产生误差。能力贫困理论把对贫困的认识由工具转向目标，指出贫困的真正本质是在无法自如地实现美好生活的愿景，而收入只是一种用以实现这一目标的工具，这也是该理论最具建设性之处。与此同时，能力贫困理论包含了绝对贫困和相对贫困的测量，能力贫困理论对于解释相对贫困具有重要的意义。同时，多维贫困理论也随之得到发展，并得到了学术界的认可，之后也取得了更广泛的发展和应用，多维贫困的探究重点也转向如何实施（Wagle，2008）。

能力贫困是指对人的能力的剥夺，即人的贫困不仅是收入水平低，也是人在满足自身生存需要方面进一步实现发展、享受基本生活需要等能力被剥夺的一种贫困状态。能力贫困理论强调贫困不仅是收入水平的贫困，更是教育层面的贫困、健康层面的贫困、生态层面的贫困以及自我发展能力维度的贫困等。

3. 社会排斥理论

社会排斥理论是西方学者在探析贫困的过程中强调的一个理论（银平均，2007）。实际上，学术界就社会排斥这一理论的研究并没有达成共识，其内容比较复杂。英国的"社会排斥办公室"提出了社会排斥出现的条件，当个人在就业、技能、住房条件、收入等方面出现被歧视的情况，或者当地区出现犯罪率高、健康损失和家庭破裂等社会问题时，且这些现状与问题进入无限循环，社会排斥就会出现（Social Exclusion Unit，2001）。个体在社会中由于社会关系的破裂、社会关系的脆弱和社会资源的匮乏而被孤立，这就是社会排斥（Castle，2000）。基于社会排斥的视角，我们可以更准确地把握贫困的实质。受到社会排斥影响最大的往往是农村的贫困人口，这些贫困人口在就业、社会资源、政治选举等方面受到的歧视可能较多，没有享受到平等的权利。贫困群体遭受社会排斥的问题也越来越受到关注和研究，并从劳动就业、社会政治参与等方面进行分析。社会排斥理论关注到贫困引发的一系列社会资源短缺问题。

4. 马克思贫困理论

马克思从国家的角度出发，指出只有在政治国家的本质中才能找到社会贫困的成因。制度导致的贫困是马克思主义经典理论的精髓。从制度的角度出发，马克思审视了资本主义发展前期的贫困现状，并探究产生贫困的制度根源所在。

就制度的一般定义而言，马克思没有明确制度的确切范畴，但在经典文本中对制度进行了全面、深刻的阐述，富有洞见地论述出其与经济学教科书的制度的不同。马克思基于社会基本矛盾视角，从生产力与生产关系、经济基础和上层建筑的关系着手，在社会运动规律中研究制度，进而分析制度的本质内涵和框架构成，马克思认为生产关系是制度的核心。他强调，无产阶级要消灭私有制是其担负的历史使命，唯有彻底改变资本主义对生产资料的占有，建立起以生产资料公有制为主导的生产关系，才可以真正破解无产阶级存在的贫困难题。

马克思认为，资本与贫困是在资本主义生产方式环境下诞生的"孪生子"。要深层次研究分析伴随着贫困一同发展的资本，通过分析资本与贫困之间的内在逻辑，这样才能把握产生贫困的原因。马克思在他的论述中指出，人们只有在认识和了解经济规律的基础上，才能深刻地把握"最勤劳的社会阶层的饥饿痛苦"和"富人的粗野的或高雅的奢侈浪费"之间的内在联系；与此同时，在居民的居住状况方面，"生产资料越是大量集中""资本主义的积累越迅速"，劳动者"越要聚集在一个狭窄的空间"，其"居住状况就越悲惨"。① 马克思从生产力与生产关系的辩证关系角度，深刻揭示了资本主义的

---

① 中共中央马克思恩格斯列宁斯大林著作编译局. 马克思恩格斯全集：第四十三卷［M］. 北京：人民出版社，2016：706.

贫富差距问题及贫困的形成原因。

(二) 贫困测度理论

1. 收入贫困测度理论

依据英国经济学家朗特里 (1901) 对贫困的界定，他认为衡量贫困的方法是"一篮子必需品"需支付的成本。这一衡量方法是基于最低基本需求的贫困标准制定的，这也是对贫困测量的较早研究。然而，满足最低基本需求的测评标准却饱受争议。许多专家认为，如果仅是满足最基本的需求的食物，往往比较单一，而且与个人的消费习惯不相符合。但即使这样，人们依然使用"一篮子必需品"的理论很长时间，这一评价标准也被认为是相对比较合理的。英国自 1979 年开始，将"低于家庭收入中位数的 60% 的线"作为贫困线 (王小林，2012)。美国以家庭规模的不同情况为依据，运用贫困线来划分贫困标准，但仍然是由收入决定的。自此，许多国家开始参考英国的方法，设立一个贫困线来判断国内的贫困情况。国际贫困标准是以一个国家或地区收入中间数或者平均收入的 50% 规定为贫困线的衡量标准。对于贫困的定义，世界银行结合 33 个国家设立贫困线的标准，用"剥夺幸福感"来界定，并依据1985 年的普遍的基本消费和收入标准，最终筛选出在世界上处于最贫困状态的 6 个国家，并进一步通过分析将全球贫困线确定为 1 美元/日。2015 年，世界银行公示了最新的国际贫困线，由 2008 年的 1.25 美元每天提高到 1.9 美元每天。此外，还将中等水平收入国家的贫困线也从 2008 年的 2.0 美元每天提高到 2015 年的 3.1 美元每天[①②]。与此同时，中国也提到了这一贫困线标准，1978 年确定我国的贫困认定标准是人均纯收入低于 200 元，这个标准持续使用到 2000 年。此后，我国根据社会发展水平的提升，不断对扶贫标准进行调整；以物价水平作为调整的依据，2001 年是 865 元，2008 年是 1067 元，2009年将扶贫标准定为 1196 元；直到 2011 年，将农民人均纯收入 2300 元定为新

---

① 张彦琛. 当代资本主义的福利治理与多维贫困 [J]. 国外理论动态，2018 (5)：67–76.
② 王小林. 改革开放 40 年：全球贫困治理视角下的中国实践 [J]. 社会科学战线，2018 (5)：17–26.

的扶贫标准①。

此外，收入低于一定收入水平的人口被视为贫困人口。假设这部分人口为 H，总人口为 N，那么，H/N 就是一个地区的贫困发生率。这种测算方式不仅客观，而且具有一定的可比性。而在衡量贫困时，贫困发生率并不能敏感地反映出贫困程度，比如，同样在贫困线以下穷人的贫困状况与收入刚好在贫困线以下的穷人差异明显。随着贫困的内涵不断地丰富，多维贫困的研究也逐步将以往以收入为计量的测度方式转变为以福利水平为计量的测度方式。基于此，贫困测度理论也逐步向多维贫困测度理论转变。

2. 多维贫困理论

经济学家阿玛蒂亚·森将"可行能力"的概念运用在贫困分析中，进而提出"能力贫困"的概念。他指出，与贫困相对应的是功能性福利的缺失，而功能性福利的实现能力不足是功能性福利缺失的前提。换句话说，能力的不足是导致贫困的原因。具体来讲，基本的可行能力不仅包括衣、食、住、行，还包括教育、医疗、权利等多个方面。缺乏基本可行能力不仅是导致贫困的原因，也是一种表现。因此，基本可行能力蕴含着人类福利的意义。

阿玛蒂亚·森基于"可行能力"的视角对贫困进行定义，并进一步提出多维贫困理论。实际生活中，作为一系列功能性活动之一的收入不足，不能作为工具变量来充分反映个人或家庭的被剥夺程度。阿玛蒂亚·森指出："一个在社会上独立的人，在衣食住行、教育、医疗等基本权利面前应该具有平等的机会，如果机会不平等，则表明这个人已经陷入贫困。"在发展型贫困理论的基础上，可行能力贫困理论得到了充实与发展，而发展型贫困理论更加强调教育、健康等因素，发展型贫困理论关注的重心仍然是经济上的贫困，即使考虑了经济以外的其他因素，也仅仅是把这些因素归咎为经济贫困的影响因素，而可行能力贫困理论则将教育、医疗等因素具有一定的发展目标和内在价值，不仅仅是消除贫困的工具。而真正衡量一个家庭真实的贫困程度，则需要从多个维度来考虑贫困问题，即通过构建多维贫困指标来衡量（Anand & Sen，1997）。多维贫困理论探讨了功能性福利问题，不仅是人们是否能够满足基本生存和生活需要的问题，还是人们是否能保障自身的受教育权利，健康是否能

---

① 孙咏梅，方庆. 消费视角下的贫困测度及精准扶贫探索——基于我国农村地区消费型贫困的调研［J］. 教学与研究，2017（4）：23－32.

得到保障，住房是否能得到保障等，这已经上升为社会性的福利问题。

（三） 贫困治理理论

治理理论起初属于公共管理的领域，贫困展现的社会现象是非常复杂的，而反贫困过程中的关键因素还包括治理能力的提升。多中心治理理论认为，政府不应该是管理社会公共事务的唯一主体，还包含社会组织、私人机构、公民等多个决策主体（张文礼，2008）。在贫困治理理论中，不同治理主体在反贫困过程中的协同作用也是十分重要的。

1. 包容型与合作型反贫困理论

"包容型发展"的概念最先由世界银行、亚洲开发银行以及一些致力于扶贫的国际扶贫组织提出。这种发展理念强调要建立起完备的包容型制度，为减轻甚至消除社会对贫困人口的排斥提供更为广泛的机会，让穷人也能平等地享有各种各样的资源，让贫困人群能够通过自己的努力和社会参与，进而合理地与社会其他成员分享经济发展带来的福利，不断提高个人的发展能力来保障扶贫的可持续性。但是，它偏向于改善贫困人口脱离贫穷和在社会上享有更多平等权利的基本内容，而不是支持针对贫困群体的行动[①]。包容型发展理念也存在局限，它需要经济取得高速发展，需要缓解甚至消除机会的不平等状况，并且实现贫困人群共同享有经济发展成果。但不可忽视的是，社会经济增长的效率，以及这种公平性很难在现实生活中得到充分考虑，而且贫困人口往往也无法做到这一点，在这样的背景下，"合作型反贫困理论"应运而生。仅有国家作为扶贫工作的主体难以完成全部扶贫脱贫工作，需要建立以政府为主导，多方主体共同参与合作的机制，有效整合并合理规划各类社会资源，不断提升贫困户的参与度，就显得尤为必要[②]。在现实的扶贫开发进程中，政府发挥扶贫的绝对优势，起主导作用，但是仅仅与贫困群体以合作的方式进行帮扶是远远不够的，贫困群体本身就应该是反贫工作中的主体力量。在此基础上，合作型反贫困理论极力主张构建以下合作机制：政府各部门之间的合作机制、政府与

[①] 李鸭、叶兴建. 农村精准扶贫：理论基础与实践情势探析——兼论复合型扶贫治理体系的建构 [J]. 福建行政学院学报，2015（2）.

[②] 林万巧、钟玲、陆汉文. 合作型反贫困理论与仪陇的实践 [J]. 农业经济问题，2008（11）.

地方群众的合作机制、贫困家庭参与经济开发的合作机制、社区与地方农民的合作机制等。

2. 参与式发展理论

美国康奈尔大学的教授普霍夫较早就提出了"参与式扶贫"理念，他指出，发展目标不但要落实在发展上，还要作为受益者参与到监测和评价的过程中。他围绕"参与"和"赋权"的中心，在授予权利的基础上，指出受到干预的贫困人群要与干预者共同参与到发展的整个进程。而作为干预者不能控制发展进程的快慢，也无法单独分配用于发展的各类资源，仅仅是授予他们对干预目标和对象的某些权利。在这个发展过程中，被干预的贫困人群拥有参与到扶贫决策制定的权利，并能够结合自身的实际情况决定制定哪些扶贫项目，并根据实施的情况提出修订意见。政府的作用只是监督资金的规范使用和有效管理。"赋权""参与"是"参与式扶贫"理念的关键，要极力缓解甚至消除各种扶贫机制的弊端，建立起一套更加完善的贫困人口参与制度，不断加大保障力度，以确保贫困人口参与到扶贫进程，在此过程中，积极表达自身的诉求，让贫困人群真正地参与到扶贫进程中去。

扶贫减贫理念认为，仅仅增加贫困人群的社会参与权是微不足道的，强调政府要以贫困人群为首要关注对象，并结合实际，积极给予他们政策上的支持和财政上的扶助，使贫困人群在社会资源分配中获得更合理的收入。这种把贫困人口的切身利益考虑在首位的扶贫思想，具有一定的针对性，这为我国实施精准扶贫，并结合国情实际而建立精准扶贫机制提供了有益的借鉴和参考。参与式发展理论实质上为基层贫困人口参与贫困治理过程奠定了基础，使贫困人口积极参与相关贫困治理政策与措施的决策过程，这与传统的发展理念不同，贫困人口作为扶贫与帮扶的受益者，在参与决策的过程中，让权利与责任相匹配，一方面促使其认真落实扶贫措施，另一方面也增强其相应的责任感。

3. 多中心治理理论

奥斯特罗姆提出了一种新的公共管理理论——多中心治理理论，允许在独立治理的基础上，可以有多个主体共同治理。这一理论指出，在多个主体的共同合作治理中，可以减少社会上"搭便车"的情况，并帮助公民拥有更多的服务和选择，进而使治理的公共性进一步扩大①。迈克尔·博兰尼是最先提出"多中心"的人，与"单中心"将政府作为唯一的治理人不同的是，多中心的核心是主张由多个治理主体进行合作式的治理。在实际生活中，多中心治理理论在治理的主体、目标、结构和模式上都展现出独特的逻辑性，并得到了进一步的完善。第一，包括政府、社会组织、公民在内的多元复合主体，这种许多治理主体的模式形成一种新的治理体系。由于社会环境具有复杂多样性，各利益主体的利益诉求也更加丰富。社会的不断发展促使各种资源相互交融，使得不同的利益主体之间相互依赖、相互融合，进而逐渐形成一个多中心的社会公共事务主体。第二，在多中心治理中，社会网络结构包含着每一个公民和利益主体，他们基于各自的利益诉求，相互联系，并在多个主体的共同参与和治理下，国家、政府、社会组织、公民之间逐渐形成一种多维治理的网络结构，也促使他们之间形成合作伙伴的关系。第三，实现公共利益的最大化是多中心治理的目标。国内外学者认为最佳绩效的出发点是经济性、效果性和效率性。实际上，在量化公共产品和服务的过程中，只有效果能成为量化公共产品和服务的标准，经济性和效率性并不能很好地衡量公共产品和服务水平。效果标准是对公共产品和服务实现情况的衡量，将其运用到贫困效果中可以很好地衡量贫困的程度、公众对政策实施的满意度。在此过程中，为了收到更有效的绩效评价结果，需要制定并完善多元的治理结构与民主参与制度，鼓励各利益主体积极地表达自身的意愿。第四，竞争与合作是多中心治理的方式。多元化的治理主体为了实现自己最大化的利益，通常会在自主治理的基础上选择以协商或者谈判的方式进入公共服务领域进行竞争，在此过程中，双方通过博弈，最终达成合作。

将多中心治理理论应用到贫困治理过程中，并进一步解决贫困问题。首先，从治理主体来看，需要多主体积极参与到贫困村和贫困人口的识别和认定过程中，并进一步确立相关体系。其次，除政府以外的其他主体，如非政府组织、社会团体和公民等应当更多地积极参与到农村贫困治理中，并逐步形成"政府—社会—市场"多元主体参与治理的多维识别结构。再次，由于农村贫困成因有很多，农村贫困的识别还需要制定多维度的测量指标，以最大限度地发挥农村贫困治理的效果和农村贫困识别的精准性。最后，在农村贫困治理的

① 孔繁斌. 公共性的再生产：多中心治理的合作机制建构 [M]. 南京：凤凰出版传媒集团，2008：38.

过程中，政府、市场、社会等主体追求不同的目标，并出于不同的利益诉求，存在着较多方面的博弈，同时也发挥着不同的作用。但是，政府应该在准确认定主体方面发挥其主导性的作用。与此同时，应当充分发挥市场与社会的力量，促使多个主体之间合作，使各个相关利益主体参与到扶贫开发事业的建设中，并依靠各利益主体之间的良性互动提高扶贫与脱贫的成效。

4. 协同治理理论

在赫尔曼·哈肯提出"协调"的基础上，逐步形成协同思想。在复杂的系统中，只有各个子系统达成有效的协作，才能使各个子系统实现有效的发展[①]。2015 年，习近平在"减贫开发论坛"上明确指出："中国的扶贫必须形成多主体的扶贫机制，通过发挥我国特有的制度优势，逐步构建起政府主导、社会、市场等全社会参与的扶贫格局，逐步在不同地区、不同部门、不同单位、不同环境下形成多元化的扶贫机制[②]。"协同式的扶贫实践是实施精准扶贫、精准脱贫方略的必然要求，通过多元扶贫主体的积极参与，使政府、社会组织、贫困户之间形成相互合作的局面，进而最大限度地发挥协同式治理的作用，并进一步最大限度地发挥其扶贫作用。

实际上，我国的扶贫开发工作已经随着精准扶贫、精准脱贫方略的深入实施而呈现新的变化，已经将现代化的治理体系和能力融入扶贫开发工作，具体表现在以下方面。第一，政府、社会团体、市场、贫困户都是贫困治理的主体。第二，各主体通过平等协商的方式参与到贫困治理的实践中。第三，在问题、需求和结果导向有机结合的情况下实施贫困治理策略。第四，帮助贫困人口摆脱现实贫困，实现真正的脱贫。贫困问题非常复杂，不仅表现在人口结构上，还突出表现在多维度的特性上，协同治理理论可以为扶贫工作提供重要指导。

（四）反贫困理论

1."低水平均衡陷阱"反贫困理论

"贫困自我维系的循环机制"的提出，使发展中国家和发展较落后的国家

---

① 赫尔曼·哈肯. 协同学：大自然成功的奥秘 [M]. 上海：上海译文出版社，2005：12.
② 习近平. 携手消除贫困，促进共同发展 [N]. 人民日报，2015 (2).

普遍存在的"低水平均衡陷阱"问题被揭示出来，这是由美国的经济学家纳尔逊提出的①。"低水平均衡陷阱"理论从多角度对发展中国家的贫困机制问题进行了分析与探讨，例如，分析了在资本方面的短缺对经济增长的影响，以此表明在解决"低水平均衡陷阱"问题中资本形成的作用，这一结论为各个国家制定扶贫政策、解决贫困问题提供了新的思路。"低水平均衡陷阱"理论指出，收入低下导致储蓄和投资少，进而导致资本少的问题，反过来，资本不足又会进一步降低收入，这是导致贫困的重要原因。所以，阻碍经济发展的原因之一就是资本不足。因而，发展中国家为促进经济快速增长，需要从加大投资力度入手，不断地扩大投资规模，从而使资本的形成率上升。纳尔逊在此基础上指出，贫困再生问题实际上是稳定的现象，并进一步指出只有打破贫困平衡才能解决这一问题。按照这个逻辑，发展中国家的贫困问题，如果没有外力的影响，将会处于一种稳定的均衡状态，这就好比经济发展可以从低水平发展向高水平发展突破，即只有走出低发展规模的舒适圈，才能进入高水平发展。

2. "循环积累因果关系"反贫困理论

缪尔达尔（Myrdal，1957）从制度理论的角度对经济发展问题进行研究，并提出了一种解决由于收入低下而导致的贫困问题的理论，即"循环积累因果关系"理论②。这一理论采用动态演绎的方法对发展中国家的贫困产生机制进行分析。他指出，各种因素在经济社会中是相互影响的，互为因果，并表现出一种"循环积累"的趋势："第一级变化"，即一个因素发生改变会使得另一个因素随之发生改变，使第一个发生变化因素的效果增强，最终使得经济沿着原有因素改变的方向发展，但这种关系呈现循环累积的效应，并不是固定不变的。经济较为落后的地区，收入低下不仅会使居民的生活水平和质量下降，还会使其在教育、医疗、素质、就业等方面出现困难和问题。比如，人口素质低下会直接降低生产效率，进而影响产品的产量；反之，低效率的生产又会降低人们的收入水平，收入低下又进一步使人们陷入贫困状态，进一步使发展中国家陷入低收入和贫困累积的恶性循环中，这是一个循环性的连锁反应。最后，贫困的出现直接受经济水平高低的影响，与此同时，社会环境状况、政策制度

① Nelson R. R. A theory of the low-level equilibrium trap in underdeveloped economies［J］. *The American Economic Review*，1956，46（5）：894–908.

② Gunnar Myrdal. Economic theory and under-developed regions［M］. Harper & Row，1957：168.

是否健全则是影响低收入的重要原因，其中资本的不足和收入分配的不公平是最重要的原因。所以，缪尔达尔主张以改革的方式促使收入分配的公平化。比如，对权利、教育、医疗、土地等进行改革，通过公平的收入分配，增加人们的收入，进而使贫困人口的消费水平提升，循序渐进地实现摆脱贫困的目标。与此同时，在改革的过程中，要注意提高效率，尤其是生产效率，进而不断提升人们的收入水平。

（五）区域发展理论

1. 增长极理论

法国经济学家佩鲁（Francois Perroux，1950）提出增长极理论，他指出，一个国家的区域经济增长均是有差别和不平衡的，企业在地理空间上的分布是分散的，并且有着各自的势力边界。增长极的出现，说明区域增长出现在某些增长点或增长极上，而这些增长点或增长极上的经济要素之间一般具有较为密切的联系，并在一定的地理空间上集聚，然后通过推进效应对整个经济或周边经济产生不同程度的影响。而技术进步和创新是实现区域经济增长的主要推动力，同时技术进步和创新又主要源于领头企业和相关产业，这些企业和产业能够通过其决策和操作行为产生较大的影响效应，进而推动其他企业或整个产业发展，最终实现区域的均衡发展。①

20世纪60年代至70年代，增长极理论为世界各国的政府和学界所广泛推崇，最终成为各国研究和解决区域发展和规划问题的重要指导理论。从20世纪80年代末开始，区域发展新兴理论的不断诞生和发展，就使增长极理论作为重要的区域发展先驱理论，受到世界各国政府和学界更为广泛的关注。1988年，佩鲁在其发表的论文《发展极概念在经济活动一般理论中的新地位》中，从"发展轴""一体化极""一体化轴"等角度对增长极的相关概念和内涵进行了拓展和深化。在此之后，部分学者对"增长极"亦进行了深入的探讨，甚至相关解释和争论也一直存在。例如，布德维尔（1966）从地理空间角度将增长极理论转化为地理空间的增长极理论；英国地理学家莫斯利

---

① 安虎森. 增长极理论评述［J］. 南开经济研究，1997（1）：31 - 37.

（Moseley，1974）等人也对增长极理论进行了补充和完善。① 增长极理论指出，具有一定规模的企业和产业及相关主导工业部门在特定的地理空间上集聚，并形成增长极，通过发挥这个增长极的支配效应、乘数效应、极化效应和扩散效应等，带动其他企业、产业和部门发展。

当前，增长极理论作为一种重要的区域发展理论，对世界各国制定区域发展战略和规划产生重要的影响，最终成为世界各国制定区域发展政策的重要理论基础，并在区域发展实践中得到广泛的应用和推广。通过将增长极理论应用到珠江—西江经济带发展的实践，对珠江—西江经济带建设成为区域经济发展的"小高地"，更好地推进经济带经济发展具有重要的理论指导作用。

2. 产业集聚理论

产业集聚，是指产业发展过程中出现的一种地缘集聚和空间现象，即一定数量的且具有不同程度内在联系特点的企业在一定的区域范围内集中，共同形成产业集聚的现象，产生经济效益、规模效益和集聚效益。产业集聚具有比较显著的地域特征，是企业在特定的地理空间上集聚，同时伴随生产要素的集聚和扩散过程。

马歇尔（1890）是最早提出产业集聚现象和问题的经济学家，他从内部经济、外部经济以及规模经济等角度对产业集聚现象进行研究。他强调，产业集聚过程也是专业化分工的过程，并通过专业化分工来实现企业的外部规模经济。② 在马歇尔之后，产业集聚理论得到了进一步的拓展和完善，取得了一系列研究成果，包括韦伯的区位集聚论、熊彼特的创新产业集聚论、波特的簇群论等。韦伯（1909）的区位集聚论从微观企业的成本最小化和利益最大化原则的角度出发，首次将区位因素纳入经济增长的研究，探讨企业是否倾向于选择靠近产业集聚区域。熊彼特的创新产业集聚论，则从技术创新的角度研究技术创新与产业集聚之间内在联系，认为技术创新是推动产业集聚的重要力量，而产业集聚又反过来推动技术创新发展。波特（1998）的簇群论对产业集聚与企业竞争力之间的内在关系进行了阐释，并指出产业集聚的区位因素是企业考虑选址的重要影响因素，选择集聚区域更有利于企业的经营和发展以及其市场竞争力的提升，产业集聚将对企业竞争力的提升产生重要影响。

---

① 李仁贵. 增长极理论的形成与演进评述 [J]. 经济思想史评论，2006 (1)：209－234.
② 张长立. 产业集聚理论探究综述 [J]. 现代管理科学，2004 (12)：32－33，44.

此外，产业集聚作为经济发展的一种重要地理集聚现象，其通常伴随着集聚要素的流动，包含企业、科研机构和中介服务机构等行为主体，资金、技术、劳动力等生产要素；产业集聚的发生，还受区位选择、生产要素流动、生产成本与利益驱动、产业分工、政策导向等因素的共同作用和影响。[①] 因此，将产业集聚理论引入珠江—西江经济带发展的实践，有利于深入推进珠江—西江经济带扶贫开发和产业集聚发展，对更好地推动珠江—西江经济带发展具有重要的指导作用。

三、多维贫困视阈下精准扶贫、精准脱贫的理论内涵

在精准扶贫、精准脱贫的工作中，强调因人、因地、因贫困及类型进行分类施策，在扶持对象、项目安排、资金使用、措施到户、因村派人以及脱贫成效等方面做到精准，实施"靶向治疗，对症下药"，做到扶真贫和真扶贫。从多维贫困理论角度探讨多维贫困视阈下精准扶贫、精准脱贫的深刻内涵，有利于深入推进扶贫工作，为完善精准扶贫、精准脱贫的理论体系提供理论借鉴和现实指导。

（一）以贫困维度划分来实现贫困成因的精准识别

从多维角度识别贫困，科学、合理划分贫困维度，有利于精准识别贫困的成因，深入解决农户脱贫致富的"瓶颈"和障碍。精准扶贫、精准脱贫要求对贫困人口进行精准识别，而贫困人口的致贫原因有多种，仅仅依靠传统的收入水平指标来衡量农户是否属于贫困户，已难以全面、准确地衡量贫困户的真实贫困状态，这就要求从贫困的多维视角来衡量贫困。可以将贫困划分为公共资源贫困、自我提升能力贫困、生产条件贫困、生活条件贫困和健康贫困等类型，然后借助多维贫困理论，从多维贫困视阈来对贫困人口进行贫困识别，有利于提高贫困人口识别的精准度，以进一步识别出真正的贫困人口，推动贫困人口实现脱贫致富。而且，通过从多维视角来识别贫困，也有助于提高贫困人口识别的精准度及效率，这也是推进精准扶贫、精准脱贫工作的现实要求。与

① 马延吉. 区域产业集聚理论初步研究 ［J］. 地理科学，2007（6）：756-760.

此同时，从多维角度识别贫困，不仅有利于提高贫困人口识别的精准度，而且能够深刻揭示贫困的致贫原因及影响机制，在扶贫工作中能够更好地将其应用到扶贫工作中。而且，对贫困维度进行划分，并结合贫困维度的致贫原因，对识别对象的具体状况进行识别，找出其致贫原因，解决其多维贫困问题，能够更好地解决农户脱贫致富的"瓶颈"和障碍，有助于推动农户自身全面发展及脱贫致富。

（二）以贫困成因的精准识别来推动因贫施策

从多维角度探析致贫成因，有利于因贫施策，精准发力，深入推进扶贫开发和乡村振兴。多维贫困理论要求从多维角度来探析贫困，并通过将贫困分为多个维度贫困，进而将贫困细化为各个贫困维度，有助于在识别和分析贫困户致贫原因的过程中，准确找出致贫原因；然后制定和实施有针对性的扶贫政策或措施，实现精准发力，实现因贫施策和有效治疗"贫根"，促进贫困户脱贫，这也是实施和推进精准扶贫、精准脱贫工作的内在要求。可见，依据各贫困维度因贫施策，有利于深入推进贫困地区扶贫开发及乡村振兴工作。各贫困维度不仅反映了贫困的维度构成，而且揭示了贫困的成因。因此，结合多维贫困理论识别出来的贫困对象，其贫困原因也显得更清晰明了，这也是精准扶贫、精准脱贫工作本身所蕴含的优势。贫困对象的致贫原因通常呈现一维或多维特点，即其存在一个或多个贫困维度，最终导致贫困对象贫困问题的产生。因此，在确定其致贫原因和贫困维度的基础上，依据其贫困成因，通过医疗保险和医疗救助脱贫、教育脱贫、劳务输出脱贫、特色产业脱贫、生态保护脱贫、易地搬迁脱贫、最低生活保障制度兜底脱贫、资产收益扶贫等脱贫方式[①]，选择适合贫困对象的有针对性的脱贫方式，实施因贫施策，从根本上治理贫困对象的"贫根"，实现精准扶贫、精准脱贫的根本目的。与此同时，在因贫施策和分类扶持上，由于部分贫困对象的致贫原因较复杂且呈多样性，因此其脱贫难度也较大，仅仅依靠贫困对象的自我发展能力提升或为其提供短期的财政资金或物质支持，难以持续支撑其短时间内脱贫或脱贫后的可持续生计，因此，仍需加快推进贫困地区经济社会发展，深入实施乡村振兴战略，努力提升人们

---

① 陈辉，张全红. Alkire - Foster 模型测度城市多维贫困的研究——以广东省中山市为例 [J]. 五邑大学学报（自然科学版），2013，27（2）：32-36.

的收入水平，推进农村基本公共服务均等化，缩小城乡差距，不断提升农村居民的生活质量和幸福感。因此，多维贫困理论为深入研究贫困户致贫原因，进而采取针对性的扶贫政策和措施，促进贫困户精准脱贫、精准脱贫以及实现精准脱贫、精准脱贫与乡村振兴的有机衔接提供了重要的理论指导。

（三） 实现从单一收入维度评价向多维贫困评价转换

从多维角度评价贫困及脱贫成效，转变以往单一收入维度的评价，推动向多维贫困评价转换，促进多维贫困治理和实现人们的全面发展。从单一的收入维度来衡量贫困，已不足以全面反映贫困户的真实贫困情况，而精准扶贫、精准脱贫正是打破了传统的单一收入维度评价方式，要求根据贫困户的致贫原因进行精准识别和分类扶持，体现了对贫困户的贫困状况进行多维评价的思维，而且从多维角度来评价贫困，也有利于更加全面地、准确地评价贫困户的贫困情况和水平，否则将难以很好地实施精准扶贫、精准脱贫。与此同时，在对贫困户脱贫及脱贫成效进行衡量时，仍需从多维视角来衡量，这也是精准扶贫、精准脱贫的内在要求，否则难以真实衡量或反映精准扶贫、精准脱贫效果。因此，改变传统主要以收入指标为衡量标准的评价方式，采用从多维贫困视角来评价贫困及脱贫成效，积极创新贫困及脱贫评价方式，也是精准扶贫、精准脱贫的理论和现实要求。目前，多维贫困评价的理论研究方法主要采用多维贫困指数（MPI）、A－F多维贫困测度等方法对贫困对象的贫困程度进行评价。总的来说，多维贫困评价为精准扶贫、精准脱贫的理论评价提供了重要的研究方法；尤其是多维贫困评价，不仅改变了传统的单一收入维度贫困评价，也有利于提升贫困的识别程度、精准扶贫程度以及扶贫质量。与此同时，在扶贫实践当中，可以从各贫困维度角度对贫困对象的扶贫效果进行合理评价，判断其是否仍处于贫困状态，是否解决了其"贫根"，是否还需进一步采取扶贫措施等。这样不仅推动了精准扶贫、精准脱贫工作的深入开展，还推动了居民多维贫困的治理及实现居民的全面发展。

（四） 实现多维贫困理论与精准扶贫、精准脱贫理念的有机联系

"精准扶贫、精准脱贫"理念是中国扶贫实践的最新理论成果，与多维贫困理论相互验证。精准扶贫、精准脱贫是中国扶贫实践的最新理论成果，是促

进全体人民共享改革发展成果，全面建成小康社会和实现共同富裕的重大举措，是中国扶贫开发进入冲刺时期以及创新扶贫开发策略的最新实践成果，并上升为国家基本方略，对实现中国现行标准下农村贫困人口脱贫具有重大的理论指导和现实价值。精准扶贫、精准脱贫的精髓是提高扶贫的精准度，并要求在具体的扶贫实际中，做到精准识别贫困户及因贫施策，能够根据贫困户的致贫原因，分别采取有针对性的扶贫措施帮助贫困户脱贫。而多维贫困理论强调了贫困的多维特点，不仅表现在收入水平低于贫困线方面，还表现在文化水平低、生活质量低、公共服务缺乏等方面，应将贫困划分为不同的贫困维度，进而从各贫困维度来共同识别贫困人口和衡量人口的贫困状况。由此可见，多维贫困理论反映的贫困多维性特点，通过将贫困划分为不同的贫困维度，不仅有利于深刻揭示贫困成因，进而采取有针对性的扶贫措施实现精准脱贫，还有效验证了"精准扶贫、精准脱贫"理念的正确性；反过来，精准扶贫、精准脱贫通过因贫施策，有效提高了扶贫和脱贫的精准度，同时也在一定程度上验证了多维贫困治理念的合理性。

第二章

多维贫困视阈下珠江—西江经济带精准
扶贫与脱贫的成效和典型经验

　　本章重点探讨了多维贫困视阈下珠江—西江经济带精准扶贫与脱贫的成效和典型经验。首先，从精准识别机制、精准帮扶模式、精准管理体系、贫困人口规模、农民收入水平、扶贫的经济和社会效益等角度深入探析了珠江—西江经济带精准扶贫、精准脱贫的成效；其次，分别介绍了珠江—西江经济带精准扶贫与精准脱贫的典型经验，包括广东的"双到"模式、贵州的"33668"和"十项行动"计划、广西的"空店"模式、云南的精准扶贫的六项"同心工程"等典型经验。

一、珠江—西江经济带精准扶贫与精准脱贫的成效

　　《珠江—西江经济带发展规划》划定珠江—西江经济带的范围是广东的广州、佛山、肇庆、云浮4市和广西的南宁、柳州、贵港、百色、来宾、崇左6市；并依据珠江—西江经济带流域的特点规划了珠江—西江经济带的延伸区，延伸区包括广西的桂林、玉林、贺州、河池4市，贵州的黔东南、黔南、黔西南、安顺4个州市以及云南的文山、曲靖2个州市①。国务院扶贫办于2012年公布的国家级贫困县，全国共592个，其中珠江—西江经济带占68个，占国家级贫困县的11.48%。因此，珠江—西江经济带是全国贫困问题较为突出的区域，也是全国贫困问题需要重点解决的区域。具体来看，广西（11市）、贵

---

　　① 国务院. 国务院关于珠江—西江经济带发展规划的批复［EB/OL］. http：//www. gov. cn/zhengce/content/2014－07/16/content_8933. htm，2014－07－16.

州（4 州市）、云南（2 州市）分别有 28 个、31 个、9 个国家级贫困县。为推动珠江—西江经济带全面脱贫，消除珠江—西江经济带沿线贫困问题，推动民族地区和谐发展，促进民族团结，推动珠江—西江经济带贫困地区经济和社会的快速快发展，珠江—西江经济带各地区制订了《2017 年广西"雨露计划"扶贫培训政策》《贵州省精准扶贫"特惠贷"实施意见》《贵州省金融支持深度贫困地区脱贫攻坚行动方案》《云南省脱贫攻坚规划（2016—2020 年）》《"同心圆梦彩云南·聚力脱贫攻坚战"行动方案》等扶贫策略与方案。为了进一步解决跨区域经济带和民族贫困地区的贫困问题，珠江—西江各地区积极落实国家的各项政策。在新时期扶贫开发工作面临的新要求和挑战下，党中央、国务院确立的精准扶贫、精准脱贫方略为我国的扶贫工作提供了正确的指引，精准扶贫的工作模式也在国内各地得到迅速的开展。珠江—西江经济带各地区积极贯彻落实党的政策，自精准扶贫政策实施以来，无论是贫困人口数量的递减，还是交通、农业、教育、基础设施等方面都有相对明显的改善，具体成效具体如下。

（一）建立有效的精准识别机制

精准识别是要解决"扶真贫"的问题，是精准扶贫的第一要务，是前提和基础。随着精准扶贫、精准脱贫的深入推进，珠江—西江经济带各地区对贫困对象设置建档立卡的标准，查漏补缺，对贫困对象数据进行校正和补充，将不符合扶贫政策要求的贫困对象从贫困档案中剔除，并对贫困对象进行摸底审查，逐步建立起有效的精准识别机制，各地区建立了制度化的、公开透明的精准识别方式，并逐步构建起专门针对贫困主体的数据管理平台，最终实现对贫困主体及帮扶主体的动态化与专业化的管理[①]。以柳州市为例，柳城县通过拨付经费、派出干部驻村的方式开展精准识别的工作。其中，共向下拨付 200 万元，派出 872 名工作人员，组建成 320 个团队进行入户调查，前期贫困对象的摸底与调查工作得到较好地完成，并依据《精准识别入户评估表》最终完成了家庭入户评分及财产统计的工作，最终确认了该地区共有贫困村 23 个、贫

---

① 宋静怡，廉超．珠江—西江经济带贫困县精准扶贫的实践困境与对策研究 [J]．柳州职业技术学院学报，2019，19（3）：30 – 38.

困家庭 6564 户、贫困人口 22190 人[①]。与此同时，鹿寨县仅用一个月的时间在各村干部的带领下，完成了对全县 6 镇 3 乡 110 个行政村 4 个社区 1040 个自然屯、23522 户进行精准识别入户调查，共花费 170 万元、调用县乡级干部807 名，最终实现精准识别入户调查工作的完成[②]。甘南州通过确认识别对象、标准、监督机制的三步骤实现了该地区的精准识别。具体来说，就是依据农村居民人均可支配收入低于一定条件的标准，按照扶贫户、扶贫低保户、低保户、"五保"户四层级划分该地区的贫困人口，并借助监督机构，监测该项工作的全过程，不仅对内部进行政府审计，还从社会上聘请专业的审计团队，通过广泛随机的方式，复审政府内部的审计结果。云浮市在《关于新时期精准扶贫精准脱贫三年攻坚的实施方案》中明确提出落实精准识贫。按照"县为单位、分级负责、精准识别、长期公示、动态管理"的原则，认真、细致地做好相对贫困户的精准识别工作[③]。各县级和各乡（镇）都积极开通专门用于精准识别工作的联系通道，以快速解决识别工作中的疑难问题和特殊情况。入户建档和精准识别工作完成后，则更加注重对精准扶贫档案的后期管理，从而实现精准扶贫档案管理工作的规范化、标准化、常态化，为精准扶贫工作的持续开展打下良好基础。

（二）建立起有力的精准帮扶模式

珠江—西江经济带各地区在精准识贫、建立有效扶贫档案的基础上，根据贫困户的实际情况，针对各自的致贫原因，因地制宜地制订科学、合理的帮扶计划，并落实扶贫干部责任人执行帮扶计划。干部入户对贫困户进行一对一的帮扶，贯彻实施因村派人精准，实现帮扶到位，更好地实现精准脱贫。在帮扶入户方面，宾阳县根据地方实际制定《宾阳县精准扶贫结对帮扶到村到户"三包"实施方案》，推行县处级领导包 3 户贫困户、科级及以下干部包"1 ~ 5"贫困户的原则进行结对入户帮扶。制作帮扶联系卡，一户一对应，实现帮

---

①　广西柳州市人民政府网. 我县召开脱贫攻坚精准帮扶工作推进会［EB/OL］. http：//www. liuzhou. gov. cn/zjlz/xwzx/qxdt/lcx/202007/t20200727_1810140. shtml，2016 - 03 - 28.

②　鹿寨县信息办. 我县走出一条独具特色的精准扶贫路子［EB/OL］. http：//www. 545600. net/article/article_7165. html，2015 - 11 - 16.

③　云浮市扶贫办. 云浮市新时期相对贫困村帮扶工作方案［EB/OL］. http：//fpb. yunfu. gov. cn/issueFileShow. ifs？issueId = 394240&filePath = /govmach/fpb/html/394240_0. htm&keyWords = &msgType = 0&jsecuKeyNumberStr = 1542267153077，2018 - 09 - 12.

扶对象、帮扶信息获得的便捷性，达到责任到位，实现高效扶贫。① 在种养产品方面，横县以"以老乡互帮、后盾单位互助、网络电商促销、贫困户＋合作社＋公司（个人）模式"为平台，以及通过大数据"智慧扶贫"系统，打通贫困户种养产品的销售渠道。在资金方面，武鸣县积极引进、发动合作社发展产业带动贫困户脱贫，只要贫困户有贷款需求，经评级授信后均可根据需求额度来放贷。②

与此同时，针对珠江—西江经济带各地区特殊的地理位置以及自然环境，在精准识贫、建立有效扶贫档案的基础上，根据生态环境特色以及国家战略发展的需要，因地制宜地对贫困对象进行帮扶。自然环境恶劣、耕地面积少、基础设施落后、生产生活条件差的地区，及时采取易地扶贫搬迁。例如，百色市田阳县采取整村迁移，异地创业的方式，通过"就地集中安置、跨村安置、到县城安置"三种扶贫模式，引导贫困石山区群众"下山进城入谷"③。根据国家相关政策导向及国内经济发展形势，积极调动贫困对象"脱贫摘帽"及帮扶人员参与脱贫的积极性，创新帮扶方式，通过特色产业发展带动地区"脱贫摘帽"。曲靖市会泽县则积极引进电商扶贫新手段，大力发展电子商务以实现区域经济的战略转型，成功地将电商扶贫转化为会泽县精准扶贫的新手段。大力发展高原特色农业、畜牧业产业，并在发展特色产业的基础上着力打造会泽县的旅游特色产业，形成线上、线下特色产业链，促进互联网经济与实体经济的同步发展，有效地减轻了会泽县的脱贫压力。梧州市苍梧县梨埠镇沙地村把土地承包经营权量化为股权，并依托合作社统一规划、统一经营，用市场化手段进行资本运作和资产经营，实现土地资源向土地资本转变，土地承包经营权向土地股权转变。④ 肇庆市封开县依托"香蕉走廊"，通过"基地＋合作社＋农户（贫困户）"的发展模式，大力引导贫困户发展香蕉种植业，实现香蕉产业现代化，实现贫困户增收。南宁市隆安县那桐镇通过土地经营权流转来增加贫困群众的收入，积极引导贫困村土地有序向能人、大户流转。云浮市地税局

① 南宁日报. 南宁宾阳县：学习教育推动脱贫攻坚 ［EB/OL］. http：//f. china. com. cn/2016 – 07/19/content_38914263. htm，2016 – 07 – 19.

② 南宁新闻网. 武鸣区扶贫攻坚呈现良好局面 ［EB/OL］. http：//www. nnnews. net/p/1536914. html，2016 – 08 – 16.

③ 广西县域经济网. 田阳县精准实施易地扶贫搬迁工程 ［EB/OL］. http：//www. gxcounty. com/news/xyjjbd/20160823/128592. html，2016 – 08 – 23.

④ 西江都市报. 梧州市积极探索资产收益扶贫新举措 ［EB/OL］. http：//www. wzljl. cn/szb/xjdsb/html/2016 – 09/07/content_36169. htm，2016 – 09 – 07.

探索的新扶贫形式，借助电商平台，"线上""线下"平台同步发售，拓宽销售渠道，解决了农产品销售问题。各地纷纷立足自身独特的资源环境，依托国家的政策因地制宜地打造特色产业，实现扶贫新格局。

最后，根据国家加强东西部扶贫协作工作会议的战略部署要求，珠江—西江经济带全面对接广东与滇黔桂地区的扶贫协作，通过广东的发展整体带动滇、黔、桂三省区的帮扶工作，形成了发达地区带动落后地区脱贫的区域帮扶模式，实现了区域经济的整体发展。

（三）形成有效的精准管理体系

精准管理是对精准扶贫整个过程进行有效管理，是提升精准扶贫工作成效的重要组成部分。精准管理主要包括对扶贫对象信息系统、扶贫帮扶项目、扶贫工作过程的监督以及对扶贫结果的考核管理等方面内容，贯穿于精准扶贫过程的始终，是精准扶贫工作的重要环节。随着精准扶贫工作的深入开展，珠江—西江经济带各地区逐渐形成适合自己的精准管理模式。各地区根据扶贫要求相继建立了扶贫信息网络系统，并实现对扶贫信息的动态跟踪管理，保障扶贫信息的实时有效性；根据实时扶贫信息和数据，及时对扶贫项目进行监管，使项目推进与实际发展情况相适应。而且，在项目实施的过程中，能够根据实时数据信息对项目实施效果进行考核，并借助工作反馈机制，更好地开展扶贫工作。合山市推行网格化管理模式，建立纵向统一协调机制，一层抓一层，市、镇、村三级联动，市委、市政府每周召开一次扶贫工作推进会，制定市（指挥部）、镇（工作站）、村（工作室）三级挂图作战方案，实现责任上墙、进度上墙、挂图作战，按图销号；与此同时，还实施村里人管村里事的协理员模式、自下而上公开透明的资金管理。肇庆市怀集县积极以问题为导向，加强扶贫、审计、财政、民政、检察等部门之间的协调联动，开展专项督查、专项审计、明察暗访等，形成县、镇、村三级线索摸排全覆盖，聚焦重点领域、重点环节、重点问题等，确保实现扶贫过程的精准管理。各贫困地区通过对扶贫对象信息网络系统数据和信息的实时更新监测，实现贫困对象的动态纳入与退出，并通过对扶贫信息的公开监管，很大程度上避免了扶贫资金及扶贫权力的滥用，减少了腐败现象，从而推进精准扶贫工作的顺利、高效开展，实现了促进贫困县和贫困户"脱贫摘帽"的目标。

（四）贫困人口规模下降速度较快

2020 年是全面建成小康社会和"十三五"规划的收官之年，珠江—西江经济带各地区积极努力打好脱贫攻坚战。珠江—西江经济带各县在精准识别、建立有效扶贫档案的基础上，因地制宜地制订科学、合理的帮扶计划，使珠江—西江经济带的贫困人口规模有了绝对的减少。截至 2019 年末，按照我国农村现行贫困标准，贵州省黔西南、黔东南、黔南自治州分别实现农村贫困人口脱贫 12.48 万人、23.53 万人、13.74 万人，贫困发生率分别下降至 1.14%、1.19%、0.68%，贫困人口减少到 3.59 万人、4.86 万人、2.39 万人；广西来宾市的贫困发生率下降至 0.05%，其贫困人口减少到 1.03 万人，剩余贫困人口全部脱贫，均通过第三方机构评估验收，正式退出贫困地区名单①。2020 年各省份的政府工作报告的统计数据显示，截至 2019 年底，广西、贵州的贫困发生率已经降至 1% 以下，其中，贵州的贫困发生率已下降到 0.85%；云南实现了 95% 的贫困人口脱贫，广东 90% 以上的相对贫困村达到出列标准，广大人民群众的"两不愁、三保障"得到了充分的保障。因此，从减贫速度来看，各地区农村贫困人口的减贫速度不断加快，各地区的贫困人口规模下降的幅度较大，这一系列数据也充分表明珠江—西江经济带各地区贫困人口数量大幅下降，有效保障了 2020 年能够顺利完成脱贫目标。

（五）农民收入水平不断提升

近年来，珠江—西江经济带各地区居民的收入水平不断提高。在农民人均可支配收入方面，珠江—西江经济带各地区农民人均可支配收入均呈递增的趋势，2019 年，珠江—西江经济带各地区农民人均可支配收入及其增长速度如表 2-1 所示。以经济发展较为落后的贵州省黔西南自治州为例，2019 年农民人均可支配收入达到 10532 元，增长率为 6.80%；从农民人均可支配收入增速方面来看，2019 年珠江—西江经济带各地区农民人均可支配收入均呈明显的正增长。其中，贵州省黔南自治州和云南省文山州农民人均可支配收入增长最为明显，分别是 29.09%、24.67%；而贵州省安顺市农民人均可支配收入增

---

① 国务院扶贫办，http：//www.cpad.gov.cn/.

长最不明显。总体来看，珠江—西江经济带各地区农民人均可支配收入水平不断提升，居民的生活质量也不断改善，反映了居民的幸福感、满足感不断增强。

表 2－1　　2019 年珠江—西江经济带各地区农民人均可支配收入及其增速

地区	农民人均可支配收入（元）	农民人均可支配收入增速（％）
广州	28868	10.95
佛山	31503	9.52
肇庆	19217	8.60
云浮	16646	9.22
南宁	15047	10.20
柳州	14715	9.40
桂林	16045	9.70
梧州	13474	10.10
贵港	15289	10.90
玉林	16348	9.10
百色	12195	10.00
贺州	12737	10.30
河池	10141	10.50
来宾	12810	9.00
崇左	13320	11.00
黔西南	10532	6.80
黔东南	10233	7.89
黔南	11911	29.09
安顺	10896	1.63
文山	12504	24.67
曲靖	13697	10.51

资料来源：根据 2018 年和 2019 年各地区经济社会发展统计公报整理。

（六）扶贫的经济效益和社会效益突显

在精准扶贫的过程中，珠江—西江经济带各地区均取得了较好的经济、社会发展成效，经济效益和社会效益显著，更加注重各地区在经济、文化教育、科技培训、医疗卫生等基础设施方面的投入，扶贫的社会效益大幅增加，见表2-2。

表2-2　　2019年珠江—西江经济带各地区经济效益和社会效益指标

地区	农业占GDP比重（%）	学前儿童入学率（%）	电视综合覆盖率（%）	广播综合覆盖率（%）	卫生机构数（个）	卫生机构床位数（张）	卫生技术人员（人）
广州	1.06	100	100	100	4162	100200	168100
佛山	1.46	100	100	100	2097	38085	58215
肇庆	17.17	100	100	100	3174	18477	4705
云浮	18.71	100	100	100	1355	10379	14190
南宁	11.26	—	—	—	4830	54347	90737
柳州	7.14	—	99.28	97.66	2452	26025	42467
桂林	23.12	—	99.06	98.32	4632	24552	46054
梧州	16.34	—	98.77	97.77	1661	16083	27193
贵港	17.12	96.4	99.1	98.4	4082	19752	31310
玉林	19.23	—	—	—	3019	31122	39951
百色	19.49	—	98.7	97.7	2640	20891	32094
贺州	19.18	—	98.49	97.28	1193	9817	16331
河池	21.52	—	—	—	2333	20288	29410
来宾	25.15	—	98.8	96.6	1497	12601	16451
崇左	22.38	97.4	98.24	97.08	1292	9201	17102
黔西南	17.83	—	—	—	2158	18540	25317
黔东南	19.92	99.67	98.10	93.90	3913	27628	27685
黔南	15.19	—	—	—	2290	22507	21831

续表

地区	农业占GDP比重（%）	学前儿童入学率（%）	电视综合覆盖率（%）	广播综合覆盖率（%）	卫生机构数（个）	卫生机构床位数（张）	卫生技术人员（人）
安顺	17.01	—	96.27	94.49	2003	13998	14284
文山	7.59	99.99	99.56	99.27	2300	57100	24260
曲靖	16.62	99.86	99	99	2611	37100	32300

资料来源：根据2018年和2019年各地区经济社会发展统计公报整理。

经济效益方面，随着国家和地方政府加快推进农村经济社会发展和农业供给侧结构性改革进程，各级政府财政部门也不断加大对农村地区的经济发展的帮扶力度，进一步增强了农业发展的驱动力，提高了农业发展效益，珠江—西江经济带各地区的经济发展取得了新的成效。而且，较大程度上反映了农村地区经济发展程度的经济指标，如农村经济也呈现出不断增长的趋势。如表2-2所示，除了广州、佛山、柳州等经济发展规模较大的地区，以及除了文山等个别经济发展水平较低的地区，珠江—西江经济带2019年各地区的农业产值占地区生产总值的比重均超过了10%，这也反映了各地区的农业发展的重要性越来越大，农业发展给广大农民带来的收益也不断增加。

文化教育发展方面，选取基础教育指标作为珠江—西江经济带各农村地区文化发展的衡量指标。目前，除少部分地区缺失数据外，广东省的广州、佛山、肇庆、云浮4个市的适龄儿童全部能够接受基础教育，其他地区的适龄儿童的入学率也超过了95%，并且处于不断上升的趋势。自实施精准扶贫以来，农村地区的教育扶贫和文化发展资金以及项目不断增多，农村地区的教学基础设施建设也不断增强，有效提高了贫困地区的教育发展水平，有效保障了农村适龄学子有书读、有学上。以广西为例，积极实施精准脱贫专项招生，助力贫困家庭孩子"圆梦行"，2016年通过印发和实施《教育精准脱贫专项行动实施方案》，计划于2016~2020年，实施教育精准脱贫专项招生计划，招生1.3万人，专门用于招收建档立卡贫困户考生，增加其升学机会[①]；针对专项录入的贫困学生以学校为单位进行虚拟编班，统一管理，百分之百帮扶，确保完成学业，其中，据初步统计，2016~2020年共组建职业教育"圆梦班"1829个，

---

① 广西南宁市教育局网．广西2016年普通高校招生助力脱贫攻坚［EB/OL］．http：//jy.nanning.gov.cn/xxgk/fdzdgknr/zsks_14129/ptgk/t1171717.html，2016-08-12.

招收贫困新生超过 7 万人①。同时，为提升农村地区的教学质量，珠江—西江经济带各地区均采取相应措施以提升教学质量，如自从 2015 年以来，广西不仅补充了 8.86 万名义务教育教师，而且选派了 2.3 万余名中小学教师到农村地区进行支教走教，并招募了 2800 余名优秀退休教师志愿者到广西各贫困县等地区进行支教；同时，为贫困地区提供教师培训经费 2.2 亿元，累计培训了教师达 15 万人②，扎实推进了广西农村地区的教师队伍建设，提高了农村地区教师队伍的整体素质和水平。

科学技术推广方面，珠江—西江经济带农村科普水平的提升充分展现了精准扶贫的科技效益。自实施精准扶贫政策以来，各地区积极对农民进行技能培训，开展技能培训工程，如 2016～2020 年针对每个农民贫困户的特殊情况，有的放矢地开展了近 1000 万人次的农民职业技能培训以及实用技能培训，有效增强了农户的脱贫致富能力。2016～2020 年，广西选聘了 1.5 万名科技特派员到贫困村支援贫困村的农业发展，其科技服务涵盖了 5000 多个贫困村，拨付的科技扶贫经费近 5000 万元，促进了 2000 个贫困村的科技服务设施建设，配置的科技服务设备达到 5700 余台套，推动了 30 个贫困县的农业科技园区的建设；与此同时，通过开展贫困村科技服务条件改善、科技人才培训、科技下乡、科普宣传等工作，累计开展科技下乡 2800 多场次，实用技术培训达到 51.7 万人次，有效增强了农户的科技能力。③ 2019 年 11 月，贵州省科技厅印发了《科技支撑农村产业革命"三个'1＋1'"试点方案通知》，在全省积极推动"项目＋人才""股份社＋专业社""合作制＋公司制"三个"1＋1"科技支撑农村产业创新发展的建设方案，重点支持推动农村地区发展的农业先进技术发展，有效推动了农村地区的农业先进技术发展，助推扶贫攻坚工作。与此同时，贵州积极推动科技人才下乡，每年选派 1000 余名省级科技特派员到广大地区提供科技服务，贵州省科技特派员累计帮扶各地区制定产业发展项目达到 8000 余个，举办各类农业技术培训会 5 万余场次，培养了近 20 万人次农村人员，培养的科技带头人达到 5.5 万余人，推广农作物新品种

---

① 中国日报网. 广西推进教育和就业扶贫工作成效显著 ［EB/OL］. https：//baijiahao. baidu. com/s？id = 1667923689496676402&wfr = spider&for = pc，2020－05－28.

② 广西教育厅网. 广西：加强乡村教师队伍建设 从根上把教育抓好 ［EB/OL］. http：//jyt. gxzf. gov. cn/jyxw/jyyw/t5812275. shtml，2020－07－27.

③ 广西科学技术厅. 为脱贫攻坚插上科技翅膀——自治区科技厅扶贫工作稳打稳扎善作善成 ［EB/OL］. http：//kjt. gxzf. gov. cn/zthd/kjfp/t6730964. shtml，2020－10－19.

2000 余个,① 有效地实现了科技扶贫的目标,推动了农民的脱贫和农村的特色产业发展。2019 年,云南省制定了《云南省科技厅 2019 年科技扶贫示范项目实施方案》,明确实施科技兴边富民项目、产业科技扶贫示范项目、科技特派员扶贫示范项目、科技扶贫与乡村振兴示范工作等项目,涵盖了 25 个边境县、27 个贫困县和革命老区县等地区,不仅有利于充分发挥科技项目的示范带动作用,还深入推进了科技扶贫工作。② 如表 2 - 2 所示,珠江—西江经济带各地区农村电视综合覆盖率和广播综合覆盖率均达到 90% 以上,基本实现了农村电视信号的村村通和户户通。

医疗卫生方面,珠江—西江经济带各地区不断推进基础设施建设,完善医疗卫生制度,促进了医疗卫生事业的快速发展。各地区医疗机构数、卫生机构床位数和卫生技术人员均呈上升趋势。以贵州省黔西南为例,"十三五"时期,该地区医疗卫生机构数由 2016 年的 1989 个增长为 2019 年的 2158 个,增长率为 8.50%;卫生机构床位数由 13539 张增长为 18540 张,增长率为 36.94%;卫生技术人员由 13901 人增长为 25317 人,增长率为 82.12%,③④凡此种种都表明了该地区农村医疗卫生事业在"十三五"时期得到快速发展。与此同时,珠江—西江经济带各地区加大对贫困农户进行医疗救助的力度,用财政代缴参合金来补助建档立卡的困难低保户和"五保"户,大大减轻了农村贫困人口的家庭医疗支出负担。

二、珠江—西江经济带精准扶贫与精准脱贫的典型经验

在珠江—西江经济带精准扶贫与精准脱贫的过程中,各地区在实践中探索并形成了较具代表性的扶贫模式和脱贫模式,形成了较具代表性的扶贫经验和

---

① 贵州省科学技术厅. 贵州科技特派员沉基层助脱贫 [EB/OL]. http://kjt. guizhou. gov. cn/xwzx/mtjj/202010/t20201012_63987077. html,2020 - 10 - 12.

② 云南省科学技术厅. 云南省科技厅关于印发 2019 年科技扶贫示范项目实施方案的通知 [EB/OL]. http://kjt. yn. gov. cn/show - 12 - 246 - 1. html,2019 - 03 - 01.

③ 黔西南州人民政府,2016 年黔西南州国民经济和社会发展统计公报 [EB/OL]. http://www. qxn. gov. cn/zwgk/tjxx/tjgb/201705/t20170527_10870328. html. 2017 - 05 - 27.

④ 黔西南州人民政府、黔西南州 2019 年国民经济和社会发展统计公报 [EB/OL]. http://www. qxn. gov. cn/zwgk/zfjg/ztjj_5135341/bmxxgkml_5135344/tjgb_5135353/202006/t20200608_60999920. html,2020 - 06 - 08.

脱贫经验，以下分别选取了珠江—西江经济带各地区的典型经验进行具体介绍。

（一）广东省的"双到"模式

2009 年，广东省开始实施为期 3 年的第一轮"双到"扶贫措施，并将规划具体到每一户、责任落实到人；2013～2015 年，广东省实行第二轮"双到"扶贫。扶贫的基本单元是贫困村、贫困户，将扶贫对象和资源准确落实到每一户、将扶贫责任落实到人身上。具体来说，广东省的"双到"扶贫措施将政府、学校、企业等作为扶贫的责任主体，进一步通过鼓励并支持其与扶贫对象结对，由扶贫责任主体派出帮扶人员进驻贫困村所在地，具体实施帮扶措施以帮助贫困人口摆脱贫困，并在一定时期内考核扶贫责任主体的帮扶措施与成效。①

广东省的"双到"扶贫模式的突出特点主要有以下三个。第一，政府在"双到"模式中发挥主导性作用，注重发挥政府的统筹协调作用。广东省的部分贫困村由于公共设施稀缺且老化，加上缺乏维修管理，导致当地居民难以增收，致使这些地方变成"空心村"或者"留守村"。事实上，当一个地区在资金、土地与劳动力数量等方面都不断地出现向外地转移的情况时，当地农民继续通过从事农业产业所获取的边际效益已经递减，这就要求政府发挥统筹协调作用，统筹展开各项反贫困措施，建立统筹各方、发挥各部门积极性的机制。第二，措施更加具体化和多样化，将帮扶对象放到主体地位。政府在制订帮扶策略时，应当将贫困人口放到主体位置，充分考虑贫困人口的实际需要，同时注重发挥贫困人口的主体作用。广东省的"双到"模式改变了以往层层下拨的帮扶方式，将帮扶主体与贫困村、贫困人口建立起直接的帮扶关系，将二者结对，由二者共同决定相关事宜，而且具体到资金的分配与使用，同时调动社会各方力量，并将共同决策的事宜上报给相关部门予以审批，以防止出现渗漏中间环节的问题，形成资金投入的良性循环。第三，扶贫考核制度更加合理化。由于驻村帮扶人员的工作成效不仅与其个人工作能力相关，也与其所在单位的财力与资源拥有情况、驻村所在地工作人员的配合度相关，因此，将扶贫

---

① 广东省发展和改革委员会."规划到户、责任到人"扶贫开发成效显著［EB/OL］. http：// drc. gd. gov. cn/gdsgmjjhshfzbg2013/content/post_854175. html，2013 – 08 – 06.

责任的执行主体，即驻村帮扶人员作为重要的扶贫考核对象。具体考核工作方面，将定量考核与定性考核相结合，定量考核主要是针对帮扶成效，而定性考核则是对帮扶责任和工作落实情况；考核原则方面，将贫困村、贫困人口的永久性脱贫考量进来，重点关注帮扶工作的长远发展。

由广东省逐步探索出来的"双到"扶贫模式，为全国各地提供了借鉴意义。与之前的扶贫方式不一样的是，"双到"扶贫模式将"政府主导、社会参与、自力更生、开发扶贫"作为其扶贫原则①，其组织机构、贫困户识别、扶贫资金对贫困人口覆盖、扶贫资金管理及扶贫考核机制等都有明显的改进，并将精准扶贫作为其核心特点，通过整合和优化各种扶贫资源的"双到"模式是一种长效扶贫机制。

（二）贵州"33668"和"十项行动"计划

截至 2015 年底，作为我国扶贫任务繁重、贫困人口众多的贵州，其集中连片特困地区的贫困村和贫困人口分别占据了 92.1% 和 91.2%②。近年来，贵州为落实"四个切实""六个精准""五个一批"工作，将地区第一件民生性工作列为扶贫工作，并进一步将连片贫困区域的贫困治理问题作为工作重点，以使贫困人口的生活水平与质量得到有效的提高。

紧盯 2020 年的"脱贫困、奔小康"目标，贵州提出并实施了"33668"行动，具体来说，就是从 2015 年深入实施"六个到村到户"行动，利用 3 年的时间减少贫困人口 300 万人，且到 2020 年，将贫困人口的可支配收入提高到 8000 元③。其中，"六个到村到户"是指将结对帮扶干部、产业扶持、教育培训、危房改造、生态移民、基础设施落实到每个贫困村和贫困家庭中去，并完成小康路、水、房、电、信、寨六项行动计划。贵州省在实施"33668"行动的基础上，进一步出台了"十项行动"计划。第一，基础设施建设的行动。具体包括高速公路、水利建设、电网通信等措施，实施农村公路建设、水利工

---

① 记录小康工程·广东数据库. 2013 年扶贫开发［EB/OL］. https：//gdxk. southcn. com/jy/jdqk/zsnj/content/post_543568. html，2021 - 06 - 17.

② 中央政府网. 贵州启动新一轮易地扶贫搬迁 5 年将搬 142 万人［EB/OL］. http：//www. gov. cn/xinwen/2015 - 12/02/content_5019034. htm，2015 - 12 - 02.

③ 贵州省人民政府. 赵克志深入铜仁调研扶贫开发和同步小康工作［EB/OL］. https：//www. guizhou. gov. cn/home/tt/202109/t20210913_70066730. html，2015 - 04 - 15.

程建设、生活用电用网开发建设逐渐向贫困地区倾斜。第二，产业扶贫的行动。在贫困地区进行农产品深加工，在农村地区发展小微企业，通过构建不同层次、不同类型的农业示范园区，实现产业和就业扶贫的结合，达到产业扶贫的最大效用。第三，生态移民方面的行动。通过对移民安置点进行科学、合理的规划，将深山区、石山区等不适宜居住的生态脆弱地区的人口根据合理的规划迁到安全地带。第四，教育方面的扶贫行动。继续支持教育，对行政经费进行压减，并将压减的经费用于贫困地区的基础教育支出，以提高贫困地区人口的受教育水平，增加其人力资本，实现教育扶贫的愿景。第五，医疗方面的扶贫行动。注重贫困地区的基本医疗、大病、救助方面的保险覆盖，加大对贫困人口在医疗救助方面的帮扶力度，将贫困人口的医疗报销比例提高，减少贫困人口医疗方面的支出，降低健康贫困的受害力度。第六，财政金融方面的扶贫行动。发挥政府作为帮扶行动的主导性作用，通过奖补的方式增加涉农资金的支出，进一步将财政支农支出倾斜到贫困地区和贫困人口身上；并通过增设扶贫类投融资平台，设立专门涉农产业发展和风险补偿性基金，实施全面面向贫困人口的"特惠贷"。第七，社会保障方面的扶贫行动。通过加强农村低保工作的落实，逐步提高农村低保的标准，着重关注无业可扶、无力脱贫的贫困人口的实际情况，将其纳入低保范围，实现农村低保和扶贫标准的一致。第八，社会力量方面的扶贫行动。将各类帮扶模式有机结合，将各类扶贫资源与贵州省将近 9000 个贫困村实现有效的对口帮扶，用好各类企业力量，鼓励各类社会力量积极加入扶贫工作。第九，特困地区的扶贫行动。将脱贫攻坚的主要对象对准武陵山、乌蒙山、滇桂黔石漠化片区等特困地区，大规模深入推进集中连片区区域发展和规划。第十，党建方面的扶贫行动。加强基层领导与干部建设，将驻村工作进行深入推进，做到基层领导与干部重心下移、深入驻村帮扶，选拔工作能力较强、有丰富基层工作经验的干部深入贫困地区，健全并完善党建工作。①

　　贵州将脱贫攻坚作为一项重大政治任务、重大发展任务、重大民生任务和重大行动部署，省、市、县、乡、村各级领导干部深入贫困村，遍访贫困户，制订详尽、具体、实在、有效的目标明确的脱贫计划，各项扶贫举措均得到有效落实，实现了扶贫精准到户和脱贫成效的持续巩固，为贫困地区与全国同步

---

　　① 贵州省人民政府. 实施精准扶贫"十项行动"打赢这场输不起的脱贫攻坚战 ［EB/OL］. https：//www. guizhou. gov. cn/home/gzyw/202109/t20210913_70351320. html，2015 - 11 - 25.

小康提供了良好的借鉴。

（三）广西"空店"扶贫模式

在天峨县驻点帮扶期间，当地贫困家庭自产产品出现了滞销问题，政府干部与当地企业合作的过程中逐步形成"空店"帮扶模式。"空店"帮扶模式，就是以从农村空店到城市社区空店为框架，以"社区空店＋地方政府＋贫困村第一书记＋贫困户＋空店帮扶店"为线路，全社会参与到解决农村产品的销售滞销的工作中来，这些产品都是由贫困户自己生产的原生态产品。[①]

"空店"模式首先于 2016 年在广西天峨县进行试点，取得一定成效后，"空店"扶贫模式在广西其他 8 个县推广，其中包括广西龙胜、田阳、天峨、隆林、大化、马山等，仅 2016 年一年的时间，就有 120 个贫困村、1018 户建档立卡贫困户参与该模式[②]。同时有 40 余家城市社区空店落户，包含南宁、桂林等城市；天峨县共 35 个贫困村，截至 2018 年 6 月，由社区空店帮扶的模式共帮助贫困人口将 124 万吨的自产农产品卖出，在天峨县实现了全覆盖[③]，这种模式使贫困户收入日渐增加，"空店"帮扶模式精准识别贫困户，通过对贫困户自家产的农产品、手工制品和才艺类等产品利用互联网平台进行了集中整合出售。借助"空店"模式，农户可以规模化生产，发挥各自所长，进行针对性的可持续生产。通过这种模式，贫困户可以通过自身劳动创造财富，实现脱贫，改变以往接受救助式的扶贫方式。

与此同时，在当地财政拨款的补助下，"空店"从贫困户手里以较高的价格收购回来，再运送至外地进行出售。一方面，可以将贫困户种植的农产品集中收购到一起，减少中间环节，使贫困户获得切实的帮助；另一方面，城市居民可以享受到农户种植的有机绿色食品。"空店"模式的核心是现代网络技术与传统农业种植技术的联合，消费者可以利用网络平台实时观测贫困户生产农产品的进度，实时观察农产品的生产过程，进而可以安心购买农产品。"空

---

① 中国经济网. 广西首创"空店科技精准扶贫模式"促贫困地区增收脱贫 ［EB/OL］. http：// tuopin. ce. cn/news/201610/25/t20161025_17128331. shtml，2016 - 10 - 25.

② 广西新闻网."空店"精准扶贫暨广西民企扶贫现场会在天峨召开 ［EB/OL］. http：//news. gx-news. com. cn/staticpages/20161026/newgx5810cdca - 15585113. shtml，2016 - 10 - 26.

③ 广西新闻网."空店"牵手穷村"土货"走俏城区 ［EB/OL］. http：//news. gxnews. com. cn/staticpages/20161019/newgx5807050d - 15552208. shtml，2016 - 10 - 19.

店"与以往模式的区别是，它不需要改变原先的农业产业结构，可以直接针对现有的由贫困户直接生产出来的农产品。另一方面，"空店"模式还可以帮助贫困户及时了解买方的真实诉求，及时了解市场需求，从这个层面来看，"空店"在贫困户和买方之间起到了中介作用。

（四）云南精准扶贫的六项"同心工程"

2019年6月5日，云南省围绕"两不愁、三保障"问题，整合资源，在深度贫困地区开展六项"同心工程"，以实现脱贫攻坚战的胜利。六项"同心工程"分别围绕我国各项扶贫模式开展社区、致富、生态、健康、育才、社会工程。具体来说，第一，同心社区工程，其目的在于更好地完成易地扶贫搬迁工作，通过协调资金、资源、人力等方面的矛盾，提供教育、公益、医疗等方面的服务，积极解决易地搬迁工作中面临的困难，进而提升社区管理水平和服务水平，实现社区建设。第二，同心致富工程，其目的在于更好地通过产业扶贫实现贫困户脱贫，通过政策优势，大力宣传地区在资源、产业、政策方面的优势，并引进海内外专家进行实地调研，积极招商引资到贫困地区，进而实现扶贫项目的落地。并通过投入资金与技术，在贫困地区开展技能培训和就业培训，鼓励当地青年进行创业，在促进当地农产品发展的同时，促进农产品加工业的发展，实现贫困人群的就业，提高贫困人群的收入水平。第三，同心生态工程，其目的在于更好地实现生态扶贫工作，组织并动员当地政府、基层干部、企业等社会力量在贫困地区进行资金投入，同时结合生态、产业规划，帮助贫困地区实现生活富裕的同时，改善生态环境。第四，同心健康工程，其目的在于更好地实现扶贫脱贫工作，重点关注农村贫困地区的基本医疗问题，组织并动员医务工作人员下乡进行义诊等公益活动，并鼓励当地市、镇医院向乡村门诊部门献药、献器械等，改善贫困地区的医疗卫生条件。第五，同心育才工程，其目的在于更好地实现教育扶贫工作，通过鼓励社会力量捐赠资金、设备等帮助贫困地区改善学校的教学条件，并对贫困地区的教师开展各项培训，以提升贫困地区教师的教学水平，更好发挥教师的积极作用。第六，同心社会工程，其目的在于更好地将扶贫与扶智相结合，在贫困地区积极开展知识讲座进行法制、科普宣传，更好促进文化下乡，更好增强贫困人群思想方面的脱贫意识，进一步引导贫困人群自主实现脱贫。[①]

　　云南省深入实施"同心工程"，更加强调贫困者的能力提升，针对每个贫困户的特殊情况，有的放矢地开展农民职业技能培训以及实用技术培训，提高其培训的效率，增强贫困户对于改变现状的决心，激发其工作的热情。从"输血"式扶贫到"造血"式扶贫，紧紧围绕区域发展和扶贫攻坚两大任务，全力助推扶贫攻坚，为云南省脱贫攻坚做出了积极贡献。

　　[①]　云南乡村振兴局．云南：聚焦"两不愁三保障"实施六项"同心工程"［EB/OL］．https：// ynxczx. yn. gov. cn/html/2019/zhenxingyaowen_0605/2928. html，2019 - 06 - 05.

第三章

珠江—西江经济带多维贫困的维度
特征及其评价指标体系构建

在本章中，首先，探讨了多维贫困理论在精准扶贫、精准脱贫中的应用以及珠江—西江经济带脱贫攻坚中的应用，然后进一步深入探讨了多维贫困的维度划分，并分别从公共资源维度、自我提升能力维度、生产条件维度、生活条件维度和健康维度等探讨了多维贫困的维度特点。其次，分别从收入贫困与多维贫困之间的联系、多维贫困的内在形成机制、多维贫困视阈下精准扶贫、精准脱贫的内在结构逻辑等层面分别探讨了多维贫困的内在逻辑联系。最后，结合指标选取的代表性、科学性、可比性、层次性以及数据的可获得性等指标体系构建的原则，从健康、生活条件、生产条件、公共资源和自我发展能力五个方面构建了珠江—西江经济带多维贫困评价指标体系。

一、多维贫困理论在珠江—西江经济带脱贫攻坚中的应用

（一）多维贫困理论在精准扶贫、精准脱贫工作中的应用

多维贫困理论在国内学术界得到了广泛的应用，学者运用多维贫困理论对我国的贫困问题进行研究。事实上，我国一开始并没有直接采用多维贫困理论及其测量方法，而是参照国际惯例，采用单一指标，将收入标准作为衡量指标，我国农村居民的贫困程度主要就是按照收入标准测度的结果。但是，多维

贫困理论在我国精准扶贫、精准脱贫的实践中已有一定的体现①。多维贫困理论的重点就是强调单一的低收入并不是导致贫困的唯一原因，而是在教育、健康、生活条件、生产条件等多种因素的共同影响下造成的（刘伟、黎洁，2014；邹薇、方迎风，2011；李娜娜，2012）。因此，将多维贫困理论运用到精准扶贫、精准脱贫等扶贫实践中，需要改变侧重单一的注重收入增长的扶贫策略，应对贫困人员从教育、健康、生活条件、生产条件等多方面进行帮扶，不仅要帮助贫困人员摆脱贫困，还要帮助贫困人员防止再次陷入贫困；既要帮助贫困人员自主摆脱贫困，还要帮助贫困人员提高抵御贫困的能力，使贫困人员实现永久脱贫。

将多维贫困理论运用到精准扶贫、精准脱贫等扶贫实践中，尽管我国一开始并没有直接采用多维贫困理论及其测量方法对于国内的实际贫困状况进行研究，而是采用单一指标，将收入标准作为衡量指标，但实际上，具体工作中会多处体现多维贫困理论的思想②。具体来看，在扶贫目标、方法、参与主体、结果等方面均有对多维贫困理论的应用，为了更好地实现彻底脱贫的目标，摆脱绝对贫困，多维贫困理论在我国扶贫实践中得到了广泛应用。

近年来，我国提出的精准扶贫、精准脱贫理念及相关扶贫政策，除了规范化扶贫程序和细化扶贫内容，进一步落实农村最低生活保障综合评价办法，以及将符合条件的定向扶贫户纳入最低生活保障补助范围，加强最低生活保障对象与定向扶贫对象的信息对接等之外，还有针对性地多角度、全方位地对脱贫攻坚实施精准扶贫措施。由此可见，多维贫困理论在我国的精准扶贫、精准脱贫工作中得到了一定的体现。

1. 多维扶贫目标

1986 年，我国成立了专门帮助贫困人口摆脱贫困的国务院扶贫开发领导小组办公室，其职能是开展各项有关扶贫减贫的相关工作，这也标志着全国性整体扶贫工作的开始。1994 年，我国出台并实施了《国家八七扶贫攻坚计划》，强调要用 7 年的时间基本解决贫困人口的温饱问题，同时改善农村地区教育、文化、卫生等方面落后的条件，加强基础设施建设，在当时，我国共有

---

① 陈宗胜，黄云，周云波. 多维贫困理论及测度方法在中国的应用研究与治理实践 [J]. 国外社会科学，2020（6）：15－34.
② 陈宗胜，杨思飞，张伟. "精准扶贫"的精髓是"多维扶贫"和彻底脱贫——建议尽快明确公布中国的"多维扶贫"标准和思路 [J]. 全球化，2018（2）：20－30.

8000 万农村贫困人口。为继续提高贫困人口的生活质量和综合素质，2001 年，我国发布了《中国农村扶贫开发纲要（2001—2010 年)》，强调进行综合开发脱贫，努力对贫困地区的经济、社会、文化、生态环境等落后条件进行改善。2011 年，我国又公布了实现扶贫对象在吃穿、义务教育、基本医疗和住房方面有保障的《中国农村扶贫开发纲要（2011—2020 年)》，并实行多维综合的推进方案，将扶贫类别划分为专项扶贫、行业扶贫和社会扶贫三类。2015 年，国家发布了《关于打赢脱贫攻坚战的决定》，强调了扶贫开发"贵在精准，重在精准"，并制定了精准扶贫的顶层工作模式，强调到 2020 年实现扶贫对象"两不愁、三保障"，需要从多个视角寻找导致贫困的原因，从多维度开展脱贫攻坚工作，并由上级政府通过制度化、规范化的工作要求，以帮助贫困县、贫困人口实现在现行多维贫困标准下的摆脱贫困的愿望，并进一步缩小东、西部地区的贫富差距。由此可见，自 1986 年至今，我国的扶贫工作目标并不是只有单一的收入标准，还包括教育、文化、卫生等基础公共服务和居民生活质量等多个维度的标准，是融合了多维贫困理论的具体化措施。

2. 多维贫困标准

自我国开展"精准扶贫、精准脱贫"等一系列扶贫工作以来，我国已经转变了之前"漫灌"式扶贫策略，这是在我国贫困发生率较高时采取的策略，现已转变到"滴灌"式扶贫，这种方式就是对贫困人口及其贫困程度进行精准的识别，并对导致其发生贫困的原因进行精准的分析，尽力针对不同的贫困户、贫困人口实施不同的策略，使贫困人口有效脱贫。而其中的一个基本要求就是建立包括多维贫困的识别标准以及基于多维贫困维度分解的多维识别机制，从而有助于做好精准识别工作。在识别标准方面，除了包含识别贫困户外，还包括识别非贫困户，这种识别标准有助于建立贫困户的退出机制，做到管理的精准化；而通过分解细化多维贫困的维度找出贫困的根源，弄清致贫原因，从而对贫困户的脱贫提供有效、有针对性的帮助。很显然，多维贫困治理理念已经融入这种"滴灌"式扶贫策略中了。

2014 年，我国公布并实施了《扶贫开发建档立卡指标体系》，这一通知基于精准扶贫理论介绍了新的多维信息系统，具体来说，就是实行以县为实施单位，进而对每个贫困村、贫困户进行动态性的规模化控制，而针对贫困村和贫困户，虽然都将收入作为识别依据，但分别采取不同的衡量标准：针对贫困村，以村集体农民人均收入为单位，将在收入水平、来源及贫困发生率都满足一定条件的村集体认定为贫困村；针对贫困户，以家庭为单位，当总收入、基本保障没有达到一定条件时，该家庭被认定为贫困户。而具体不仅包括贫困户的收入、支出、债务、资产等与金钱相关的情况，也包括贫困户家庭成员、生活质量、教育、医疗、交通、农机、养殖等基础条件的情况，涉及贫困户家庭成员收支水平、住房条件、生产条件、生活条件等贫困标准，涉及这些内容的多维贫困识别标准就是多维贫困理论在实践中的应用。

3. 多部门多维协作

多维贫困理论指出贫困是由多种因素造成的结果，而精准扶贫、精准脱贫等一系列扶贫工作都要求有专门的部门参与解决各种致贫因素问题。扶贫工作本身就要求社会各界共同参与，比如，由教育引起的贫困问题就需要教育部门来参与；由医疗设施等原因引起的贫困问题就需要卫生部门来参与；生活质量问题就需要电力、民政、水务、工商等相关部门参与；融资问题就需要金融部门来参与。致力于贫困户脱贫，需要党政各有关部门多方面深入合作、相互配合。1986 年设置国务院扶贫开发领导小组办公室时，我国已经将该办公室内部机构设置为多个不同的政府部门之间的协调办事机构，具体涉及农业、教育、卫生、交通、水利、住房、财政等多个部门。国务院扶贫开发领导小组在精准扶贫理念指引下于 2015 年扩大了小组规模，包括金融机构、政府部门和群团组织等共 49 个[1]，逐步建立起上下分工明确的由中央政府统一统筹，由各省（自治区、直辖市）负总的责任，由市（地）县负责具体落实的扶贫开发行政工作机制，这个机制的突出目标就是将责任和任务进行明确的划分，并针对各主体进行相应的考核与监督。《中共中央 国务院关于打赢脱贫攻坚战的决定》更加明确指出，需要积极鼓励社会各界力量参与到脱贫攻坚战中，包括民营企业、社会组织、个人等。这些扶贫工作的主体共同构成了脱贫攻坚战的重要参与力量和支持力量，通过相互支持、相互配合的多部门协作方式打赢脱贫攻坚战，多维贫困理论的多维度扶贫思想及思路均得到了较好的体现。

4. 扶贫工作方法的多维举措

近年来，我国通过实施精准扶贫、精准脱贫等一系列扶贫政策，扶贫渠道逐步形成了积极、有效的局面。针对扶贫工作中的扶持谁、由谁来扶持、如何

---

① 国务院扶贫办官方网站．机构职能［EB/OL］．http：//www.cpad.gov.cn/col/col282/．

扶以及如何退出等问题，对以前的重点贫困县、贫困村进行了具体的分析，将扶贫范围明确划分为集中连片特殊困难地区和贫困县两类。其中，集中连片特殊困难地区有 14 个，包括秦巴山片区、乌蒙山片区、六盘山片区、滇桂黔石漠化片区、武陵山片区等，贫困县有 680 个，这一划分在《中国农村扶贫开发纲要（2011—2020 年）》《关于公布全国连片特困地区分县名单的说明》① 均有规定。我国的脱贫攻坚通过实行动态化管理，重点扶持这两类贫困地区；同时还提出了精准扶贫的工作要求，实行"六个精准"和"五个一批"，前提是做到精准识别，实现扶贫对象、资金使用、项目安排、实施措施、驻村干部、扶贫结果等 6 方面的精准，以及通过生产、社会保障、易地搬迁、生态、教育这五种脱贫方式对全部贫困人口实施脱贫策略。我国进一步深入实施"精准扶贫、精准脱贫"基本方略，结合专项、行业和社会等扶贫方式在涉及产业、易地搬迁、教育、生态、社会保障等方面的地区开展精准扶贫、精准脱贫，以及充分调动社会资源参与共同参与精准扶贫，进而在脱贫攻坚战上取得巨大的发展成就和胜利。这些在扶贫工作上的多方面、多渠道的扶贫措施充分体现了多维贫困治理的理念。

5. 多维贫困方法测度

在我国实行的 2011 年制定的贫困标准下，以人均每年 2300 元的贫困线来衡量，这一衡量标准是以 2010 年不变价格计算出来的。首先，通过深入实施精准扶贫、精准脱贫工作，我国的贫困发生率快速下降，2019 年为 0.6%；农村贫困人口在 5 年的时间内减少了 6466 万人，到 2019 年还有 551 万人，② 这是我国实施精准扶贫、精准脱贫等一系列扶贫工作以来取得的重大成果。其次，在多维贫困方法测度方面，学者借鉴 MPI 指标通过 AF 多维贫困测度的方法对多维贫困各项指标进行设定，并根据实际情况，对我国精准扶贫、精准脱贫的政策效果进行了进一步评估（邹薇、方迎风，2011；王素霞、王小林，2013），在多维贫困方法测度上取得了较多成就。例如，张全红和周强在研究中明确提出多维视角的重要意义，通过比较我国多维贫困与收入贫困的贫困发生率，指出多维视角下减贫效果较以前将收入标准作为衡量指标时更好。具体

---

① 国务院扶贫办官方网站. 关于公布全国连片特困地区分县名单的说明 [EB/OL]. http：//www. cpad. gov. cn/art/2012/6/14/art_50_23717. html? from = groupmessage&isappinstalled = 0，2012 – 06 – 14.

② 中国政府网. 2019 年全国农村贫困人口减少 1109 万人 [EB/OL]. http：//www. gov. cn/xinwen/2020 – 01/24/content_5471927. htm，2020 – 01 – 24.

来说，1991 年我国多维视角下的贫困发生率相较于单一收入标准提高了 8.89 个百分点，而 2011 年则比收入标准降低了 4.87 个百分点；我国农村多维贫困发生率从 1991 年的 62.92% 下降到 2011 年的 9.15%，在 20 年的时间里实现贫困发生率下降约 54 个百分点[①]。在国内学者将单一收入尺度指标替换为多维贫困测度，进而研究我国的贫困问题时，采用多维贫困理论可以为我国深入实施精准扶贫、精准脱贫方略提供重要的借鉴和参考，并在实践中取得了较大的成效。

（二）多维贫困理论在珠江—西江经济带脱贫实践中的具体应用

在精准扶贫、精准脱贫等一系列扶贫工作的实践过程中，珠江—西江经济带各地区居民生活水平和生活质量均得到显著提高。多维贫困理论在珠江—西江经济带的脱贫实践中得到了广泛的应用和体现，尤其在珠江—西江经济带的贫困治理中体现了多维贫困治理的思想，将多维贫困理论与精准扶贫、精准脱贫方略有效地结合起来，推动了贫困的治理。多维贫困理论在珠江—西江经济带各地区的脱贫实践中主要有以下几点具体的应用。

1. 多维识别方法

按照国家统一标准，珠江—西江经济带各地区根据本地的特殊情况，在具体落实工作的基础上，探索出较多可行的多维识别方法。如贵州的"四看法"多维识别方法，2011 年 1 月，贵州省开展了将"处长到基层实践""两万干部均下基层""省直部门挂帮联系县"作为基础的"四帮四促"活动，通过分批次将组织机关干部派到基层，切实帮助贫困人口实现脱贫，在此基础上，机关干部归纳出了"一看房、二看粮、三看劳动力强不强、四看家中有没有读书郎"的"精准扶贫四看法"。与此同时，为深入贯彻落实党中央、国务院关于精准扶贫、精准脱贫的重要指示，结合扶贫开发建档立卡"回头看"活动，广西壮族自治区党委、人民政府基于建档立卡的工作成果，实行"一进二看三算四比五议"的原则精准识别贫困户，具体来说，"一进"，即通过组织干部到基层与贫困家庭进行深入的交流，具体了解该贫困家庭的子女教育、医疗健康、生活环境等问题；"二看"，即在实际探访的过程中，观察贫困家庭的家

---

① 张全红，周强. 中国农村多维贫困的动态变化：1991—2011 ［J］. 财贸研究，2015，26（6）：22－29.

电、住房、农机、交通工具、水电路、农田、山林、种养等生产生活设施和发展基础和状况;"三算",即具体了解并核算出该贫困家庭在收支、债务等资产方面的情况;"四比",即与当地其他农户在住房、收支、务工等方面的情况进行比较;"五议",即通过评议,审核对该贫困家庭做出的审议的决定是否合理。从而一步一步地调查了解,进行精准识别。不论是贵州的"四看法"还是广西的"一进二看三算四比五议",都是深入了解贫困家庭各方面的情况来估算贫困对象的贫困程度,具体包括看贫困对象住房条件、生活环境、现有耕地拥有及收成情况、生产生活条件、可持续发展能力、劳动力强弱、掌握科技知识、掌握生产技能情况等。识别时需要综合考虑收入维度、教育维度、健康维度、生活维度、生态维度、自我发展能力维度才能准确确定是否为贫困户,而仅仅依靠收入这单一维度的结果来衡量是否贫困户,往往是不精准的。珠江—西江经济带针对贫困户、贫困村的多维识别方法明显体现了多维贫困治理的理念,是对多维贫困理念的具体应用。

2. 多维治理方法

随着精准扶贫、精准脱贫等一系列扶贫工作的深入开展,珠江—西江经济带各地区结合本地实际情况,在具体落实上级工作的基础上摸索出较多的、有效的贫困治理措施。珠江—西江经济带各地区采取的贫困治理措施,不仅有社会扶贫、扶贫培训、金融扶贫、易地扶贫搬迁、产业扶贫等措施,还包括包含党政干部在内的主体责任方面的协同治理措施,这些多维度、多侧面的贫困治理措施正是多维贫困理论的重要体现。

广西"五抓五出"深化党建精准扶贫,充分发挥基层党组织和广大党员在抓党建促脱贫攻坚中的"主心骨"作用。具体来说,第一,抓实责任担当,把魄力激出来。深入实施"书记领谈"工程,健全"五级书记"抓脱贫的责任机制,进一步深化党政"一把手"负总责的脱贫攻坚责任制,区党政主要领导负总责、亲自抓、经常组织相关会议研究脱贫攻坚工作,带头遍访贫困村和贫困群众,深入实地解决基层困难,督导一线工作落实,建立领导联系、部门包抓、组织共建、干部帮扶、社会参与"5+1"的精准结对帮扶制度等,形成"大扶贫"工作格局。第二,抓好基层干部,为乡村发展注入新鲜"血液"。通过导向与政策引导,将乡镇村集体干部与乡村人才集中起来,通过提高待遇的激励方式,激发基层干部切实服务人民的热情。实施年轻干部"蹲苗成长"工程,先后配齐配强11个乡镇扶贫副乡(镇)长,选拔12名优秀的

"三类人员"进入乡镇领导班子，为乡村发展注入新鲜"血液"。实施村（社区）党组织书记末位淘汰制度，使一批发展致富能力强的优秀人才走上支部书记岗位。全面推行日查夜访、赶队约谈、交叉检查、工作"捆绑""3＋1"服务关爱等五项制度，严格管理318名驻村工作队员。第三，依靠载体平台，把战斗力提出来。深入推行"党建＋"，深入推动基层党建与脱贫攻坚、乡村振兴有机结合、深度融合。实施"党建＋产业发展"，采取"支部＋企业＋合作社＋农户""能人＋农户""第一书记＋"等模式，让128个村（社区）找准特色增收产业，贫困户特色产业覆盖率达95％以上。如三境村党支部依托凤飞三境循环农业核心示范区蛋鸡养殖场，引导50户贫困户用小额信贷资金入股，年享受分红4000元；带动20户贫困劳动力到示范区务工，月人均增收1800多元；村集体在蛋鸡养殖棚顶建成一个110千瓦光伏发电项目，利用流转土地赚取租金，仅示范区一项，就让三境村实现村集体经济收入4万元。实施"党建＋教育扶贫"，累计培训贫困群众1350多人，让90％的参训人员实现稳定就业创业。实施"党建＋易地扶贫搬迁"，采取支部引路、党员带路、产业铺路的扶贫思路，让搬迁群众可致富。第四，发挥村集体经济的作用。精准扶贫工作的开展不仅需要赋予基层单位一定的权力，还需要发挥基层干部的作用，鼓励其积极参与到扶贫一线中，在村集体组织的帮助下，发挥基层干部的治理能力，同时需要充实基层干部工作的考核方式、标准及内容，并对其工作进展进行定期的考核。另外，由于国家在财政、税收、金融等政策方面对村集体经济具有一定的扶持，因此，借助这一政策优势，在部门之间、行业之间、村集体之间实行互帮互助的"联动"模式，发挥示范带动作用，进一步推动了村集体经济的发展，并在此基础上充分发挥了村集体经济在扶贫方面的作用。第五，通过完善制度建设，为脱贫攻坚任务的执行提供保障。首先，需要在绩效考核方面进行制度上的完善，将干部的工作分为职能与脱贫两部分，二者各占绩效考核的50％，以平时对干部工作的抽查情况为基础，结合民主测评结果，对干部的年度绩效进行考核，并根据考核结果，对干部进行奖励或者惩罚，将干部的职能工作与脱贫攻坚工作结合起来，以促进脱贫攻坚任务的顺利实施。其次，推行末位述职的制度，出现以下几种情况的单位，其单位的负责领导需要向上级单位进行述职，并接受一定的惩罚：应按时上报数据却不及时向上级汇报、脱贫指标排名在后三名的、每十天单项工作情况排名在后三名的且三次被列入黑名单的、脱贫摘帽"九有一低"指标存在弄虚作假行为的。最后，逐步完善党员干部下访的制度，要求党员干部采取上门走访、回访、街坊、座谈会等形式，实地下访考察当地贫困人口的实际生活及其面临的实际困难，切实了解贫困县、贫困人口的情况①。

贵州采用"六个到村到户"帮扶手段和方式，积极助力扶贫攻坚，提升了扶贫工作的科学性、针对性和有效性，让贫困户获得实实在在的扶贫资源，推动扶贫工作由"漫灌式"帮扶向"滴灌式"帮扶转变，推动贫困户有效脱贫。"六个到村到户"的具体内容体现在：第一，结对帮扶到村到户。通过结对帮扶，发挥干部的参谋作用，让干部积极帮助贫困户出谋划策，帮助贫困户积极发展特色种植、养殖等产业，促进农户增收致富。第二，产业扶持到村到户。结合各贫困地区的交通基础设施条件、地理环境、气候变化、水土等因素，加大对贫困户发展优势产业的帮助和支持，实施产业扶持到村、到户、到人。第三，教育培训到村到户。通过实施"新型职业农民培育工程"等教育培训活动，组织农业专家等各类专业技术人员为农户开展农村实用技术和农民素质提升培训，大力培养具有专业技能、创新创业意识和能力、综合素养高的新型职业农民。第四，农村危房改造到村到户。通过将农村危房改造工程与农户扶贫搬迁、生态治理、美丽乡村建设等建设工程有机结合起来，通过建新房、建新村，不断改善农户的居住环境和条件。第五，扶贫生态移民到村到户。通过扶贫搬迁，选择交通便利、创业就业机会多的区域以及县城和工业园区作为贫困户的重点安置区，让搬迁出来的农户能够留得住、能就业和有保障。第六，基础设施到村到户。通过加大扶贫资源的整合力度，加快推进贫困地区、贫困村的用水、用电、道路以及其他各类公共基础设施的建设力度，不断改善农户的生产生活条件。②

云南省建立"3 + X"政策体系，全面推进扶贫开发工作。云南省委、省政府把脱贫攻坚作为发展头等大事和第一民生工程来抓，全面部署、大力推动精准扶贫精准脱贫工作。一是制定并出台3 + X文件。先后制定与农村扶贫开发、脱贫攻坚等相关的3个法规、文件，并进一步推出包括贫困县退出与约束、"挂包帮、转走访"、动员以政府为主导、贫困户为核心、农村与社会各级组织、相关企业相互合作的多元扶贫格局、易地扶贫搬迁等专项配套政策，初步形成了以《云南省农村扶贫开发条例》《关于举全省之力打赢扶贫开发攻

---

① 韦庆芳. 河池市金城江区："五抓五出"深化党建精准扶贫 [EB/OL]. http：//fpb. gxzf. gov. cn/gzzc/fpjy/t5314834. shtml，2020 – 05 – 07.

② 多彩贵州网. 岑巩"六个到村到户"助推扶贫攻坚 [EB/OL]. http：//news. gog. cn/system/2014/12/06/013960611. shtml，2014 – 12 – 06.

坚战的意见》《关于深入贯彻落实党中央国务院脱贫攻坚系列重大战略部署的决定》为统领的"3＋X"政策体系①。二是"63686"行动计划的启动与实施②。围绕摆脱贫困、帮助贫困户摘掉贫困帽、实现收入增加三个目标，用六年的时间实现在产业、生活质量、金融、公共服务、个人技能、生产条件六方面落实到各贫困村、贫困户中；并通过改善基础设施工程、开展贫困地区技能培训工程、生态建设工程、培育特色产业工程、异地搬迁移民建设工程、社会保障惠民工程、民族帮扶工程、推进区域整体发展工程八大工程的实施，实现投入、资金整合、激励、动态化信息管理、扶贫、帮扶六方面的保障。三是加大精准脱贫的力度。重点推进和实施生产维度、就业维度、移民维度、生态维度、教育维度、医疗维度、收益维度、社会保障维度八项措施；大力推进交通水利互联网、农村能源、公共服务体系、农村危房改造和美丽宜居乡村、整乡整村扶贫、人口较少民族整族帮扶、革命老区建设、兴边富民行动等八项建设；切实加强在财政、行业、社会、金融、科技人才、"挂包帮"和驻村扶贫以及精准脱贫动态管理、扶贫资金监管等八项工作。

广东省肇庆市推进"创业帮扶"项目，在听取中央政府精准扶贫脱贫方面做了工作部署后，肇庆市的地税部门积极落实工作，并在展开深入调研的基础上，逐步向依靠创业实现帮扶的方向转变，改变以往仅仅在生活方面的帮扶模式，积极推行绿色养殖的"会龙牌"山地鸭的产业帮扶项目，进一步构建了帮助贫困人口摆脱贫困和实现富裕的长效机制。第一，为保障产品的质量，实施精细化的管理。"创业帮扶"项目主要以农业专业合作社为依托，通过该合作社将贫困户组建起来，并由其负责生产与运营，同时聘请专家，并积极听取专家的意见，从选苗、喂养、放养到最后的管养都由专家进行全程统筹，其间，所有程序全部向当地群众公开，对山地鸭的质量进行严格的控制，进一步为逐步创立山地鸭品牌奠定基础。第二，为保障产品的销售畅通，实施创新的模式。借助"互联网＋"的思维模式，借助政策优惠，采取在政府的主导下、由贫困户合作社生产、公司销售的模式，将广东省的藤业公司作为合作伙伴，借助专业的销售模式，为山地鸭产品的销售提供一定的保障；另外，合理利用网络平台，借助"农村淘宝"平台，采取线上＋线下齐头并进的销售模式，

---

① 中国青年网. 云南积极创新构建精准扶贫精准脱贫政策体系［EB/OL］. http：//news. youth. cn/gn/201603/t20160305_7707044. htm，2016－03－05.
② 杨光. 云南将力推新时期扶贫开发"63686"行动计划［EB/OL］. http：//www. cpad. gov. cn/art/2015/8/25/art_5_13173. html？from＝groupmessage&isappinstalled＝0，2015－08－25.

进一步为农产品的销售提供保障。第三，打造高端的绿色环保养殖品牌。通过向社会融资，加大对精准扶贫工作的投入力度，以山地鸭养殖为试点，到 2019 年，筹集 500 万元的帮扶资金，并将其全部用于打造高端绿色环保养殖品牌上。另外，在肇庆市现有的四个贫困村，按照"一村一品"的模式，推进鸡、牛、鸭、养等绿色环保养殖，进一步形成鲜明的产业扶贫模式，逐步帮助贫困人口摆脱贫困，过上小康生活①。

3. 多维考核方法

随着精准扶贫、精准脱贫等一系列扶贫工作的深入实施，珠江—西江经济带各地区脱贫攻坚都取得了不错的成绩。为了更好地巩固脱贫攻坚的成果，珠江—西江经济带各地区对扶贫干部进行了多维度的考核，这些多维考核也体现了多维贫困治理的思想，进行多维度、多侧面的考核也是多维贫困治理的现实实践。具体包括如下内容。

针对驻村工作人员的考核方式比较少，考核结果也并未发挥出应有的作用的问题，广西不断完善对驻村工作人员的考核方式，积极强化考核结果的运用，严格对驻村工作人员的工作效果进行考核。以广西柳州为例，第一，通过在细节方面的监督，代替之前仅依靠考核结果定性，且更加细化考核的内容，将考勤与考绩结合起来，注重对驻村工作人员平时工作的考核。从精准扶贫的帮扶任务出发，实地到驻村工作人员驻村地对其工作进展及成效进行认真的考核。具体来讲，每季度由区委组织部对驻村干部进行至少一次的闭卷能力测评，并对其中的驻村工作人员实际驻村工作进展情况进行抽查，按照 25% 的比例抽查，以进一步从细节方面考察工作人员的工作进展。第二，从多维度对驻村工作人员的工作进行评价，更加全面地对其工作进行考核，改变以往的"一锤定音"的状况。采取自评 + 区委评价 + 督导 + 季度考核等相结合的测评方式。依据季度评价标准，驻村工作人员需要按照相关标准逐项完成考核，并附上文字、图片等佐证材料；在此基础上，各工作分队可以自行组织队伍对驻村工作人员的工作进展情况进行抽查，在实地考察的基础上对驻村工作人员的工作进行全面的评价，并得出结果。第三，对考核结果实行刚性执行，改变以往只是形式上的激励形式，使考核结果的运用更有执行性。将最终考核的主要

---

① 广东省扶贫信息网．肇庆市地税部门精准扶贫 推进"创业帮扶"取得积极实效［EB/OL］．http：//www. gdfp. gov. cn/gzdt/fpjb/201610/t20161025_800226. htm，2016 - 10 - 25.

依据确定为对驻村工作人员的季度考核结果，即季度考核将占 50% 的比例。由此可见，季度考核结果对于干部在奖励、提拔等方面具有重要的指导意义，是驻村工作人员考核的重要参考指标。其中，考核结果中获得认可的驻村工作人员，可以给予一定的表扬，在此基础上，取得重大成绩的，可以优先考虑提拔；而季度考核结果不到 70 分的驻村工作人员，由上级单位给予一定的惩罚，责令其在一定期限内做出改正；对于季度考核结果不到 60 分的驻村工作人员，不仅要通报批评其本人，还需要约谈其所在单位的主要领导人和负责人①。

针对精准扶贫、精准脱贫等工作对干部的考察，云南省文山壮族苗族自治州在脱贫攻坚的工作中通过加强日常了解、抓好专项调研、开展印证核实、强化分析研判、注重结果运用的“五步法”加大对基层干部的考察力度，将基层干部扶贫工作中的综合考核成绩与脱贫攻坚的成效结合起来②。采取定期或不定期的抽查方式，并结合考察和谈话的方式，深入扶贫干部的工作现场，深入了解扶贫干部的工作情况及进展，对在扶贫治理工作中表现优异的基层干部进行表扬与奖励，对其工作效果进行考核，为脱贫攻坚的实践提供了一种选人用人的方式。

广东省对脱贫攻坚的考核工作方式主要是实行分级分类考核。在精准扶贫与脱贫任务的内容与目标的基础上，以客观、公正的态度对脱贫攻坚战略的实施情况进行规范的考核，具体来说，将减贫目标与脱贫成效相结合，共同作为扶贫基层干部的考核指标，在统一的考核标准下，分步骤进行分级分类对驻村基层干部进行考核，将考核的具体内容对照相应的考核指标，进一步考察扶贫基层干部是否在脱贫攻坚方面取得成效，并进一步考察脱贫攻坚取得了什么成效。另外，充分发挥社会监督的作用，在考核的过程，将群众力量纳入考核体系，并将考核结果公开，对于考核取得优异成绩的基层干部给予一定的正向激励；而对于考核成绩较差的基层干部给予一定的惩罚，并进行责任落实，以此进一步督促基层干部的上级领导负责人做出深刻的反思，并改进自身工作，更好地实现脱贫攻坚任务。广东省的脱贫攻坚考核内容包括以下几点内容：精准识别与帮扶是否实现、减贫成效怎么样、是否最大化地有效利用扶贫资金、是否有效对工作责任制进行落实等。除此之外，广东省的脱贫攻坚考核还突出了

---

① 广西扶贫信息网. 柳州市柳北区：考核驻村工作队员　强化思想认识［EB/OL］. http：//fpb. gxzf. gov. cn/gzzc/sxfpdt/t4336637. shtml，2019 – 05 – 14.

② 云南网. 坚持“五步法”考察识别脱贫攻坚一线干部［EB/OL］. https：//kuaibao. qq. com/s/20200709A0SRUC00？refer = spider_push，2020 – 07 – 09.

本地的考核特色，各地区结合自身的实际情况，通过增加或者将考核指标细化，进一步凸显了考核的实效性①。

二、多维贫困的维度划分及特征

（一）多维贫困的维度划分

多维贫困研究属于社会学、经济学等学科的交叉研究领域（陈成文，2017）②。自从阿玛蒂亚·森提出"能力贫困"理论后，经过国内外学者的系统研究，将"能力贫困"理论进一步发展成"多维贫困"理论，多维贫困问题也因此引起了学者和社会各界的广泛关注。国内外学者吸收了阿玛蒂亚·森的多维贫困思想，也开始采用多维角度来研究和解决区域和人口贫困问题。国外多维贫困研究的主要代表学者之一——阿尔凯尔（Alkire S.，2017）在其最新发表的论文中，采用多维贫困指数（MPI）等指标研究了 34 个国家 338 个地区的多维贫困的跨期变化。其将多维贫困的维度划分为教育、健康和生活标准三个贫困维度，其中，教育贫困维度包括受教育年限和儿童入学率指标，健康贫困维度包括儿童死亡率和营养指标；生活水平贫困维度包括用电、改善卫生条件、改善饮用水、地板、柴火煮饭、燃料、个人财产等指标。阿尔凯尔（2017）的贫困维度划分与联合国开发计划署发布的《2010 年人类发展报告》的多维贫困维度划分相同，但在生活标准维度的指标构成上又略有不同，如《2010 年人类发展报告》中的生活标准维度包括个人财产、屋内地面、用电、饮用水、厕所、燃料等指标。与此同时，目前国内学者对多维贫困的维度划分尚无统一的标准，因此，不同学者在维度的划分上存在着较大的不同。郭熙保、周强（2016）将贫困维度划分为教育、就业、健康、医疗服务、生活质量及收入 6 个维度。高艳云（2012）将贫困的维度划分为教育、健康和生活质量 3 个维度。殷浩栋等（2017）从家庭禀赋、生态环境、基础设施与公共服务 3 个

---

① 广东省扶贫信息网. 广东省地级以上市党委和政府扶贫开发工作成效考核办法 ［EB/OL］. http：//www. lufengshi. gov. cn/swlufeng/zdly/fpgzxxgk/tpcxjkh/content/post_190817. html，2018 – 05 – 04.

② 陈成文. 对贫困类型划分的再认识及其政策意义 ［J］. 社会科学家，2017 （6）：8 – 14.

维度构建了异地搬迁户的多维贫困指标体系。解垩（2017）则从消费、生活条件、生活满意度、健康和未来信心程度 5 个维度构建老年人口的贫困维度。王春超、叶琴（2014）从收入、教育、健康和医保 4 个维度考察了中国农民工的多维贫困。王小林、阿尔凯尔（2009）从住房、饮用水、卫生设施、电、资产、土地、教育和健康保险等 8 个维度对中国多维贫困进行了研究。

　　由此可以看到，不同学者在多维贫困的维度划分及构成方面，依据的是研究的需要及数据的可得性，尚未对贫困的维度构成进行科学划分，不同学者对贫困维度的划分存在较大的分歧，而且正是由于划分标准及依据各不相同，导致贫困维度的划分常常缺乏足够的科学性和合理性，甚至将致贫原因及致贫结果放在一起共同构成贫困的维度，导致贫困维度的划分及相关研究缺乏足够的科学性和合理性。例如，收入维度虽然是衡量贫困程度的重要指标，但是收入往往是各种致贫因素共同作用的结果，而将收入维度与教育维度、健康维度等共同构成多维贫困的维度，则会导致致贫原因与致贫结果在解释致贫机制的过程中出现逻辑混乱的情况，不利于科学探析贫困的维度构成及其内在机制。由于贫困人口在收入、医疗健康、教育、交通、生活质量、生产条件、公共设施方面存在差异，因此，有必要针对致贫原因对贫困人口进行分类帮扶，精准地制定有效的脱贫措施，以此提高精准扶贫、精准脱贫的政策效果。

　　鉴于此，依据系统学原理及分类原则和方法，结合贫困的致贫原因及其形成机制，将多维贫困的维度划分为公共资源贫困、自我提升能力贫困、生产条件贫困、生活条件贫困和健康贫困 5 个维度。各贫困维度的构成及其致贫原因分析如下。

1. 公共资源贫困

　　多维贫困的突显与城乡、地区和群体间非均等的公共资源密切相关[①]（邢成举和李小云，2019）。外部经济、社会环境的不平等将使地区由于缺乏持续、有效的资源供给而产生贫困问题。具体来说，公共资源贫困是指由于政府或者社会各界对资金、基础设施、教育、医疗、社会保障等方面的供给存在不足而造成的贫困。学者一致认为，公共资源贫困是指某些群体在社会资源或公共服

　　① 白永秀，刘盼. 全面建成小康社会后我国城乡反贫困的特点、难点与重点［J］. 改革，2019（5）：29 - 37.

务方面的需求不能得到有效满足的贫困现象，这些群体由于某些原因被某些特定的社会网络和制度排除在外，致使其在这些社会资源或公共服务方面的需求受到极大的限制。随着全面小康社会的建成，统筹城乡贫困治理，实行城乡并重的减贫战略成为 2020 年后扶贫战略的重要聚焦点①。

公共资源贫困，是贫困地区贫困农户致贫的重要原因，同时也是城乡发展差距的重要体现。贫困地区大多远离城市，位于边远的山区，交通和贸易较不便利，尽管贫困地区大都实现了村村通公路，但是这些交通基础设施的建设，仍远远不能满足当地农村实现振兴发展的需要，与农业农村现代化建设发展需求仍有非常大的差距。而交通基础设施服务体系不完善仅仅是贫困地区公共资源贫困的一个重要方面，其他公共资源贫困还包括贫困地区的公共文化娱乐设施、教育资源、医疗卫生保障设施等缺乏而形成的贫困，这些公共资源贫困也是贫困地区区域贫困的重要特征和体现，同时也是影响贫困维度构成的重要因素。一个地区出现贫困问题的直接原因是某些非竞争性的公共物品和服务得不到有效供给，同时公共资源的贫困也是经济层面的扶贫效果不够理想的重要表现。因此，应该坚持以超常规的理念、方法和举措持续推进公共物品和服务的有效供给；努力缓解贫困地区的公共资源贫困，深入推进贫困地区公共服务均等化，缩小城乡公共资源发展差距，实现城乡融合发展和一体化发展。②

2. 自我提升能力贫困

自我提升能力贫困是贫困户致贫的重要因素，其甚至在较大程度上决定了贫困户能否依靠自身的发展能力实现脱贫，如果贫困户借助社会的扶贫力量或其他技能培训等方式实现自身发展能力的极大提升，并拥有一技之长，对于解决和缓解个人和家庭贫困将起到重要的推动作用。在影响贫困的诸多因素中，自我提升能力是实现"造血"脱贫与不返贫的关键，内生性的自我发展能力是实现脱贫的根本保障（张永亮，2018；张子豪、谭燕芝，2020），要在根本上缓解并解决贫困问题，必须要增强贫困人口的自我发展能力（吴胜泽，2012）。自我能力贫困，指的是贫困对象由于自身能力不足而导致的贫困，主

① 白永秀，刘盼. 全面建成小康社会后我国城乡反贫困的特点、难点与重点 [J]. 改革，2019 (5)：29 - 37.

② 蒋翠侠，许启发，李亚琴. 中国家庭多维贫困的统计测度 [J]. 统计与决策，2011 (22)：92 - 95.

要包括劳动能力丧失、学习能力较差、不思进取等。自我提升能力贫困的主要体现有贫困户的教育贫困、社会资源贫困、资产贫困等方面。其中，教育贫困是贫困户致贫的一个重要因素，主要是指贫困户因自身受教育水平不高而导致的贫困；社会资源贫困，是指贫困户缺乏各种社会资源，如权力资源、社会关系等，并因此而引发的贫困，这也是贫困户致贫及影响脱贫的重要因素。资产贫困，主要指贫困户因缺乏可以自由支配并可以从中获得资产收益的资产。由此可见，自我提升能力贫困是贫困户致贫的重要方面，同时也是影响贫困户脱贫以及脱贫积极性和能动性的重要因素，能否有效解决贫困户的自我发展能力提升问题，尤其是青壮年劳动力的自我发展能力问题，直接影响贫困户能否依靠自我发展能力顺利实现脱贫以及影响其未来可持续生计能力。

自我提升能力贫困是造成贫困的重要原因，贫困对象的能力问题直接与精准扶贫、精准脱贫的成效密切相关。首先，劳动能力是劳动者从事生产和生活的能力，主要包括体力和脑力两个方面，是一个人能力素质最基本的表现，而劳动能力不足往往是由于残疾等原因出现劳动能力缺陷，最终使整个家庭的收入水平下降。其次，贫困对象的学习能力关乎其未来的发展问题，学习能力包括学习知识与技能的能力。贫困户由于知识水平较低，且长期从事简单的生产经营活动，使其学习能力短期内难以得到大幅提高。贫困户如果不具备对科学技术、经营管理等方面的学习能力，而且在大数据、人工智能、"互联网＋"时代，学习能力一直得不到提高，其将难以在社会上立足，其收入也主要处于中低下水平。最后，尽管我国脱贫攻坚战取得了瞩目的成就，一些贫困户也摘掉了"贫困"的帽子，但是他们"等、靠、要"的思想依然根深蒂固，所以，即使脱贫也对国家各项扶贫措施有着较强的依赖性，很容易出现返贫现象。为此，应努力提升贫困户的自我发展能力，增强其内生发展动力，更好地实现脱贫，并且增强其可持续生计能力，防止返贫发生。

3. 生产条件贫困

生产条件贫困，主要是指因土地、气候、灾害、降水等原因而导致的贫困。由于部分贫困地区，尤其是集中连片特困地区或者生态环境脆弱区等，其农业生产条件相对较差，贫困户可以生产利用的土地不多，且容易连年受到气候变化、自然灾害或者降水不足等因素的影响，使其农业生产受到极大的影响，收入及生活消费来源受到极大的影响，物质生活条件相对较差，不利于推动贫困户脱贫攻坚工作的深入开展。

生产条件与减贫情况和贫困人口的收入状况、健康状况紧密联系在一起（Ma et al.，2013；Hansen et al.，2011；Lawry et al.，2017；洪炜杰和罗必良，2018），从 2020 年决胜脱贫攻坚开始到全面胜利，生产条件等方面的相对贫困、多维贫困问题依然存在（唐萍萍和胡仪元，2020）。生产条件贫困主要包括生产技术和效率低下、现代化水平低、播种面积与播种技术不足等方面。第一，农业生产技术和效率低下对贫困的影响表现为薄弱落后的生产条件会导致农民的生产成本增加，具体来说，就是生产条件落后，农民的生产必然需要加大用电、用水、运输、获取信息等方面的需求，为此，也将导致农民的生产经营成本增加，从而不利于农业的规模化发展，进一步造成农业生产效率低下。第二，农民对土地、劳动力和化肥投入的依赖性较强，而对优良品种、现代化机械和新技术的运用明显不足，与此同时，农业生产技术投入要素的利用效率仍有进一步提升的空间。第三，家庭规模、种植年限、种植比例、平均地块面积与播种技术对农业生产技术和效率也有显著的影响，这些因素也是生产条件贫困的重要影响因素。此外，针对生产条件贫困的地区，农户的脱贫攻坚任务较为艰巨，可以选择异地搬迁的扶贫方式，然后注重结合搬迁后续的其他多元化脱贫方式，促进贫困户脱贫，确保贫困户在搬迁后能够实现就业和稳定脱贫。

4. 生活条件贫困

生活条件贫困，是贫困户贫困最直接的体现，其主要包括饮用水、通电、住房、炊事燃料、卫生设施、电器等方面的贫困，生活条件贫困致使贫困户的基本生活需求得不到有效的满足，通常存在用水难、用电难、住房难、生活设施缺乏等难题，严重制约着贫困户的生活质量和水平的提升，居民生活满意度、幸福感也受到极大影响。贫困户的基本生活条件得不到有效改善，就难以提升贫困户的生活质量和水平，贫困户的贫困状态也难以得到有效改善，脱贫攻坚任务更难以完成。

生活条件贫困是多维贫困的主要表现，生活条件的贫困是多维贫困的重要维度（张立冬，2017）。生活条件贫困包含生活水平和生活质量等方面的贫困。学者对于生活水平的指标剥夺值标准是根据联合国千年发展目标中饮用水、卫生设施以及炊事燃料等方面的技术规定而设定的，同时结合农村的实际对耐用品的剥夺值进行设定。围绕生活质量贫困维度，学者从住房、饮用水、卫生设施、用电、生活能源、入户路况等方面来测度居民多维贫困特征，通过对居民生活水平贫困进行测度，并指出卫生设施、生活能源和入户状况是影响居民生活水平贫困的主要因素。生活条件贫困会导致居民经济维度的脱贫不牢固，很容易由于某些负向冲击重新返贫，并在脱贫与返贫中来回摇摆。

因此，改善贫困户的生活条件，既需要增加扶贫资金来改善贫困地区的生活设施体系，解决贫困户用水难、用电难、住房难等突出问题，又需要努力增加贫困户的收入来源，通过贫困户收入水平的提升改善其生活质量和生活满意度。

5. 健康贫困

健康贫困是造成贫困户深度贫困以及影响脱贫，甚至出现返贫的重要影响因素，一旦出现健康贫困，就会给贫困户造成巨大的经济和精神压力，也将给扶贫队伍的脱贫攻坚工作带来较大的困难。贫困与健康问题存在着复杂的关联（马婷、唐贤兴，2020），健康是脱贫和可持续发展的基础与动力（国家卫生健康委员会扶贫办，2020）。健康贫困是指由于重大疾病的突发、慢性病的恶化、交通事故、工伤事故等原因引起健康状况恶化，需要承担高额的医药费，由此引起的贫困；健康贫困，通常是因为出现各种重大疾病而使农户在经济、精神等方面承受巨大的压力，并陷入深度贫困的一种状态。贫困户身患疾病的程度越严重，其身陷贫困的程度就越深，脱贫的难度也就越大。

健康贫困问题相对较严重，是脱贫攻坚战中的难点。健康贫困主要涉及三种类型。第一种是贫困对象由于重大疾病引起的贫困。重大疾病，是指医疗花费高昂并且在较长的时间内会严重影响患者家庭的正常生活和工作的疾病。第二种是由于慢性病引起的贫困。慢性病是指没有传染性，但是病情持续时间长，是一种长期积累的疾病。第三种是贫困对象由于突发的交通事故或者工伤等事故使一个人出现残疾、劳动能力下降，从而造成家庭收入下降、支出增加，最终导致贫困。尽管我国的医疗保障制度不断完善，同时我国也逐步推出了针对重大疾病和慢性病的行动计划，帮助患者减轻经济压力，但是重大疾病和慢性病的实际报销比例对于贫困户而言，仍然是不够的，"因医负债"的情况较为普遍，给家庭经济造成较大的压力。这种"因医负债"引起的贫困就属于健康贫困。为此，应进一步完善农户的医疗保障体系，加大对农村医疗保障和补助的力度，让农户没有生病的后顾之忧，增强应对各种重大疾病风险的能力，能够较快恢复到之前良好的生活状态。

总而言之，多维贫困的五个维度，即公共资源贫困、自我提升能力贫困、生产条件贫困、生活条件贫困和健康贫困，各个贫困维度犹如多维贫困系统中的各个相互关联的子系统，各个贫困维度或子系统之间相互作用、相互影响，从而加剧贫困程度；并且，贫困户存在的贫困维度越多，其贫困程度就越深，脱贫难度也就越大。因此，从公共资源贫困、自我提升能力贫困、生产条件贫困、生活条件贫困和健康贫困等方面将贫困的维度划分为五个维度，对于完善多维贫困理论研究具有重要的意义。而且，从上述五个维度来划分贫困维度，对于深入研究贫困的致贫机制以及深入推进精准扶贫、精准脱贫工作具有重要的理论价值和实践价值。

（二）多维贫困的维度特征

1. 公共资源贫困维度

第一，公共服务资源投资不足。公共服务资源供给不足是农村地区发展落后的最典型的特点，也是制约农村地区居民精神文化服务供给的重要因素。由于农村的经济发展比较落后，且远离城镇，其交通基础、水电、电信网络等基础设施服务体系较不健全，且其医疗卫生、教育、文化等公共服务与城镇地区之间还存在较大的差距，远不能满足农村地区居民对公共服务的需要。[①] 尽管在精准扶贫、精准脱贫的过程中，农村的公共服务体系有了较大的完善，但仍要看到，农村地区的公共服务体系建设仍然存在较大的不足，对农村地区的公共服务资源的投资和建设仍远远无法满足农民的现实需要，在推进城乡基本公共服务均等化的过程中仍面临着严峻的挑战，在教育、医疗、供水、供电、交通基础设施等方面得不到有效保障，基础设施服务水平比较低下，建设严重投入不足，供给能力比较薄弱，且相关建设工作仍任重道远，这迫切需要政府部门加大公共服务投资力度，进一步改善农村的公共服务状况。

第二，公共服务供给效率低下。第一，由于农村的公共服务供给不足，居民的公共服务需求得不到有效满足，造成农村的公共服务供给问题仍将长期存

①　左停，徐加玉，李卓. 摆脱贫困之"困"：深度贫困地区基本公共服务减贫路径 [J]. 南京农业大学学报（社会科学版），2018，18（2）：35-44，158.

在，这是农村公共服务供给效率低下的重要体现。第二，由于农村的公共服务在供给内容、服务对象和服务方式上具有有限性，致使其供给难以满足广大农村居民的多样化需求，其公共服务的供给效率也将受到较大影响，这引发了供给效率低下等问题。第三，随着全面建成小康社会目标的实现，我国社会公众对于公共服务事业的满意度不断提升，对公共服务的便利性、体验感、便民感、服务态度的要求不断提高，但由于受公共服务供给方式单一、管理不善等因素的影响，这也将引起公共服务供给效率低下等问题。

第三，公共服务供给呈碎片化形态。受政府行政权力划分与专业化分工的影响，各职能部门在利益、分工、权力关系方面存在差别，从而使乡村公共服务在服务信息、服务流程和服务方式存在明显的不连贯性和分散性。与此同时，受制于地方财政，乡村公共服务的供给主要依赖于地方财政，而我国大部分地区乡镇财政往往用于支付乡镇行政人员的工资和日常需要，很少有多余资金用于乡村公共服务，这也使乡村公共服务供给缺乏总体规划，呈现零散化、碎片化的形态。

2. 自我提升能力贫困维度

第一，贫困户自我提升意识不强。受传统风俗习惯的影响，有些贫困户对现代文明发展的接受度不高，这就使贫困户的主动意识降低，基本生活得到满足后，这些贫困户往往安于现状，滋生"等、靠、要"思想。与此同时，部分贫困村在实施精准扶贫、精准脱贫等一系列扶贫工作中脱贫任务存在较短的时限且其难度较大的问题，因此依然存在贫困户的参与度不高的情况，贫困户自我提升意识不强。

第二，自我提升能力的难度大。导致贫困户自我提升能力不足的因素很多，主要包含认知、自然条件、经济水平、政策影响等多方面的因素。由于贫困地区在经济社会发展方面受政策制度的影响，加之贫困地区在自然地理条件上具有先天不足性，导致当地经济社会的发展存在局限；与此同时，由于农村贫困户存在自我认知的不足，往往在扶贫实践中存在忽视贫困农户的发展能力的培育、欠缺发挥贫困农户的主体性的问题。而贫困户要想实现真正的脱贫与降低返贫风险，必须从根本上让贫困户接受新的思想、知识、观念，打破贫困户与外界环境相对封闭的局面，通过创新增强贫困户勤劳致富的意识。因此，自我提升能力贫困对贫困户自身的要求比较高，提升难度较大。

第三，自我提升能力所需周期长。我国贫困地区多数地处偏远地区，地区乡镇政府财政除了用于本地行政人员工资外，还要支付各种日常开销，因此很少有多余的资金用于当地基础设施建设，从而贫困地区的经济、教育、医疗和文化事业的发展相对滞后，农村公共服务供给比较缺乏，难以满足贫困户自我能力提升的需求，制约着农户自我发展能力的提升。因此，在这种基础设施、公共服务缺乏的偏远地区，想要满足当地贫困户自我发展能力提升的需求，除了要进行巨大的投资外，建设周期也很长，这在一定程度上延长了贫困户自我提升能力所需的周期。与此同时，虽然影响贫困户自身发展能力的因素很多，但是最根本的还是贫困户的劳动能力，而提升贫困户的劳动能力则需要贫困户主动学习新知识、新技能，贫困户要想提升自我发展能力需要较长的周期。

3. 生产条件贫困维度

第一，生产条件的限制性较大。生产条件贫困主要指在生产工具、生产技术方面的贫困。农户家庭经济结构单一，主要以传统种植业、养殖业为主，且收入较少，同时农业生产资料较少，农机具较少，主要依靠牲畜进行劳作。因此，生产条件贫困具有很强的限制性，当生产条件受到限制时，即使贫困户想要脱贫，也存在一定的难度，生产条件制约了贫困户脱贫致富的能力。

第二，生产技术含量要求较高，产业升级难。贫困地区提高贫困户收入的主要途径是依靠产业发展，而目前农村产业又大多以第一产业为主，拥有较大的自然风险和市场风险，由于农产品的生产销售渠道较少，且并未有创新，依靠这种方式增收能力是有限的。与此同时，大多数贫困地区的产业扶贫多是依靠政府投资的，由于缺乏充分的市场评估和管理，往往导致同一地区产业同质化发展，造成产品销售困难、替代性强、滞销，最终导致产业升级难的问题。

第三，生产条件的解决难度较大。目前，我国针对贫困地区农民在生产条件方面落后的问题，要积极开展科技扶贫，推广先进的农业技术，提高农户的科学文化素质。要想实现并推广先进技术，首先需要了解农民的切实需求，然后调动贫困户的积极性，然而，由于农民文化素质普遍不高，且对新培训方式的接受程度较低，造成农民对农业技术培训的积极性并不高，且对新知识的接受程度也不高，因此效果不佳。与此同时，政府作为科技扶贫主体之一，需要为贫困地区农户提供相应的培训课程，且该课程需要满足贫困户的实际需求，培训课程内容需要有针对性地解决贫困户的实际问题，这大大增加了培训难度。

4. 生活条件贫困维度

第一，贫困户生活水平仍然较低。生活水平贫困会导致居民经济维度的脱贫不牢固，很容易由于某些负面冲击重新返贫，并在脱贫与返贫间来回摇摆。村庄入村道路路况不佳，村内道路以土路居多，村内卫生状况较差，存在垃圾、牲畜粪便等随意堆放等问题，不同的地区情况不同。与此同时，个别家庭存在房屋墙体开裂、屋顶漏雨等情况，有些家庭家中配置基本生活家具、电器较少，且卫生条件不佳，家庭生活水平仍然较低，生活质量较差。

第二，贫困户增加收入后劲不足。我国贫困地区大多生产条件艰苦，人均耕地面积较少，且传统农业占主导地位，由于农业产业化程度较低，粮食增产的潜力不大，农业产业受自然条件的影响较大，因此通过农业增加收入的后劲不足。与此同时，贫困地区农户普遍存在文化程度不高、劳动技能素质较低的问题，加上贫困地区非农产业发展较慢，市场竞争力较低，因此，贫困地区农户的工资水平相对较低，增加收入的潜力较低、后劲不足。

第三，生活质量的改善难度较大。目前，生活质量贫困维度包括住房、饮用水、卫生设施、用电、生活能源、入户路等方面，涉及内容较多、工程较为复杂。随着居民生活水平的不断提高，人们对于饮食、衣着、工作福利、娱乐、健康和社会关系的重视程度不断增加，然而城乡区域发展差距仍然在不断扩大，农村居民生活质量的问题依然面临着较为严重的挑战。

5. 健康贫困维度

第一，健康贫困具有不稳定性。健康贫困是由重大疾病、慢性病、交通事故、工伤事故引起的，给家庭造成较大经济压力的贫困，一般具有持续时间长、医疗费用高的特点，尤其具有不稳定的特点。家庭一旦有人发生重大疾病，高额的医药费就严重超出贫困户的经济承受能力，而对于有慢性疾病的贫困户家庭而言，虽然在国家的扶持下有助于控制疾病，并实现短期脱贫，但一旦慢性病恶化，就很容易给贫困户家庭带来更大的损失，不仅导致家庭劳动力减少，还要为此承担高额的医药费用，给贫困户家庭带来巨大的经济压力。与此同时，由于患有重大疾病或者慢性病，患者通常需要家人专门进行照顾，家庭的经济收入来源将会受到影响。而由于交通事故、工伤事故造成残疾、劳动能力下降，从而引起健康贫困，这种贫困更具有不确定性。

第二，农村贫困人口的健康状况相对较差。与城市居民相比较，农村贫困地区的居民收入水平相对较低，致使农村居民生活负担比较重，抵御疾病的能力较为薄弱，农村居民健康状况相对较差。与此同时，由于农村居民对自身健康问题重视不够，卫生习惯也不够好，且缺乏必要的卫生保健知识，遇到疾病时，通常抱有侥幸心理，导致小病拖成大病，这也是农村地区因病致贫、因病返贫的重要原因。

第三，医疗资源缺乏、覆盖面相对较低。由于重大疾病的突发、慢性病的恶化、交通事故、工伤事故导致健康状况的下降，需要承担高额的医药费，使得由此引起的健康贫困问题非常严重。我国疆域辽阔，且农村贫困地区环境、交通等相对落后，医疗卫生资源缺乏、分布不够合理。与此同时，虽然国家对农村居民的健康保障体系不断完善，并且当前我国农村地区医疗健康保障体系目标就是将这一政策逐步惠及全体农村居民，但是与政府制定的既定目标相比，农村健康医疗保障体系水平仍然较低，且存在较大的差距。农村健康医疗保障体系更加侧重保险属性，而当农村居民面临较为严重的疾病时，其健康属性被忽略掉，农村居民看病难的问题依然没有得到有效、彻底地解决。

三、多维贫困的内在逻辑关系

贫困是难以用收入或消费来衡量的复杂的社会现象。贫困是多维的[①]，衡量贫困的指标包括自然人文环境[②]、教育[③]、健康[④]、收入[⑤]、就业[⑥]、居住

---

① Sen A K. Issues in Measurement of Poverty [J]. Scandinavian Journal of Economics, 1979, 81 (2): 285 – 307.

② 田宇，许建. 武陵山片区多维贫困度量及其空间表征 [J]. 经济地理，2017, 37 (1): 162 – 169.

③ Tarabini A, Jacovkis J., The Poverty Reduction Strategy Papers: An Analysis of a Hegemonic Link between Education and Poverty [J]. International Journal of Educational Development, 2012, 32 (4): 507 – 516.

④ Novignon J., Nonvignon J., Mussa R., et al. Health and Vulnerability to Poverty in Ghana: Evidence from the Ghana Living Standards Survey Round 5 [J]. Health Economics Review, 2012, 2 (11): 1 – 9.

⑤ 张立东. 收入导向型农村多维贫困与精准扶贫——基于江苏省农村低收入家庭的分析 [J]. 现代经济探讨，2017, 36 (12): 102 – 108.

⑥ 沈扬扬，詹鹏. 扶贫政策演进下的中国农村多维贫困 [J]. 经济学动态，2018, 59 (7): 53 – 66.

条件①、公共服务②以及政治参与③等方面。另外，多维贫困形成的原因很多，包括生态脆弱④、资本缺乏⑤以及制度缺陷⑥等。

（一）收入贫困与多维贫困之间的联系

长期以来，贫困是满足不了个体或家庭的基本需求的现象，可以用收入贫困线来区分贫困群体与非贫困的群体，此为"收入贫困"；对基本可行能力的剥夺是贫困的本质，包括教育、健康、住房等多个维度，此为"多维贫困"⑦。已有学者提出"贫困陷阱"理论，并对收入贫困与多维贫困之间的内在联系进行了阐释。收入不高导致人们无法接受教育、生活环境恶劣以及看病困难，从而变成多维贫困群体。相反，健康状况不好或没有接受教育的群体也难赚取可观的收入⑧。此外，收入贫困与多维贫困之间的差别较为显著，收入贫困更为关注是否拥有足够的收入来购买满足基本生活所需的商品和服务，而多维贫困则更多聚焦是否已经拥有了实现基本可行能力所需的物品和服务⑨。但类似医疗保障以及义务教育等公共物品和公共服务都存在市场失灵的现象⑩，即使人们拥有足够的收入也不一定能够满足需求⑪。

① 王磊，李聪. 陕西易地扶贫搬迁安置区多维贫困测度与致贫因素分析 [J]. 统计与信息论坛，2019，34（3）：119-128.

② 王曦璟，高艳云. 地区公共服务供给与转移支付减贫效应研究——基于多维贫困分析框架 [J]. 财经理论与实践，2017，38（2）：92-98.

③ 王三秀，高翔. 民族地区农村居民多维贫困的分层逻辑、耦合机理及精准脱贫——基于2013年中国社会状况综合调查的分析 [J]. 中央民族大学学报（哲学社会科学版），2019，46（1）：19-30.

④ 黄永斌，董锁成. 生态脆弱贫困区县域循环经济发展评价研究——以定西市为例 [J]. 农业现代化研究，2015，36（6）：927-933.

⑤ 李珊，王晓东. 基于人力资本视角的贵州农村返贫困研究综述 [J]. 知识经济，2013，15（18）：108-108.

⑥ 张秋. 从"制度贫困"到"制度统筹"：城乡统筹发展的路径选择 [J]. 中州学刊，2013，35（6）：36-40.

⑦ Sen A. , A Decade of Human Development [J]. Journal of Human Development, 2000, 1（1），17-23.

⑧ 李博，张全红，周强，等. 中国收入贫困和多维贫困的静态与动态比较分析 [J]. 数量经济技术经济研究，2018，35（8）：39-55.

⑨ Haughton J H, Khandker S R. , Handbook on Poverty and Inequality [M]. World Bank Publications, 2009.

⑩ Bourguignon F, Chakravarty S R. , The Measurement of Multidimensional Poverty [J]. *Journal of Economic Inequality*, 2003, 1（1），25-49.

⑪ Dhongde S, Haveman R. , Multi-Dimensional Deprivation in the U. S [J]. *Social Indicators Research*, 2017, 133（2），477-500.

（二）多维贫困的内在形成机制

贫困是政治、经济以及社会等各方面因素共同作用的结果①。贫困的"分层—循环"理论阐述了贫困的深层次形成原因。第一，从构成视角出发，能力、物质以及权利的贫困是贫困的三种表现方式。这种分类不仅考量了贫困群体的收入，还审视了贫困群体能力、权利以及参与社会发展的机会等。第二，从分层视角出发，贫困的表象为只有较低的收入水平，深入一层的表现为能力贫困，深层致贫原因则是制度与权利的缺失②。此外，多维贫困各个维度的指数贡献度大小可以确定贫困的分层，并判断其层级化，用以确定分层中具体是哪个指标或维度对多维贫困的贡献最大。第三，从各个层级的关系视角出发，不同层级的多维贫困具有恶性循环的特征。能力贫困会导致权利贫困，而这两种贫困的存在剥夺了贫困群体参与经济生活的能力与权利，这必然就会导致自身更深的物质贫困③。

由此可以看到，在多维贫困理论视角下，贫困已不再仅仅是收入不足的问题，它还涉及健康、受教育水平、居住条件、生计手段以及社会参与等方面④。为此，可以从生计、脆弱性、社会排斥视角进一步探讨多维贫困的形成原因。第一，从生计视角来看，扶贫中更关注贫困人口生计的复杂性及多样性，更直接地关注现实世界中穷人的生存状态。"生计"，是指谋生的方式和方法，它建立在资产以及能力的基础之上⑤。生计体现了能动性的作用，当能力与资产受到风险、制度等因素的制约，生计能力能协调不同类型的活动对其进行应对。一种生计只有当其能够应对压力、打击后得到恢复且能在未来保持甚至使能力和资产得到加强，这才是可持续的生计⑥。通过生计，可以反映贫

---

① 宁亚芳. 从道德化贫困到能力贫困：论西方贫困观的演变与发展 [J]. 学习与实践, 2014 (7)：112 – 120.

② 联合国教科文组织亚太地区办事处. 基础教育促进扶贫 [M]. 联合国儿童基金会资助, 1999.

③ 广西扶贫信息网. 柳州市柳北区：考核驻村工作队员　强化思想认识 [EB/OL]. http：// fpb. gxzf. gov. cn/gzzc/sxfpdt/t4336637. shtml, 2019 – 05 – 14.

④ United Nations Development Program. Human development Report 2010. The Real Wealth of Nations：Pathways to Human Development, 20th Anniversary Edition. New York：Plagrave Macmillan, 2010.

⑤ Chambers R, Conway G. Sustainable Rural Livelihoods：Practical Concepts for The 21st Century. IDS Discussion Paper 296. Brighton：IDS, 1992.

⑥ DFID. Sustainable Live lihoods Guidance Sheets. London：Department for International Development, 2000：68 – 125.

困者的谋生能力较薄弱以及其谋生方式比较单一，不足以解决贫困问题。第二，从脆弱性视角来看，脆弱性视角最初主要关注灾害研究。脆弱性被定义为生计受到环境风险冲击时受害者应对风险能力的大小①。将脆弱性视角应用在贫困领域，脆弱性评价的核心是穷人应对风险的能力。第三，从社会排斥视角来看，社会排斥视角认为社会结构问题是造成贫困的主要原因。社会排斥，指个人或家庭由于制度性原因导致的没办法达到社会生活标准的过程②，它表现为多维度性，包括公共服务排斥、社会关系排斥以及劳动力市场排斥等③。当不同维度的社会排斥因素共同作用便会导致参与社会经济活动所需资源被全面剥夺，表现出深度社会排斥的状态。社会排斥会形成恶性循环，当社会排斥因素作用于个体或家庭的资产或能力等而导致可行能力受到剥夺，最终表现为贫困状态；反之，贫困群体由于可行能力受到剥夺，资产或能力等无法达到社会生活的标准，最终形成社会排斥的状态。因此，社会排斥既是贫困的致因，也是贫困的结果。

（三）多维贫困视阈下精准扶贫、精准脱贫的内在结构逻辑

通过上述研究可以发现，多维贫困视阈下精准扶贫、精准脱贫的内在结构逻辑主要包括贫困识别过程、精准扶贫过程、精准脱贫过程等，在这一过程中，多维贫困理论为精准扶贫、精准脱贫提供了重要的理论指导，两者的融合，有利于提高扶贫的精准性，进而促进精准扶贫目标的实现。如图 3 - 1 所示，多维贫困视阈下精准扶贫、精准脱贫的逻辑结构可以从以下三个变化过程来体现。

1. 贫困识别过程

贫困识别过程的实现，需要首先对贫困维度进行分解，可以将贫困维度分解为公共资源贫困、自我提升能力贫困、生产条件贫困、生活条件贫困和

① Adger, W. N. Social and Ecological Resilience: Are They Related? Progressin Human Geography, 2000, No. 3.

② Manuel Castells. End of Millennium Volume III of The Information Age: Economy, Society and Culture, Oxford: Blackwell, 1998.

③ Gordon, D. et al. Poverty and Social Exclusion in Britain. York: Joseph Rowntree, 2000: 54.

健康贫困五个维度，这是对贫困对象进行贫困识别的重要前提，更好地判断贫困对象究竟存在哪些维度贫困，从而更好地判断其贫困类别和致贫原因。然后在此基础上，从各贫困维度角度对贫困对象的贫困类别及致贫原因进行判别。为深入判别贫困对象的致贫原因，还可以对各贫困维度做进一步细分，有利于深入分析贫困对象的致贫原因，然后从中识别出真正的贫困对象。通过贫困识别后发现，贫困对象通常会存在一个或多个贫困维度，而且其存在的贫困维度越多，其贫困程度也就越深，脱贫的难度也就越大。但是，在贫困识别的过程中，由于贫困对象可能存在隐藏个人财产，尤其是收入存款等情况，因此仅从各贫困维度难以真实判断其贫困状态，此时还需要借助其他识别手段，如村民评价和公示制度等，如此才能识别出真正的贫困对象。

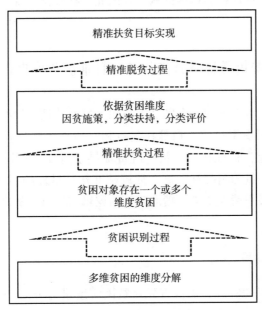

图 3 – 1　多维贫困视阈下精准扶贫、精准脱贫的逻辑结构

2. 精准扶贫过程

精准扶贫过程是在精准贫困识别过程的基础上实现的，只有识别出真正的贫困人口，才能有的放矢，因贫施策，促进扶贫目标的实现。通过贫困识别，找出真正的贫困人口。由此发现，贫困对象在各贫困维度中，都在某一贫困维度或多个贫困维度上处于贫困状态。与此同时，其致贫原因与其贫困维度相对应，即存在某一维度贫困，也意味着其致贫原因同时与该贫困维度密切相关，该贫困维度所对应的贫困是其致贫的重要原因之一。确定贫困对象的致贫原因之后，可以采取有针对性的政策措施来推动贫困对象脱贫，因贫施策，分类扶持；与此同时，还可以从多维角度对扶贫成效进行评价，及时反馈扶贫效果，进一步改进扶贫措施，不断推进精准扶贫、精准脱贫工作的深入开展。

3. 精准脱贫过程

经历了贫困识别过程、精准扶贫过程之后，贫困对象的"贫根"得到了根本治理，其多维贫困问题得到了有效解决或较大程度的缓解，使贫困对象脱离了公共资源贫困、自我提升能力贫困、生产条件贫困、生活条件贫困和健康贫困等多维贫困状态，促进了脱贫目标的实现，这一过程又可以称为精准脱贫目标的实现过程。贫困对象实现脱贫后，仍要继续跟踪和关注脱贫对象的返贫、相对贫困等问题，只有这样，才能不断使脱贫对象可持续发展，促进脱贫对象生活质量和幸福感的提升。

四、多维贫困评价指标体系构建

贫困维度的选取是构建多维贫困评价模型的关键，各指标既要真实反映研究区域的贫困状态，又需要具有可比性和分析性①。为此，结合指标选取的代表性、科学性、可比性、层次性以及数据的可获得性等指标体系构建原则，从健康、生活条件、生产条件、公共资源和自我发展能力五个层级方面构建了珠江—西江经济带多维贫困评价指标体系，共包括 5 个一级指标、11 个二级指标（具体见表 3-1）。具体指标介绍如下。

---

① 郑长德，单德朋. 集中连片特困地区多维贫困测度与时空演进［J］. 南开大学学报（哲学社会科学版），2016（3）：135-146.

表 3－1 　　　　　　　　　珠江—西江经济带多维贫困评价指标体系

一级指标	二级指标	具体指标	单位
第一层：健康风险（A1）	因病致贫风险（B1）	C1：医院和卫生院床位数/年末总人口	床/万人
第二层：生活条件（A2）	获取信息资本（B2）	C2：固定电话用户数/年末总人口	户/万人
	社会资本（B3）	C3：社会福利院（收养性单位）床位数/年末总人口	床/万人
第三层：生产条件（A3）	自然资本（B4）	C4：土地面积/年末总人口	平方公里/万人
	物质资本（B5）	C5：农业机械总动力/年末总人口	万千瓦特/万人
第四层：公共资源（A4）	金融资本（B6）	C6：储蓄存款余额/年末总人口	万元/万人
	政府资本（B7）	C7：地方财政一般预算收入/年末总人口	万元/万人
	产业资本（B8）	C8：第一产业增加值/年末总人口	万元/万人
第五层：自我发展能力（A5）	教育机会（B9）	C9：普通中学在校学生数/年末总人口	人/万人
	金融机会（B10）	C10：年末金融机构各项贷款余额/年末总人口	万元/万人
	产业关联机会（B11）	C11：第二产业增加值/第一产业增加值	%

（1）健康风险指标（A1）。医院和卫生院的人均床位数反映了贫困人口因病致贫的风险，选择该指标衡量贫困人口的医疗健康潜力。

（2）生活条件指标（A2）。信息通达及其可获取程度以及社会保障完善程度表示一个区域的生活环境及生活条件如何，所以，选取人均固定电话用户数衡量获取信息资本的能力；从社会资本角度看，选取人均社会福利院（收养性单位）床位数来衡量生活条件状况。

（3）生产条件指标（A3）。从两个维度进行分析，第一个维度是自然资本。耕地是农业最基本的生产要素之一，因此，自然资本用人均土地面积进行衡量。反映生产条件的第二个维度是物质资本。农业机械总动力能反映农业生产的条件与技术含量，因此选用人均农业机械总动力来反映物质资本。

（4）公共资源指标（A4）。这一层级采取三个维度衡量，一是金融资本。储蓄存款余额可以反映个体金融资本的多寡，同时也是反映资本可利用情况的重要维度，因此选取人均储蓄存款余额反映金融资本。二是政府资本。政府可利用资本可以选取地方财政一般预算收入来衡量，因此选取人均地方财政一般预算收入衡量政府资本。三是产业资本。目前，第一产业仍是农民的主要收入来源，因此选取人均第一产业增加值反映产业资本。

（5）自我发展能力指标（A5）。此层级选取三个维度衡量：第一个维度是教育机会，选取人均普通中学在校学生数反映教育潜力；第二个维度为金融机会，选取人均年末金融机构各项贷款余额衡量金融业发展潜力；第三个维度是产业关联机会，选取第二产业增加值与第一产业增加值比值来衡量经济结构，进而反映产业发展和农户就业机会状况。

第四章

多维贫困视阈下珠江—西江经济带
精准扶贫与脱贫的实证分析

　　本章重点对多维贫困视阈下的珠江—西江经济带精准扶贫与脱贫进行实证分析。第一，分别从健康风险层面、生活条件层面、生产条件层面、公共资源层面、自我发展能力层面，深入探讨珠江—西江经济带多维贫困的维度特点；第二，以珠江—西江经济带上的 ZY 县为例，对其多维贫困指数（MPI）进行测度，并将该指数分解为多维贫困发生率（H）及平均剥夺程度（A），分别用以反映多维贫困的广度和深度，从而有效分析珠江—西江经济带的多维贫困状况；第三，以 Alkire－Foster 提出的多维贫困指数（AF 指数）为测度原理，选取健康、生活条件、生产条件、公共资源及自我发展能力五个维度的指标对珠江—西江经济带县域的多维贫困状况进行识别和测算；第四，采用有序 Probit 模型与广义最小二乘法（GLS），以珠江—西江经济带上的贫困县域为单位，对珠江—西江经济带县域多维贫困的影响因素进行实证分析；第五，通过层次分析法（AHP）对多维贫困视阈下珠江—西江经济带精准扶贫与脱贫满意度的评价指标的影响权重进行评价。

一、珠江—西江经济带多维贫困的维度特点分析[*]

　　国务院扶贫办 2012 年公布的国家级贫困县共 592 个，其中广西贫困县 28 个，贵州贫困县 50 个，云南贫困县 73 个。珠江—西江经济带范围共计

＊ 本部分分析的数据主要来源于各省份历年统计年鉴及《中国县域统计年鉴》。

61个贫困县，其中，广西11市共包含28个贫困县，贵州4个州市共包含30个贫困县，云南2个州市共包含3个贫困县，具体分布见表4–1。珠江—西江经济带规划、延伸区内的各市区域经济发展差距较大，但各贫困县多处于"老、少、边、穷"的少数民族地区、滇桂黔石漠化片区、乌蒙山片区、革命老区等自然生态环境脆弱，水资源、电力资源、可开发的土地资源等资源相对不足。受自然条件和历史原因等因素的影响，各贫困县农业、经济发展条件以及生活条件都相对落后，基础设施建设较差，贫困人口较为分散。虽然政府投入了人力、财力以及物力对基础设施进行改造和建设，但由于地理环境等外部因素的影响，偏远山区的交通仍不够便利，农村电力保障工程建设缓慢，农林水利建设配给率不高。与此同时，由于贫困范围覆盖面广、贫困人群分布较为分散，公共服务设施体系的建设完全满足不了居民的生活需求。另外，各贫困县的教育、社会保障等公共服务较为欠缺，不仅不利于提升贫困群体的自主脱贫能力，也难以吸引医护人员在贫困地区参与就业，农户"因病返贫"，甚至"因病致贫"的时常发生。为此，从多维贫困视角出发，结合表3–1的珠江—西江经济带多维贫困评价指标体系，深入探析和把握珠江—西江经济带的贫困维度特点，以更好地推进珠江—西江经济带的扶贫开发工作。

表4–1　　　　　　　　珠江—西江经济带国家级贫困县分布情况

地区	国家级贫困县	个数
广西	隆安县、马山县、上林县、融水苗族自治县、三江侗族自治县、田东县、德保县、靖西县、那坡县、凌云县、乐业县、田林县、西林县、隆林各族自治县、忻城县、金秀瑶族自治县、龙州县、天等县、龙胜各族自治县、昭平县、富川瑶族自治县、凤山县、东兰县、罗城仫佬族自治县、环江毛南族自治县、巴马瑶族自治县、都安瑶族自治县、大化瑶族自治县	28
贵州	黄平县、施秉县、三穗县、岑巩县、天柱县、锦屏县、剑河县、台江县、黎平县、榕江县、从江县、雷山县、麻江县、丹寨县、荔波县、独山县、平塘县、罗甸县、长顺县、三都水族自治县、普安县、晴隆县、贞丰县、望谟县、册亨县、安龙县、普定县、镇宁布依族苗族自治县、关岭布依族苗族自治县、紫云苗族布依族自治县	30
云南	文山县、富源县、会泽县	3

资料来源：根据国家扶贫办和广西扶贫办官方资料整理。

（一）健康风险层面

健康风险层级的二级指标为因病致贫风险指标，采用医院和卫生院床位数与年末总人口的比值来衡量。医疗机构病床数可以反映县域医院的规模以及医院提供医疗服务的能力。对珠江—西江经济带 61 个贫困县的医院、卫生院床位数与万人医院、卫生院床位数进行横向分析，截至 2009 年末，61 个县的平均医院、卫生院的床位数为 602 个，其中仅有 21 个县超过平均值，40 个县仍处于平均值以下，排名末位的为广西壮族自治区乐业县，医院、卫生院床位数仅 255 个。直到 2018 年末，61 个县的平均医院、卫生院床位数为 1422 个，其中 25 个县超过平均值，36 个县仍处于平均值以下，排名末位的为广西壮族自治区龙胜县，医院、卫生院床位数仅 527 个。每万人口医院、卫生院床位数反映了县域医疗服务的可及性。截至 2009 年末，61 个县每万人医院、卫生院床位数仅 17.40 个，23 个县超过平均值，其中排名末位的为贵州省三都县，每万人医院、卫生院床位数仅为 8.12 个。直到 2018 年末，61 个县平均每万人医院、卫生院床位数为 38.25 个，26 个县超过平均值，其中，排名末位的为广西壮族自治区天等县，每万人医院、卫生院床位数仅为 22.72 个。纵向对比 61 个县的医院、卫生院床位数与每万人医院、卫生院床位数，总体变化趋势如图 4－1 所示。

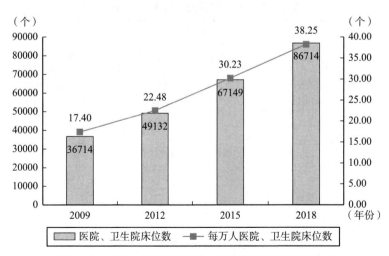

图 4－1　2009～2018 年医院、卫生院床位数变化趋势

资料来源：2010～2019 年各省份的统计年鉴及《中国县域统计年鉴》。

总体上看，珠江—西江经济带 61 个县的医院、卫生院床位数都处于逐渐增加的趋势，但每万人口床位数仍处于较低水平，但也呈现逐年增加趋势。

（二）生活条件层面

信息通达度和社会容纳力能够有效表征一个区域的生活环境与生活条件。因此，生活条件层级分为获取信息资本维度和社会资本维度，其中，获取信息资本维度采用固定电话用户数与年末总人口的比值衡量；社会资本维度采用社会福利院（收养性单位）床位数与年末总人口衡量。

1. 固定电话用户数

固定电话普及率体现了一个地区的经济发展与社会变迁情况。固定电话的产品生命周期主要受技术的影响，此外，产品普及率也与不同阶段的社会经济发展有不同的关系。从横向对比分析固定电话用户数，截至 2009 年末，61 个县的平均固定电话用户数为 34475 户，其中仅有 21 个县超过平均值，40 个县仍处于平均值以下，排名末位的为贵州省长顺县，固定电话用户数仅 26 户。直到 2018 年末，61 个县的平均固定电话用户数为 10125 户，其中 14 个县超过平均值，排名末位的为贵州省普安县，固定电话用户数仅 900 户。截至 2009 年末，61 个县每万人固定电话用户数为 996.94 户，17 个县超过平均值，其中排名末位的同样是贵州省长顺县，每万人固定电话用户数仅为 73.77 户。直到 2018 年末，61 个县平均每万人固定电话用户数为 272.47 户，12 个县超过平均值，其中排名末位的为贵州省普安县，每万人固定电话用户数仅为 25.48 户。纵向对比 61 个县的固定电话用户数与每万人固定电话用户数，总体变化趋势如图 4-2 所示。总体上看，珠江—西江经济带 61 个县的固定电话用户数与每万人固定电话用户数都处于逐年减少的趋势，这主要是由于移动手机的普及，对固定电话形成了替代。固定电话普及率从最初与经济社会发展同行到跟不上经济社会发展的步伐，体现了科技的进步与社会的发展。

2. 社会资本

社会福利是现代服务业的重要组成内容，县域的社会资本采用人均社会福利院（收养性单位）床位数衡量。横向对比分析社会福利院床位数，截至 2009 年末，61 个县的平均社会福利院床位数为 223 个，其中仅有 28 个县超过平均值，排名末位的为贵州省施秉县，仅为 6 个。直到 2018 年末，平均社会福利院床位数为 631 个，其中 23 个县超过平均值，排名末位的为广西壮族自治区金秀县，仅有 40 个。纵向对比 61 个县的社会福利院床位数与每万人社会福利院床位数，总体变化趋势如图 4-3 所示。总体上看，珠江—西江经济带

图 4-2　2009~2018 年固定电话用户数变化趋势

资料来源：2010~2019 年各省份的统计年鉴及《中国县域统计年鉴》。

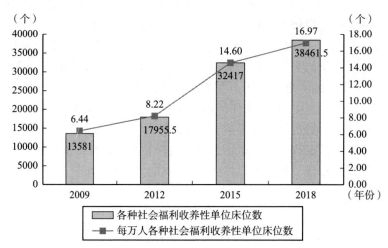

图 4-3　2009~2018 年社会福利院（收养性单位）床位数变化趋势

资料来源：2010~2019 年各省份的统计年鉴及《中国县域统计年鉴》。

中 61 个县的社会福利院床位数与每万人社会福利院床位数都处于逐年增加的趋势。养老服务业是关系百姓福祉的民生事业，但珠江—西江经济带社会福利床位数供给远远小于对其的需求，供需矛盾十分突出。

（三）生产条件层面

近年来，第二产业和第三产业发展迅速，但农业仍是扶贫助贫的重要产业，耕地也依然是农业生产最重要的要素。因此，生产条件有两个维度，一个是自然资本，选取人均土地面积衡量；另一个是物质资本，农业机械总动力反映农业生产效率与技术含量，因此选取人均农业机械总动力来反映县域物质资本。

农业机械总动力不仅是反映农业现代化发展的一个重要指标，也是衡量一个地区生产条件的重要因素。横向对比分析农业机械总动力，截至 2009 年末，61 个县的平均农业机械总动力为 17 万千瓦特，其中仅有 27 个县超过平均值，排名末位的为贵州省普安县，仅为 6 万千瓦特。直到 2018 年末，平均农业机械总动力为 24 万千瓦特，其中 30 个县超过平均值，排名末位的仍为贵州省普安县，仅 6 万千瓦特。纵向对比 61 个县的农业机械总动力与每万人农业机械总动力，总体变化趋势如图 4 - 4 所示。总体上看，珠江—西江经济带中 61 个

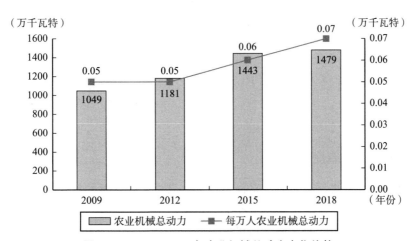

图 4 - 4　2009 ~ 2018 年农业机械总动力变化趋势

资料来源：2010 ~ 2019 年各省份的统计年鉴及《中国县域统计年鉴》。

县的农业机械总动力与每万人农业机械总动力也处于逐年增加的趋势。珠江—西江经济带的农业机械总动力从 2009 年的 1049 万千瓦特上升到 2018 年的 1479 万千瓦特，生产条件逐年改善。

（四）公共资源层面

公共资源这一层级指标采取三个维度衡量，一为金融资本。储蓄存款余额可以反映个体金融资本的多寡，是反映县域资本可利用情况的重要维度。因此，选取人均储蓄存款余额反映县域金融资本。二为政府资本，县域政府资本的多寡用地方财政一般预算收入予以反映，因此选取人均地方财政一般预算收入作为衡量维度。三是产业资本，目前，第一产业仍是农民的主要收入来源，因此选取人均第一产业增加值反映县域产业资本。

1. 金融资本维度

居民储蓄存款余额是衡量国民生活状况的基本指标之一，居民储蓄存款余额的多少可以一定程度上反映人民的财富拥有状况。横向对比分析居民储蓄存款余额，截至 2009 年末，61 个县的平均居民储蓄存款余额为 13.29 亿元，其中仅有 21 个县超过平均值，排名末位的为贵州省普定县，仅 7376 万元。直到 2018 年末，平均居民储蓄存款余额为 1.56 亿元，其中 25 个县超过平均值，排名末位的仍为贵州省普定县，仅 22.32 亿元。纵向对比 61 个县的居民储蓄存款余额与人均居民储蓄存款余额，总体变化趋势如图 4-5 所示。总体上看，珠江—西江经济带中 61 个县的居民储蓄存款余额与人均居民储蓄存款余额逐年增加，居民储蓄存款余额从 2009 年的 8106477 万元增加到 2018 年的 35305450 万元，人均居民储蓄存款余额从 2009 年的 3843.03 元增加至 2018 年的 15575.40 元。

2. 政府资本维度

地方财政一般预算收入，是衡量地方政府可支配财力的重要指标。地方政府财力与地方经济发展水平息息相关，也是衡量该地区政府信用水平和偿债能力的重要依据。横向对比分析居民储蓄存款余额，截至 2009 年末，61 个县的平均地方财政一般预算收入为 1.60 亿元，其中仅有 17 个县超过平均值，排名末位的为广西壮族自治区乐业县，仅为 0.43 亿元。直到 2018 年末，地方财政一般平均预算收入为 4.76 亿元，其中 15 个县超过平均值，排名末位的为广西壮族自治区金秀县，仅为 1.01 亿。纵向对比 61 个县的地方财政一般预算收入与人均地方财政一般预算收入，总体变化趋势如图 4-6 所示。总体上看，

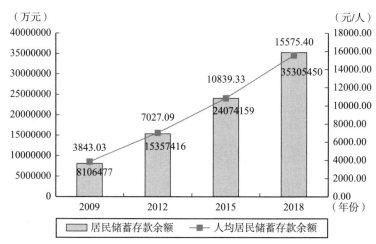

图 4-5　2009~2018 年居民储蓄存款余额变化趋势

资料来源：2010~2019 年各省份的统计年鉴及《中国县域统计年鉴》。

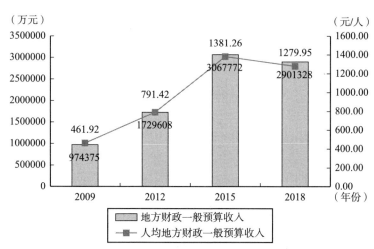

图 4-6　2009~2018 年地方财政一般预算收入变化趋势

资料来源：2010~2019 年各省份的统计年鉴及《中国县域统计年鉴》。

珠江—西江经济带中 61 个县的地方财政一般预算收入与人均地方财政一般预算收入呈波动上升的趋势，地方财政一般预算收入从 2009 年的 974375 万元上升到 2018 年的 2901328 万元，人均地方财政一般预算收入从 2009 年的 461.92元上升至 2018 年的 1279.95 元，2018 年较 2015 年地方财政一般预算收入有所下降。

3. 产业资本维度

虽然第二产业和第三产业也迅速发展，但第一产业仍是当前农村发展的重要产业，在扶贫助贫攻坚中占据主导地位。而且，第一产业是农民的主要收入来源，横向对比分析第一产业增加值。截至 2009 年末，61 个县的平均第一产业增加值为 6.31 亿元，其中仅有 21 个县超过平均值，排名末位的为贵州省雷山县，仅为 1.94 亿元。直到 2018 年末，平均第一产业增加值为 17.43 亿元，其中 33 个县超过平均值，排名末位的为广西壮族自治区凤山县，仅为 6.85 亿元。纵向对比 61 个县的第一产业增加值与人均第一产业增加值，总体变化趋势如图 4-7 所示。总体上看，珠江—西江经济带中 61 个县的第一产业增加值与人均第一产业增加值呈波动上升趋势，第一产业增加值从 2009 年的 3851744万元上升到 2018 年的 10633959 万元，人均第一产业增加值从 2009 年的1825.99 元上升至 2018 年的 4691.29 元。

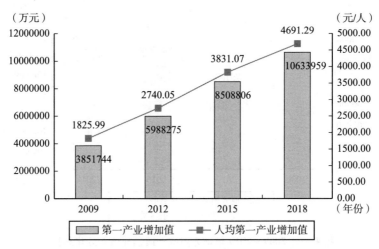

图 4-7　2009~2018 年第一产业增加值变化趋势

资料来源：2010~2019 年各省份的统计年鉴及《中国县域统计年鉴》。

（五）自我发展能力层面

自我发展能力层级指标选取三个维度衡量，第一个维度是教育机会，选取人均普通中学在校学生数反映珠江—西江经济带县域的教育潜力；第二个维度为金融机会，选取人均年末金融机构各项贷款余额衡量县域的金融业发展潜力；第三个维度是产业关联机会，选取第二产业增加值与第一产业增加值比值衡量县域的经济结构，进而反映产业发展和农户就业机会状况。

1. 教育机会维度

教育脱贫是最根本性的扶贫举措，因为这有利于让贫困人口全面提升劳动者综合素质，实现教育资源的均衡分配。普通中学在校学生数一定程度上可以反映一个地区的教育水平。横向对比分析普通中学在校学生数，截至 2009 年末，61 个县的平均普通中学在校学生数为 1.88 万人，其中 29 个县超过平均值，排名末位的为广西壮族自治区金秀县，仅为 5875 人。直到 2018 年末，平均普通中学在校学生数为 1.95 万人，其中 26 个县超过平均值，排名末位的仍为广西壮族自治区金秀县，仅为 6670 人。纵向对比 61 个县的普通中学在校学生数与人均普通中学在校学生数，总体变化趋势如图 4-8 所示。总体上看，珠江—西江经济带中 61 个县的普通中学在校学生数与人均普通中学在校学生数呈"U"形，普通中学在校学生数从 2009 年的 1146918 人下降到 2012 年的 1087442 人，然后逐年增加，直到 2018 年达到 1189965 人。人均普通中学在校学生数从 2009 年的 543.72 人下降到 2012 年的 497.58 人，最后上升至 2018 年的 524.97 人。

2. 金融机会维度

要打赢脱贫攻坚战，离不开金融产业的支持，金融脱贫是落实中央"精准扶贫，精准脱贫"的重要行动，也是履行社会责任的重要标志，是提高贫困人群总体水平的重要举措，是产业脱贫的重要推力，也是金融业实现自身创新的重要机遇。采用人均年末金融机构各项贷款余额反映县域金融行业发展潜力。横向对比分析年末金融机构各项贷款余额，截至 2009 年末，61 个县的平均年末金融机构各项贷款余额为 15.62 亿元，其中 14 个县超过平均值，排名末位的为广西壮族自治区凤山县，仅为 4.6 亿元。直到 2018 年末，平均年末金融机构各项贷款余额为 70 亿元，其中 23 个县超过平均值，排名末位的为广西壮族自治区那坡县，仅为 24.25 亿元。纵向对比 61 个县的年末金融机构各项贷款余额与人均年末金融机构各项贷款余额，总体变化趋势如图 4-9 所示。总体上看，珠江—西江经济带中 61 个县的年末金融机构各项贷款余额与人均年末

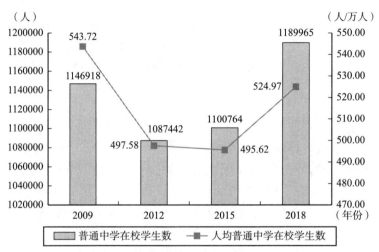

图 4-8　2009～2018 年普通中学在校学生数变化趋势

资料来源：2010～2019 年各省份的统计年鉴及《中国县域统计年鉴》。

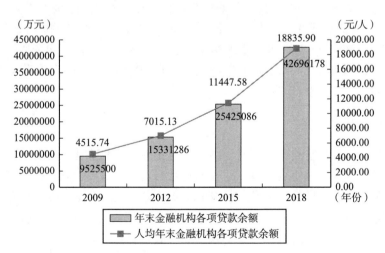

图 4-9　2009～2018 年末金融机构各项贷款余额变化趋势

资料来源：2010～2019 年各省份的统计年鉴及《中国县域统计年鉴》。

金融机构各项贷款余额呈逐年上升趋势，年末金融机构各项贷款余额从 2009 年的 9525500 万元上升到 2018 年的 42696178 万元。人均年末金融机构各项贷款余额从 2009 年的 4515.74 元上升至 2018 年的 18835.90 元。

3. 产业关联机会

产业发展是乡村振兴的重要任务，同时也是发展我国农村经济的关键。产业结构合理化是一个区域发展的关键，也是推动经济发展的根本动力。产业结构的分布对经济发展的水平及速度起关键性作用①。选取第二产业增加值与第一产业增加值比值衡量珠江—西江经济带县域的经济结构，比值越大，说明第二产业相对第一产业发展越好，农民就业机会越多，产业结构调整效果越好。横向对比分析产业结构情况，截至 2009 年末，61 个县的平均产业比例为 1.39，其中 21 个县超过平均值，排名末位的为贵州省望漠县，产业比例为 0.24。说明望漠县第二产业发展较慢，县域经济增长仍以第一产业为主。直到 2018 年末，平均产业比例为 1.30，其中 21 个县超过平均值，排名末位的为贵州省册亨县，产业比例仅为 0.29。册亨县 2018 年第二产业增加值仅为 5.88 亿元，第一产业增加值为 20.25 亿元，第一产业产值是 61 个县第一产业增加值均值的 1.16 倍。目前，珠江—西江经济带各县应调整优化产业结构，推动产业振兴，发展优势特色产业，发挥政府在乡村产业发展的领导作用，根据历史传统和市场需求，因地制宜地制定产业发展政策，充分调动本地区的要素资源；积极争取各方面的产业发展资金，同时吸取多方社会扶贫力量，努力营造良好的产业发展环境，为县域内龙头企业，为新型职业农民提供更好的服务保障。

二、珠江—西江经济带多维贫困测度——以 ZY 县为例

（一）贫困识别的方法及原理

根据 AF 研究方法的框架，利用多维贫困指数（MPI）反映选取样本的多维贫困的整体情况，并分解为多维贫困发生率（H）以及平均剥夺程度（A），

---

① 张亚军. 恩施州产业结构问题研究 [J]. 贵州民族研究，2019，40（1）：148 – 151.

分别用以反映多维贫困的广度和深度。

1. 各个维度的取值方法

假如存在 n 个样本，一个样本的多维贫困评价指标有 d 个，则第 i 个样本在第 j 个维度上的取值（$i = 1，2，\cdots，n；j = 1，2，\cdots，d$）用 y_{ij} 表示，因此，n 个样本在 g 维空间上的贫困状况可以表示为矩阵 $M^{n,d}$，$y \in M^{n,d}$。

2. 贫困的识别：贫困发生率与多维贫困指数

剥夺临界值矩阵设定为 $z = (z_1，z_2，\cdots，z_d)$，第 j 个贫困维度的缺失临界值用 $z_j(z_j > 0)$ 表示，假设 $y_{ij} < z_j$，则第 i 个样本在 j 维度上为贫困状态。g_{ij} 表示各个样本每个维度的缺失得分。如果 $y_{ij} < z_j$，则得分为 1，否则为 0。为了区分不一样的维度指标在多维贫困中不同的重要性，设定权重矩阵为 ω（$\omega_1，\omega_2，\cdots，\omega_d$），维度 j 在多维贫困中的比重表示为 $\omega_j(j = 1，2，\cdots，d)$。第 i 个样本在 d 个贫困维度中的缺失总得分为：

$$c_i = \sum_{j=1}^{d} w_j g_{ij} \qquad (4-1)$$

假如 $c_i < k$，即样本 i 的缺失总分比临界值 k 小，则样本 i 是非贫困；反之，则属于贫困。因此，总样本的多维贫困指数（MPI）及平均被剥夺程度（A）为：

$$MPI = \frac{1}{n} \sum_{i=1}^{n} c_i(k) \qquad (4-2)$$

$$A = \frac{1}{q} \sum_{i=1}^{q} c_i(k) \qquad (4-3)$$

q 表示处于多维贫困的样本个数，多维贫困发生率 H 为：

$$H = \frac{q}{n} \qquad (4-4)$$

结合式（4-2）至式（4-4）可以计算多维贫困指数 MPI 为：

$$MPI = H \times A \qquad (4-5)$$

因此，多维贫困发生率以及平均被剥夺程度共同决定了多维贫困指数。

3. 多维贫困指数的维度分解

MPI_j 表示 j 维度的多维贫困贡献情况，q_j 为 j 维度的贫困发生率。如果要计算三维贫困，首先要找出三维贫困的样本数 q_j，则 $MPI_j = (q_j \times w_j)/n$ 为每个维度对多维贫困的贡献度。最后计算出 j 维度的贡献度 R_j：

$$R_j = \frac{MPI_j}{MPI} = \frac{q_j \times w_j}{n \times MPI} \qquad (4-6)$$

4. 权重的设定

各样本的贫困维度不同，每个维度对多维贫困的影响程度也不一样，因此，需要赋予各维度权重。许多学者已验证并采用不同权重来对多维贫困进行设定对测度结果无显著影响，所以，以下采用等权重赋值法进行测度[①]。

（二）研究数据来源

本研究所收集的建档立卡户数据样本为 2017 年 12 月课题组在 ZY 县调研所得的，数据范围涵盖 ZY 县 7 个乡（镇），72 个村，调查农户户主共 10770户，共 41295 人。该数据相对较为全面，可以充分反映整个地区农户的多维贫困状况，比较有代表性。

（三）农户户主特征分析

结合表 3 - 1 的珠江—西江经济带多维贫困评价指标体系，并结合 ZY 县贫困户的指标数据可获得性，采用等权重方法从教育维度、健康维度、劳动技能维度、大病医疗维度、住房维度、饮水安全维度、饮水便利维度、收入维度等 8 个方面来反映贫困户的多维贫困状况，具体评价指标见表 4 - 2。根据多维贫困指数（MPI）的测算方法，如果被访者符合其中一项贫困指标，则定义为一维贫困；以此类推，如果 8 项指标全部符合，则定义为八维贫困。从 ZY县户主的收入情况来看，184 户农户户主的收入低于平均值，占比 1.71%。从户主文化程度来看，七个乡（镇）的户主文化程度在小学及以下的共 5248人，占比达 48.73%，这充分说明 ZY 县教育水平仍处于中下水平，要收到较好的减贫效果，还需要提高农民素质教育水平。从户主的健康情况来看，得益

---

① 刘守威，张玉玲. 内生性因素的多维贫困测度及因素变动分析——基于南疆四地州农村调查问卷［J］. 新疆大学学报（哲学·人文社会科学版），2020，48（1）：11 - 19.

于大病医疗保险的全面覆盖，户主健康比重超过81%，大病医疗参与率达到99.13%。从住房以及饮水情况来看，ZY县农户住房以及饮水的状况表现良好，说明ZY县比较重视危房改造及饮水安全的问题，脱贫攻坚取得显著的效果。

表4-2　　　　　　　ZY县农户样本特征及单位贫困发生率

测量维度	贫困界定	贫困人口数（人）	单维贫困发生率（%）
教育维度	教育程度为文盲/半文盲、小学，赋值为1，否则为0；权重为1/8	5248	48.73
健康维度	体弱多病、残疾人，以及患有长期慢性病、大病的人取值为1，否则为0；权重为1/8	2039	18.93
劳动技能维度	丧失劳动技能、无劳动技能的人取值为1，否则为0；权重为1/8	2547	23.65
大病医疗维度	没有参与大病医疗取值为1，否则为0；权重1/8	94	0.87
住房维度	危房户取值为1，否则为0；权重1/8	791	7.34
饮水安全维度	饮水不安全取值为1，否则为0；权重1/8	108	1.00
饮水便利维度	饮水困难取值为1，否则为0；权重1/8	505	4.69
收入维度	收入低于均值5711.90取值为1，否则为0；权重1/8	184	1.71

（四）农户剥夺阈值确定

选取受教育程度、个人健康状况、劳动技能、大病医疗参与、住房情况、饮水安全、饮水便利程度、人均收入等8项指标作为多维贫困测算的变量（见表4-2）。具体指标的剥夺阈值如下所示。

（1）教育维度。受教育程度选取文盲或半文盲、小学学历为贫困临界值，即农户受教育程度为小学以及文盲或半文盲时该户视为教育贫困。

（2）个人健康维度。长期慢性疾病或重大疾病的医疗费用较高，尽管新型农村合作医疗已经全面覆盖，但高额的医疗费用对农户来说仍然难以负荷。因此，把患有长期慢性病、体弱多病、残疾人以及患有大病的农户视为健康贫困。

（3）劳动技能维度。丧失劳动技能或无劳动技能的农户视为劳动技能贫困。

（4）大病医疗维度。若农户没有参与大病医疗则视为为医疗贫困。

（5）住房维度。若农户居住的房屋是危房则显示为住房贫困。

（6）饮水安全维度。若农户不能饮用安全的自来水，则视为饮水安全贫困。

（7）饮水便利维度。若农户无法便利饮水，便视为饮水困难。

（8）收入维度。选取样本人均年纯收入作为剥夺阈值。

（五）农户单维贫困发生率分析

从 ZY 县样本中农户的以上 8 个维度计算单维度贫困发生率，然后分析各个维度下的贫困状况。由表 4 - 2 可知，ZY 县的单维贫困发生率排序为：教育维度贫困发生率（48.73%）＞劳动技能维度贫困发生率（23.65%）＞健康维度贫困发生率（18.93%）＞住房维度贫困发生率（7.34%）＞饮水便利维度贫困发生率（4.69%）＞收入维度贫困发生率（1.71%）＞饮水安全维度贫困发生率（1.00%）＞大病医疗维度贫困发生率（0.87%）。总的来看，首先，教育维度贫困发生率最高，是贫困群体脱贫的第一障碍。其次，劳动技能维度贫困发生率达到 23.65%，是贫困群体脱贫的第二大制约因素。最后，样本中户主健康维度贫困发生率达 18.93%，当中不乏残或疾或患有大病的贫困户，由于正规的医疗机构大部分都分布在县城，时间以及交通成本较大，农户看病成本较高。住房、饮水安全、饮水便利及收入等维度贫困发生率相对较低，住房维度贫困发生率仅为 7.34%，饮水便利维度贫困发生率只有 4.69%，收入维度贫困发生率为 1.71%，饮水安全维度贫困发生率为 1.00%，由此表明，ZY 县政府在收入和饮水扶贫事业方面取得了一定的成效。

（六）农户多维贫困测算

由上文的分析可知，ZY 县的大部分农户都已脱贫，脱贫农户占 36.24%，脱贫进程有效推进。少部分人口贫困程度较深，不易脱贫。由表 4 - 3 可知，任意一个维度中存在贫困的户主达到 33.54%，19.13% 的农户在两个维度同时存在贫困，9.42% 的农户存在三维贫困，四个维度存在贫的农户达 1.49%。五维贫困为多维贫困最高维度，占比 0.18%。总体来看，样本中某一维度上的贫困农户占比较大，处于三维及三维贫困以上的农户仅占 11.09%。

表 4-3 多维贫困情况

贫困类型	人数（人）	占比（%）
非贫困	3903	36.24
一维贫困	3612	33.54
二维贫困	2060	19.13
三维贫困	1015	9.42
四维贫困	161	1.49
五维贫困	19	0.18

以上 8 个维度测度了 ZY 县样本农户的多维贫困情况，但由于样本中并没有所有维度都遭受剥夺的情况，因此将多维贫困设定为 5 个维度。由表 4-4 可知，当 K=1 时，多维贫困指数（MPI）为 13.37%，多维贫困发生率（H）为 63.76%，贫困剥夺份额（A）为 20.96%；当 K=3 时，多维贫困指数（MPI）为 4.39%，多维贫困发生率（H）为 11.10%，贫困剥夺份额（A）为 39.58%；当 K=5 时，MPI 仅为 0.11%，多维贫困发生率（H）仅为 0.18%，但贫困剥夺份额（A）却高达 62.50%。

表 4-4 ZY 县多维贫困评价结果

K	贫困发生率（H）	平均被剥夺程度（A）	多维贫困指数（MPI）
1	0.6376	0.2096	0.1337
2	0.3022	0.3035	0.0917
3	0.1110	0.3958	0.0439
4	0.0167	0.5132	0.0086
5	0.0018	0.6250	0.0011

由以上分析可得出以下结论：①贫困发生率随着贫困维度的增多逐渐变小。②家庭的贫困状况随着贫困维度数的增大越来越严重，贫困剥夺份额也随之增大。③当贫困维度为 1 时，多维贫困指数为 0.1337；而当贫困维度为 5

时，多维贫困指数仅为 0.0011。多维贫困指数贫困维度增大的同时，其指数值持续降低，且降低幅度趋势呈倒"U"形。④多维贫困指数（MPI）在多维贫困发生率（H）和贫困剥夺份额（A）的影响下，比用 H 衡量的贫困结果明显更低。

与此同时，表4-5 则展示了各个贫困维度（指标）分别对多维贫困的贡献率，也反映了各贫困维度对多维贫困的影响及该维度的贫困深度容易被剥夺情况。按维度分解进行分析，ZY 县样本农户主要贫困特征主要有以下几点。①教育维度对多维贫困指数贡献最大，贡献度均值超过30%。②劳动技能维度是农户陷入贫困的又一主要原因，其对多维贫困指数的贡献率超过24%。劳动技能缺失导致农户缺乏脱贫的能力，影响了其生活水平和生产能力等。③健康维度对多维贫困贡献率超过21%，不健康的身体状态导致劳动能力缺失以及支出压力上升，这是形成贫困的最重要原因。④住房维度对多维贫困指数的贡献度随着贫困维度的增加越来越高。住房情况在 K = 1 时贡献率为6.87%；当 K = 5 时，住房维度对多维贫困指数的贡献率达到 13.68%。住房维度仍是 ZY 县农户贫困的重要原因。⑤随着多维贫困维度的增加，饮水安全维度与饮水便利维度对多维贫困指数的贡献度上升。当多维贫困维度为 1 时，饮水安全维度与饮水便利维度对多维贫困指数的贡献率分别为 0.94%、4.39%，当 5 个维度被剥夺时，饮水安全维度与饮水便利维度对多维贫困指数的贡献率分别上升到6.32%、16.84%。⑥收入维度对多维贫困指数的贡献率先上升后下降。当 K = 1 时，贡献率为 1.60%；当 K = 4 时，贡献率上升到5.55%；当 K = 5 时，贡献率下降至3.16%。⑦大病医疗维度在不同的贫困维度下，对多维贫困指数的贡献率均小于2%，表明大病医疗并不是农户贫困的主要原因。

表4-5　　　　　　　　ZY 县不同 K 值下各维度的贡献率

K	MPI	教育	健康	劳动	医疗	住房	饮水安全	饮水便利	收入
1	0.1337	45.57%	17.71%	22.12%	0.82%	6.87%	0.94%	4.39%	1.60%
2	0.0917	33.26%	21.66%	29.95%	0.65%	6.59%	1.06%	4.50%	2.33%
3	0.0439	29.55%	25.82%	28.07%	0.53%	7.27%	1.40%	4.68%	2.70%
4	0.0086	23.27%	22.33%	22.73%	0.68%	12.18%	2.98%	10.28%	5.55%
5	0.0011	20.00%	20.00%	18.95%	1.05%	13.68%	6.32%	16.84%	3.16%

由单维贫困测度的结果可以看出，首先，身体状况欠佳的农户，劳动技能的缺失导致其无法工作，经济收入因此得不到保障，因此难以保障农户的生活需求和生产能力。贫困群体各种因素相互影响并相互加强进而导致恶性循环①。其次，单维贫困发生率与多维贫困指数分解结果一致，教育和劳动技能在单维贫困情况下，贫困发生率分别为 48.73% 和 23.65%，在多维贫困情况下贡献率也相对较高。

三、珠江—西江经济带县域多维贫困识别与测算

在实践中，多维贫困测度是基于有效信息进行的综合分析，有效信息主要包括收入、卫生以及教育等方面的内容。所以，本部分以阿尔凯尔（Alkire，2011）和福斯特（Foster，2011）的多维贫困指数（AF 指数）为测度原理②③，选取健康、生活条件、生产条件、公共资源及自我发展能力 5 个维度的指标对珠江—西江经济带县域的多维贫困状况进行识别和测算。AF 指数的识别方法是计算出样本的每个贫困维度的缺失得分，再与对应的缺失临界值进行对比，并判断是否处于贫困状态。

（一）识别原理与方法

对珠江—西江经济带县域的多维贫困状况进行识别时，参照 AF 指数方法，并对各贫困维度的指标选择与权重设定进行测算，主要过程为：（1）测算珠江—西江经济带 61 个国务院扶贫办 2012 年公布的国家级贫困县的多维贫困程度是否超过贫困线；（2）对各维度上的贫困状况进行加权处理，对 61 个县市内部的整体多维贫困状况进行考察；（3）利用计算的多维贫困指数，对比分析多维贫困值与临界值之间的差值。假定，g_{ij} 设定为在 m 个县和 n 个贫困

---

① 庄巨忠. 亚洲的贫困、收入差距与包容性增长 [M]. 北京：中国财政经济出版社，2012：58 - 59.

② Alkire Sabina, Foster James. Understandings and Misunderstandings of Multidimensional Poverty Measurement [J]. *Journal of Economic Inequality*, 2011, 9 (2)：289 - 314.

③ Alkire Sabina, Seth Suman. Multidimensional Poverty Reduction in India Between 1999 and 2006: Where and How? [J]. OPHI Working Paper, 2013 (60).

维度组成的 $m \times n$ 维矩阵中样本 i 在贫困维度 j 上的贫困值。

$$g_{ij} = \begin{cases} 0, & \text{if } g_{ij} \geqslant z_j \\ w_j, & \text{if } g_{ij} < z_j \end{cases} \qquad (4-7)$$

其中，z_j 表示 j 维度上的贫困门槛值，w_j 表示该维度上的权重，$\sum w_j = 1$。i 表示各县在 j 维度上的贫困向量，j 表示各县贫困分布状况。令 $\rho_i = \sum \rho_{ij}$，i 的多维贫困指数用 ρ_i 表示，假如：

$$g_{ij} = \begin{cases} 0, & \text{if } \rho_i \leqslant I \\ 1, & \text{if } \rho_i > I \end{cases} \qquad (4-8)$$

其中，整体贫困临界值用 I 表示，假如 $I = 1$，只有当 i 县在各个维度上都显示贫困时才是多维贫困；若 $I \leqslant \min(w_j)$，则表示只有当 i 在其中某个维度上显示贫困才被认定为多维贫困。另外，多维贫困程度越深，ρ 值越大。

（二）确定指标剥夺临界值

把指标的剥夺临界值设定为同一时间段各指标均值的70%[①]。选取的指标都是正向，那么，低于剥夺临界值就为贫困样本，用 1 赋值；反之，为 0。因为珠江—西江经济带县域的多维贫困识别需要对不同县域进行跨年度比较，因此以 2018 年的数据计算指标的相对剥夺临界值。

（三）确定贫困维度和指标权重

采用等权重法和频率加权法共同计算权重。主要步骤为：（1）对表 4-6 中的五个贫困维度等权重赋值。（2）各贫困维度对应贫困指标的权重赋予采用频率加权法。以某一层级为例，假设该维度有 3 个指标，该指标中非贫困的样本比重分别为 x_1、x_2、x_3，则各指标 $m(m = 1, 2, 3)$ 的权重为：

$$w_m = 0.2 \times \frac{x_i^2}{\sum x_i^2} \qquad (4-9)$$

---

① D. 盖尔·约翰逊. 经济发展中的农业、农村、农民问题 [M]. 北京：商务印书馆，2004：134 - 165.

表4-6   多维贫困的指标体系

一级指标	二级指标	三级指标	单位
第一层：健康风险	因病致贫风险	医院、卫生院床位数/年末总人口	床/万人
第二层：生活条件	获取信息资本	固定电话用户数/年末总人口	户/万人
	社会资本	社会福利院（收养性单位）床位数/年末总人口	床/万人
第三层：生产条件	自然资本	土地面积/年末总人口	平方公里/万人
	物质资本	农业机械总动力/年末总人口	万千瓦特/万人
第四层：公共资源	金融资本	储蓄存款余额/年末总人口	万元/万人
	政府资本	地方财政一般预算收入/年末总人口	万元/万人
	产业资本	第一产业增加值/年末总人口	万元/万人
第五层：自我发展能力	教育机会	普通中学在校学生数/年末总人口	人/万人
	金融机会	年末金融机构各项贷款余额/年末总人口	万元/万人
	产业关联机会	第二产业增加值/第一产业增加值	%

（四）县域多维贫困的识别与判定

先计算出各维度的剥夺分值，然后进一步将多维贫困分为5个等级，多维贫困临界值为某个维度剥夺分值大于0.2（见表4-7）。

表4-7   多维贫困程度及其判断标准

多维贫困程度	多维贫困剥夺分值
非多维贫困	[0.0~0.2]
轻度多维贫困	(0.2~0.4]
中度多维贫困	(0.4~0.6]
重度多维贫困	(0.6~0.8]
极度多维贫困	(0.8~1.0]

（五）研究数据来源

珠江—西江经济带各贫困县的数据来源于《中国县域统计年鉴》（2010～2019），同时对个别缺失值以均值替代。

（六）结果分析

1. 珠江—西江经济带县域多维贫困状况分析

表4－8为各贫困指标的贫困县域及比例状况。2018年相比2009年，除了人均固定电话用户数、人均土地面积、人均普通中学在校学生数、第二产业增加值与第一产业增加值比值四个指标，其余指标低于临界值的县域数量均有所减少。其中，人均医院、卫生院床位数、人均储蓄存款余额、人均第一产业增加值及人均年末金融机构各项贷款余额等指标低于临界值的县域个数减少幅度均超过70%。这说明，近年来，珠江—西江经济带县域扶贫助贫工作取得了较显著的成效。

表4－8　　　　　　　　各贫困指标的贫困县域数量及比例状况

多维贫困测度指标	单位	以2018年为标准的贫困县各指标值	2009年		2012年		2015年		2018年	
			低于贫困线县域（个）	低于贫困线县域比例（%）	低于贫困线县域（个）	低于贫困线县域比例（%）	低于贫困线县域（个）	低于贫困线县域比例（%）	低于贫困线县域（个）	低于贫困线县域比例（%）
人均医院、卫生院床位数	床/万人	38.82	56	91.80	44	72.13	24	39.34	7↓	11.48
人均固定电话用户数	户/万人	317.77	1	1.64	2	3.28	9	14.75	38↑	62.30
人均社会福利院床位数	床/万人	17.97	51	83.61	48	78.69	28	45.90	27↓	44.26

多维贫困测度指标	单位	以2018年为标准的贫困县域各指标值	2009年		2012年		2015年		2018年	
			低于贫困线县域（个）	低于贫困线县域比例（%）	低于贫困线县域（个）	低于贫困线县域比例（%）	低于贫困线县域（个）	低于贫困线县域比例（%）	低于贫困线县域（个）	低于贫困线县域比例（%）
人均土地面积	平方公里/万人	73.76	15	24.59	15	24.59	15	24.59	15 –	24.59
人均农业机械总动力	万千瓦时/万人	0.72	28	45.90	29	47.54	12	19.67	10 ↓	16.39
人均储蓄存款余额	万元/万人	16094.87	60	98.36	58	95.08	39	63.93	6 ↓	9.84
人均地方财政一般预算收入	万元/万人	1214.97	56	91.80	37	60.66	21	34.43	28 ↓	45.90
人均第一产业增加值	万元/万人	4931.76	60	98.36	48	78.69	19	31.15	11 ↓	18.03
人均普通中学在校学生数	人/万人	524.52	3	4.92	9	14.75	10	16.39	3 –	4.92
人均年末金融机构各项贷款余额	万元/万人	19781.64	59	96.72	57	93.44	51	83.61	15 ↓	24.59
第二产业增加值与第一产业增加值比值	%	1.30	20	32.79	21	34.43	23	37.70	28 ↑	45.90

注："↓"表示2018年较2009年减少；"↑"表示2018年较2009年增加；"－"表示不变。

2. 珠江—西江经济带各县域多维贫困程度评价

图4-10是采用等权重法和频率加权法测算的各县域多维贫困剥夺分值。如图4-10所示，两种测算方法的结果基本吻合。2018年，珠江—西江经济带县级层面多维贫困剥夺分值基本处于0.1～0.6。采用等权重法计算得出，2018年，珠江—西江经济带的极度多维贫困的县域个数为0，但有2个重度多维贫困县、7个中度多维贫困县、30个轻度多维贫困县，摆脱了多维贫困的县域共有22个；采用频率加权法计算可知，2018年，珠江—西江经济带同样没

有极度多维贫困县，但存在 1 个重度多维贫困县，8 个县处于中度多维贫困，轻度多维贫困有 26 个县，共 26 个县摆脱了多维贫困。整体来说，珠江—西江经济带县域大部分已经摆脱多维贫困，少数是中度、轻度多维贫困。由此可知，珠江—西江经济带各县域多维贫困已经得到有效的减缓。

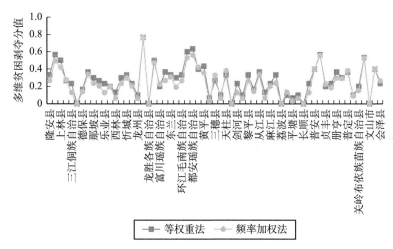

图 4 – 10　2018 年珠江—西江经济带县域多维贫困分布

3. 珠江—西江经济带县域多维贫困的时间趋势

本部分统计了 2009～2018 年珠江—西江经济带不同多维贫困等级的县域数量。为方便计算与比较，以下均采用等权重法进行测算。如图 4 – 11 所示，珠江—西江经济带自 2009 年开始，极度贫困和重度贫困的县域个数呈波动减少的趋势；轻度贫困与非贫困的县域个数在波动增加；中度贫困作为过渡状态，县域个数在 10～25 个波动变化。这说明，珠江—西江经济带县域多维贫困情况得到了有效改善。

4. 珠江—西江经济带不同县域多维贫困的空间演变

表 4 – 9 显示了 2009～2018 年珠江—西江经济带各年度多维贫困等级的县域数量分布情况。由表 4 – 9 可知，每个年度的非多维贫困、轻度多维贫困、中度多维贫困、重度多维贫困、极度多维贫困的县域数量分布呈现倒 "U" 形的动态分布特点。2009～2012 年，重度多维贫困与中度多维贫困的县域个数

较多，极度、轻度及非多维贫困的县域个数较少。2013～2015 年，轻度多维贫困县与中度多维贫困县较多，其他等级贫困县较少。2016～2018 年，非多维贫困县与轻度多维贫困县较多，其他等级贫困县较少。与此同时，进一步分析不同年度多维贫困剥夺分值的标准差（变化趋势见图 4－12），由此可以看到，珠江—西江经济带县域内剥夺分值之间的标准差逐渐增大，表明多维贫困的差异性不断增强，某些县域多维贫困等级降低的同时，另一些县域贫困减缓进程有些滞后，发展差距逐渐增大。

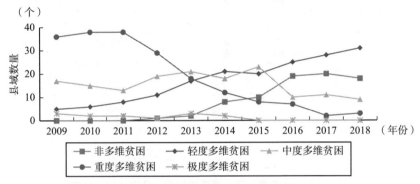

图 4－11　多维贫困程度随时间的变化趋势

表 4－9　　　　　珠江—西江经济带多维贫困等级县域数量分布　　　　单位：个

年份	非多维贫困	轻度多维贫困	中度多维贫困	重度多维贫困	极度多维贫困
2009	0	5	17	36	3
2010	0	6	15	38	2
2011	0	8	13	38	2
2012	1	11	19	29	1
2013	2	17	21	18	3
2014	8	21	18	12	2
2015	10	20	23	8	0
2016	19	25	10	7	0
2017	20	28	11	2	0
2018	18	31	9	3	0

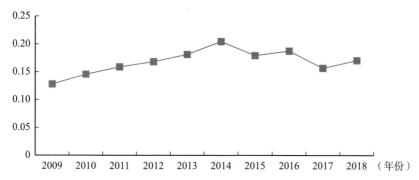

图4-12 2009~2018年珠江—西江经济带县域多维贫困剥夺分值标准差趋势

5. 珠江—西江经济带县域多维贫困的贡献度分析

图4-13是2009~2018年珠江—西江经济带县域多维贫困平均剥夺分值以及维度平均值情况。珠江—西江经济带县域多维贫困剥夺分值的贡献度可以用各维度平均值近似代替。如图4-13所示，公共资源维度、健康风险维度以及生活条件维度对珠江—西江经济带县域多维贫困的贡献度都较大，而生产条件维度、自我发展能力维度的贡献度则相对较小；从贡献度趋势来看，公共资源维度、健康风险维度以及自我发展能力维度的贡献度波动下降，生产条件维度的贡献度较为稳定，生活条件维度的贡献度波动上升。这说明，公共资源维度、健康风险维度、生活条件维度和自我发展能力维度都是珠江—西江经济带各县域致贫的重要因素，尤其是生活条件维度对珠江—西江经济带脱贫的压力正逐渐增大，充分反映了农户在改善生活条件方面面临着更大的压力。其中，公共资源维度涉及金融资本、政府资本和产业资本等方面。其一，珠江—西江经济带各县域金融资本的作用尚未充分发挥，因此金融资本的利用效率总体不高，市场环境发展相对落后，不利于加快推进珠江—西江经济带县域发展；其二，珠江—西江经济带县域政府资本不足及使用效率不高，也对居民脱贫产生一定的抑制作用；其三，珠江—西江经济带县域仍是以第一产业发展为根本，随着城镇化的发展，劳动力的转移抑制了第一产业的发展。以上因素都是导致珠江—西江经济带县域公共资源供给不足、生产资料投入不足，最终导致县域发展面临较大的挑战。此外，生活条件对珠江—西江经济带县域多维贫困剥夺分值贡献度呈上升趋势，这也反映了人们生活质量改善随着居民年龄增长而面临着更大的压力，对县域基础设施建设提出了更高的要求，为此，需要进一步

推动社会福利事业发展，以为珠江—西江经济带县域弱势群体提供更好的生活服务和发展环境。

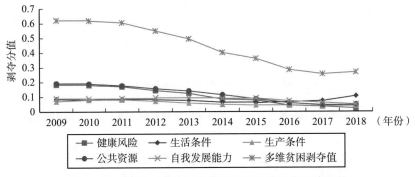

图4-13　2009～2018年各贫困维度对多维贫困的贡献

四、珠江—西江经济带县域多维贫困的影响因素分析

（一）变量描述

为了深入研究珠江—西江经济带61个国家重点贫困县多维贫困的影响因素，设定被解释变量为多维贫困指标，多维贫困需要从健康、生活、生产、公共资源及自我发展能力等方面进行综合的衡量与测度。根据多维贫困的内涵，并结合数据的可获得性，采用等权重方法，选取表4-2中的11个维度指标来衡量多维贫困情况。本文采用三种方法衡量多维贫困。第一种是采用多维贫困程度衡量。将多维贫困根据剥夺分值分为非多维贫困、轻度多维贫困、中度多维贫困、重度多维贫困及极度多维贫困。具体方法为：剥夺分值小于或等于0.2，则为非多维贫困，取值为0；大于0.2且小于或等于0.4，为轻度多维贫困，取值为1；以此类推，极度多维贫困的多维贫困剥夺分值介于0.8～1，取值为4。第二种是多维贫困维度，11个指标中，有其中一个维度为贫困则取值为1，以此类推，如果11项指标全部符合，则为十一维贫困，取值为11。第三种是多维贫困剥夺分值，同样采用等权重方法计算并得出每一年每个县的多维贫困剥夺分值，最小值为0，最大值为1。

健康、生活、生产、公共资源及自我发展能力已经体现在多维贫困测度中，考虑到需要采用与多维贫困测度无关的指标来构建影响因素，避免模型出现内生性问题，需要根据《县域统计年鉴》数据与指标的可得性。自变量主要从社会、政府、企业及资源禀赋四个方面来选取，其中，社会方面采用人均各种社会福利收养性单位数衡量社会资源分配情况；政府方面用人均一般公共预算支出体现政府支出力度；企业方面采用人均规模以上工业企业个数反映区域企业发展能力；资源禀赋方面采用人均油料产量衡量农业收入状况，具体如表 4 – 10 所示。

表 4 – 10 自变量指标选取

自变量特征	衡量指标	单位
社会特征	各种社会福利收养性单位数 wel	个
政府特征	一般公共预算支出 fin	万元
企业特征	规模以上工业企业个数 ent	个
资源禀赋特征	油料产量 oil	吨

（二）数据来源

数据来源于历年《中国县域统计年鉴》（2010～2019），并对个别缺失值以均值替代。

（三）模型选择

因变量是代表多维贫困等级的有序变量，具有一定的相关性。学者指出[1]，当因变量采用多维贫困程度衡量时，是有序排列数据，多维贫困程度越深则数值越大。为研究多维贫困的影响因素，选取多维贫困程度作为因变量，构建的有序 Probit 模型如下：

$$y_{it}^* = \alpha_1 \, \text{wel}_{it} + \alpha_2 \, \text{fin}_{it} + \alpha_3 \, \text{ent}_{it} + \alpha_4 \, \text{oil}_{it} + \varepsilon_i \qquad (4-10)$$

---

[1] 贺志武，胡伦. 社会资本异质性与农村家庭多维贫困 [J]. 华南农业大学学报（社会科学版），2018（3）：20 – 31.

在式（4 - 10）中，y_{it} 表示 i 县多维贫困程度，$y_{it} = 0$ 属于非多维贫困，$y_{it} = 1$ 属于轻度多维贫困，$y_{it} = 2$ 属于中度多维贫困，$y_{it} = 3$ 属于重度多维贫困，$y_{it} = 4$ 属于极度多维贫困；wel_{it} 表示第 i 个县福利收养性单位数；fin_{it} 表示第 i 个县一般公共预算支出；ent_{it} 表示第 i 个县规模以上工业企业个数；oil_{it} 示第 i 个县油料产量，ε_i 为随机扰动项，α_i 为变量系数。尽管 y_{it}^* 变量无法直接观测到，但 y_{it} 和潜变量 y_{it}^* 存在如下关系：

$$y_{it} = \begin{cases} 0, & y_{it}^* \leqslant \gamma_1 \\ 1, & \gamma_1 \leqslant y_{it}^* \leqslant \gamma_2 \\ 2, & \gamma_2 \leqslant y_{it}^* \leqslant \gamma_3 \\ 3, & \gamma_3 \leqslant y_{it}^* \leqslant \gamma_4 \\ 4, & \gamma_4 \leqslant y_{it}^* \leqslant \gamma_{it}^* \end{cases} \qquad (4 - 11)$$

其中，γ_1、γ_2、γ_3、γ_4 代表阈值，均为待估计参数，且 $\gamma_1 < \gamma_2 < \gamma_3 < \gamma_4$。

当被解释变量为多维贫困剥夺分值时，采用广义最小二乘法进行估算。

（四）回归结果分析

在多维贫困测算的基础上采用有序 Probit 模型与广义最小二乘法（GLS）分别对珠江—西江经济带县域多维贫困的影响因素进行检验，回归结果见表 4 - 11。

表 4 - 11 　　　　　　　　　　多维贫困影响因素分析

变量	多维贫困程度	多维贫困剥夺分值
wel	-0.0051^{**} (0.0020)	-0.0010^{***} (0.0003)
fin	$-3.23e^{-06***}$ $(5.11e^{-07})$	$-1.34e^{-06***}$ $(7.68e^{-08})$
ent	-0.0024 (0.0028)	-0.0042^{***} (0.0006)
oil	$-6.92e^{-06}$ (0.0000)	$-0.452e^{-06**}$ $(2.30e^{-06})$

续表

变量	多维贫困程度	多维贫困剥夺分值
cons		0.8172 *** (0.0162)
Prob > chi^2	0.0000	
Pseudo R^2	0.0438	
Log-likelihood	-832.8820	
Number of obs	608	608

注：*** 表示 1% 水平上显著，** 表示 5% 水平上显著，* 表示 10% 水平上显著；括号内代表标准误。

从表 4－11 的回归结果可以看到，第一，从社会特征来看，各种社会福利收养性单位数与多维贫困程度及多维贫困剥夺分值均显著负相关。社会福利院建设的主要目的是满足和保障特殊困难人群的基本生活需求。社会福利基础设施的改善一定程度上对改善珠江—西江经济带县域贫困状况发挥了重要作用。第二，从政府特征来看，一般公共预算支出在两个模型中均与多维贫困显著负相关。一般预算支出体现县域政府部门对财政预算收入的分配和使用具有目的性、计划性。对于多数地区来说，一般预算收入是财政资金支出的主要来源。一般预算支出多，说明一般预算收入多，进而表明该地方政府财政实力雄厚，经济发展状况较好。因此，经济发展较好的县域能拨付更多的资金用以解决县域多维贫困问题，有效减缓多维贫困。第三，从企业特征来看，在有序 Probit 模型中，规模以上工业企业个数与多维贫困程度呈负相关但并不显著，而在 GLS 模型中呈显著的负相关。工业企业数量的增加能有效拉动经济增长，同时给当地居民提供就业机会，促进资源流动，进而有效减缓当地多维贫困状况。第四，从资源禀赋特征来看，油料产量在有序 Probit 模型中与多维贫困程度呈负相关但并不显著，而在 GLS 模型中，油料产量的增加能显著减缓多维贫困。油脂是人类赖以生存的最重要的营养素之一，油料产量是衡量一个地区资源禀赋的一个指标。油料产量增加，说明一个地区的人口供养能力以及物质生产能力提升，油料产量的增加反映了居民拥有的物质资源增加，有助于缓解多维贫困。

（五）稳健性检验

采用多维贫困维度数作为被解释变量，采用有序 Probit 对模型再次进行稳健性检验，结果基本一致，说明模型结果较为稳健。结果见表 4 - 12。

表 4 - 12　　　　　　　　　　　稳健性检验

变量	多维贫困维度数
wel	-0.0033^{*} (0.0020)
fin	$-3.80\mathrm{e}^{-06***}$ $(5.11\mathrm{e}^{-07})$
ent	-0.0045 (0.0028)
oil	$-5.55\mathrm{e}^{-06}$ (0.0000)
cons	
Prob > chi^2	0.0000
Pseudo R^2	0.0391
Log-likelihood	-1250.6411
Number of obs	608

注：*** 表示 1% 水平上显著，** 表示 5% 水平上显著，* 表示 10% 水平上显著；括号内代表标准误。

五、多维贫困视阈下珠江—西江经济带精准扶贫与脱贫满意度的影响因素评价
——基于层次分析法（AHP）的分析

（一）层次分析法介绍

20 世纪 70 年代，美国匹兹堡大学著名数学家萨提教授提出一种被广泛应

用于各种经济社会评价中的决策分析方法——层次分析法（Analytic Hierarahy Process，AHP）。层次分析法的运算步骤如下所示。

1. 建立递阶层次结构模型

采用层次分析法对问题作决策分析时，首先要建立一个层级清晰、隶属关系合理的结构模型，以便把需要评价的问题和对象细分化、层次化、指标化。同时，研究问题和对象也将被划分为若干个组成部分和若干个层次，且各个层次之间存在着一定的隶属关系，即上层的组成部分对下层的组成部分具有决定性的影响作用。为此，可以将各层次划分为目标层、准则层和方案层，具体说明如下所示。

（1）目标层。该层通常只有一个总的指标，同时也是各层次的总目标以及所要解决的总问题。

（2）准则层。该层是目标层的分解，包括若干个组成部分，也是决策的准则和要考虑的因素。

（3）方案层。该层包括各种决策方案，是为实现决策目标或解决总问题要采取或实施的各种决策方案，也是在准则层基础上进一步细化的方案。

2. 构造判断矩阵

在决策者做决策时，各准则层的影响和重要性因决策者的偏好不同而不同，为此，决策分析时需要通过权重来对各个准则层指标的重要性进行量化。

为探讨因子 $X = \{x_1, \cdots, x_n\}$ 的各个因子 x 对目标层的影响，可以通过线性代数的方法对因子 x_i 和 x_j 的影响进行两两比较，假设 a_{ij} 等于 x_i 和 x_j 的影响之比，则其整个影响系数的矩阵可以表示为 $A = (a_{ij})_{\max}$；而 x_j 和 x_i 的影响之比则可以表示为 $a_{ji} = \dfrac{1}{a_{ij}}$，则其整个影响系数的矩阵可以表示为 $A = (a_{ji})_{\max}$。

假如矩阵 $A = (a_{ij})_{n \times n}$ 满足以下两个条件：

（1）$a_{ij} > 0$；

（2）$a_{ji} = \dfrac{1}{a_{ij}}$（1，2，$\cdots$，$n$）。

那么，可以将 A 称为正互反矩阵，则有 $a_{ij} = 1$，其中 $i = 1$，$\cdots$，n。

关于 a_{ij} 数值的确定，通过数字 1~9 及其倒数反映因素影响的重要性程度，各数字标度及其含义如表 4-13 所示。

表 4 –13   对因子的影响进行两两比较的赋值

标度	含义	反映的意义
1	重要性相同	两个元素影响的重要性相同
3	稍微重要	某一元素的影响稍微比另一元素重要
5	比较重要	一般来说，某一元素比另一元素重要
7	非常重要	某一元素与另一元素相比，非常重要
9	极度重要	某一元素比另一元素要极端重要
2，4，6，8	介于上述相应的两相邻判断的折中评价	介于上述相应的两相邻判断意义的中间评价
倒数 a_{ji}	倒数 a_{ji}	$a_{ji} = \dfrac{1}{a_{ij}}$ （1，2，…，n）

通常来说，所有元素只有跟其他元素进行 $\dfrac{n(n-1)}{2}$ 次的两两比较，才会使各指标影响系数的排序更加科学、合理，从而有利于计算更加合理的、切近实际情况的指标权重。

3. 层次单排序及一致性检验

对判断矩阵 A 进行归一化后，其最大的特征值可以表示为 $\lambda_{\max}$，该特征值表示为同一层级中相应因素在其上一层级指标中所体现的相对重要性权重，然后对该特征值 $\lambda_{\max}$ 进行排序，该排序即可称为层次单排序。

在构造判断矩阵中，如要减少人为因素造成的非一致性影响，确保两两比较结果的前后一致性，矩阵 A 中的元素还需要满足以下条件：

$$A_{ij}a_{jk} = a_{jk}, \quad \forall i, j, k = 1, 2, \cdots, n$$

由于正互反矩阵 A 的特征根 $\lambda_{\max}$ 是正实数，因此，其对应的特征向量的数值也应是正实数，且正互反矩阵 A 的其他特征值的模都应小于 $\lambda_{\max}$。

假设正互反矩阵 A 为一致矩阵，则有 A 的转置矩阵 A^T 也为一致矩阵，且 A 的最大特征值 $\lambda_{\max}$ 等于 n，而 n 为正互反矩阵 A 的阶；A 的其余特征根都为 0。

假设正互反矩阵 A 的最大特征值 $\lambda_{\max}$ 的特征向量为 $W = (w_1, \cdots, w_n)^T$，$\forall i, j = 1, 2, \cdots, n$，那么有 $a_{ij} = \dfrac{w_i}{w_j}$。因此，可以将正反矩阵 A 表示为：

$$A = \begin{bmatrix} \dfrac{w1}{w1} & \dfrac{w2}{w1} & \cdots & \dfrac{wn}{w1} \\[2mm] \dfrac{w1}{w2} & \dfrac{w2}{w2} & \cdots & \dfrac{wn}{w2} \\[1mm] \cdots & \cdots & \cdots & \cdots \\[1mm] \dfrac{w1}{wn} & \dfrac{w2}{wn} & \cdots & \dfrac{wn}{wn} \end{bmatrix}$$

因此，可以根据正互反矩阵 A 的最大特征值 λ_{max} 是否等于 n 来判断矩阵 A 是否是一致矩阵。因此，可以采用如下步骤对判断矩阵 A 的一致性进行检验：

（1）对一致性指标 CI 进行测算，计算公式如下：

$$CI = \frac{\lambda_{max} - n}{n - 1} \qquad (4-12)$$

（2）测算其相应的平均随机一致性指标 RI，计算公式如下：

$$RI = \frac{\lambda'_{max} - n}{n - 1} \qquad (4-13)$$

结果如表 4-14 所示。

表 4-14　　　　　　　　　平均随机一致性指标 **RI** 的数值

n	1	2	3	4	5	6	7	8	9	10
RI 值	0	0	0.58	0.90	1.12	1.24	1.32	1.41	1.45	1.49

（3）测算得到一致性比例 CR，其计算公式如下：

$$CR = \frac{CI}{RI} \qquad (4-14)$$

一般来说，当 CR < 0.10 时，表示可以接受判断矩阵 A 所对应的权重，该权重通过一致性检验，否则需要进一步修正判断矩阵 A。

4. 层次总排序

通过上述测算步骤可以得到一组元素在其所隶属的上一层级元素中的影响权重，但还是需要计算得到方案层中的各指标在目标层的综合权重并对其进行排序，以便根据该方案层的指标权重及总排序做出决策。而在方案层指标权重的测算过程中，首先假设其上一层级共包括 A_1，$\cdots$，A_m 等 m 个指标，其在总目标中所占的权重分别为 a_1，$\cdots$，a_m；然后假设方案层共包括 B_1，$\cdots$，B_n 等 n 个指标，这些指标在单排序 A_j 中的权重分别为 b_{1j}，$\cdots$，b_{nj}。最后，进一步求得方案层的指标在总目标中所占据的权重，即可求得方案层的各指标的总权重 b_1，$\cdots$，b_n，则有 $b_i = \sum_{j=1}^{m} b_{ij}a_j$，$i = 1$，$\cdots$，$n$。

（二）评价指标体系构建

多维贫困视阈下的珠江—西江经济带精准扶贫与脱贫的满意度评价，我们从多维贫困的五个维度出发，选取了健康维度、生活条件维度、生产条件维度、公共资源维度、自我发展能力维度等五个维度来进行分析。然后结合珠江—西江经济带扶贫开发的实际情况，并结合评价指标体系构建的科学性、合理性、系统性、层次性、数据可获得性、可比性、可操作性等原则构建了珠江—西江经济带精准扶贫与脱贫的满意度评价指标体系（见表 4-15）。由此可以看到，该评价指标体系共包括目标层、准则层、方案层三级评价指标，其中，目标层评价指标包括健康维度、生活条件维度、生产条件维度、公共资源维度、自我发展能力维度五个维度指标；在准则层评价指标中，公共资源维度包含教育资源、医疗卫生资源、公共文化资源三个评价指标；健康维度包含基本健康状况、健康保障水平两个评价指标；生活条件维度包含基本生存条件改善、生活设施改善、居住条件改善三个评价指标；生产条件维度包含水环境、土壤环境、生产技术水平、生物环境四个评价指标；自我发展能力维度包含外部竞争的适应能力、信息和资源的获取和利用能力两个评价指标。此外，方案层评价指标体系共包含 40 个三级评价指标。

（三）评价结果分析

表 4-16 是多维贫困视阈下珠江—西江经济带精准扶贫与脱贫满意度评价指标的权重结果情况。由表 4-16 可以看到，多维贫困视阈下珠江—西江经济带精准扶贫与脱贫满意度的目标层影响指标权重从高到低进行排序依次为：健康维度、生活条件维度、自我发展能力维度、公共资源维度、生产条件维度。

表 4 - 15　　多维贫困视阈下珠江—西江经济带精准扶贫与脱贫满意度评价指标体系

目标层	准则层	方案层	指标解释
公共资源维度	教育资源	受教育年限	反映了受教育的年限和水平的情况
		适龄儿童入学情况	反映了适龄儿童入学接受教育的情况
		继续教育和培训	反映了居民接受继续教育和专业技能培训的情况
	医疗卫生资源	医疗机构设置情况	反映了医疗机构的设置及分布的情况
		每千人口拥有医生和护士情况	反映了每千人口拥有医生和护士提供医疗卫生服务的情况
		医疗资源供给充裕情况	反映了各类医疗资源的配置及供给充裕的情况
	公共文化资源	基层综合文化服务中心建设	反映了综合文化服务中心的建设和配置情况
		体育娱乐活动设施建设	反映了体育娱乐活动设施的建设及供给情况
		公共文化设施建设	反映了公共文化设施的建设及供给情况
健康维度	基本健康状况	家庭成员健康状况	反映了家庭成员的总体健康状况
		家庭成员重大疾病发生率	反映了家庭成员身患重大疾病的情况
	健康保障水平	医疗保险购买情况	反映了医疗保险的购买情况
		医疗补助受益率	反映了对医疗补助的受益情况
		重大疾病保险受益率	反映了重大疾病的保险受益情况
生活条件维度	基本生存条件改善	饮用水	反映了饮用水的供给及设施完善情况
		卫生设施	反映了卫生设施的建设及完善情况
		电	反映了用电的需求满足情况
		燃料	反映了燃料的需求满足情况
	生活设施改善	购买冰箱、洗衣机等耐用消费品	反映了购买冰箱、洗衣机等耐用消费品的情况
		摩托车、汽车等交通工具使用	反映了摩托车、汽车等交通工具使用的满足情况
		互联网覆盖	反映了互联网的覆盖及需求情况
	居住条件改善	房屋结构	反映了房屋结构的坚固情况
		住房面积	反映了住房面积的大小情况

续表

目标层	准则层	方案层	指标解释
生产条件维度	水环境	水资源丰富程度	反映了水资源的丰富情况
		废水处理	反映了废水的处理情况
	土壤环境	耕地数量变化	反映了耕地的增减变化情况
		水土流失	反映了水土的流失情况
		土壤有机质含量	反映了土壤的有机质含量情况
	生产技术水平	新生产技术和设备的应用	反映了新生产技术和设备的应用情况
		劳动技能的熟练程度	反映了劳动技能的熟练程度
		生产资料的规模化及其效能	反映了生产资料的规模化及其生产效能情况
	生物环境	林木覆盖	反映了林木的覆盖情况
		生物多样性	反映了生物存在的多样性情况
		自然保护区数量	反映了自然保护区的数量多少情况
自我发展能力维度	外部竞争的适应能力	综合文化素养	反映了居民的综合文化素养高低状况
		社会就业能力	反映了居民的社会就业能力高低情况
		市场参与情况	反映了居民的市场参与程度高低状况
	信息和资源的获取和利用能力	沟通和交流能力	反映了居民的沟通和交流能力情况
		家庭财产和资源的管理与分配能力	反映了家庭财产与资源的管理和分配能力情况
		获取社会信息和资源及参与决策的能力	反映了获取社会信息和资源及参与决策的能力高低情况

表 4 – 16　　**多维贫困视阈下珠江—西江经济带精准扶贫与**
脱贫满意度各评价指标的权重

目标层	准则层	方案层	指标权重	指标综合权重
公共资源维度（0.0766）	教育资源（0.5821）	受教育年限	0.7016	0.0313
		适龄儿童入学情况	0.2258	0.0101
		继续教育和培训	0.0727	0.0032

续表

目标层	准则层	方案层	指标权重	指标综合权重
公共资源维度 （0.0766）	医疗卫生资源 （0.3484）	医疗机构设置情况	0.5957	0.0159
		每千人口拥有医生和护士情况	0.3085	0.0082
		医疗资源供给充裕情况	0.0959	0.0026
	公共文化资源 （0.0695）	基层综合文化服务中心建设	0.6567	0.0035
		体育娱乐活动设施建设	0.0827	0.0004
		公共文化设施建设	0.2606	0.0014
健康维度 （0.5021）	基本健康状况 （0.7500）	家庭成员健康状况	0.8000	0.3012
		家庭成员重大疾病发生率	0.2000	0.0753
	健康保障水平 （0.2500）	医疗保险购买情况	0.1007	0.0126
		医疗补助受益率	0.2255	0.0283
		重大疾病保险受益率	0.6738	0.0846
生活条件维度 （0.2097）	基本生存 条件改善 （0.7016）	饮用水	0.5623	0.0827
		卫生设施	0.0490	0.0072
		电	0.2812	0.0414
		燃料	0.1075	0.0158
	生活设施改善 （0.0727）	购买冰箱、洗衣机等耐用消费品	0.0902	0.0014
		摩托车、汽车等交通工具的使用	0.6648	0.0101
		互联网覆盖	0.2449	0.0037
	居住条件改善 （0.2258）	房屋结构	0.8000	0.0379
		住房面积	0.2000	0.0095
生产条件维度 （0.0357）	水环境 （0.6639）	水资源丰富程度	0.8571	0.0203
		废水处理	0.1429	0.0034
	土壤环境 （0.2301）	耕地数量变化	0.6738	0.0055
		水土流失	0.1007	0.0008
		土壤有机质含量	0.2255	0.0019

目标层	准则层	方案层	指标权重	指标综合权重
生产条件维度 （0.0357）	生产技术水平 （0.0787）	新生产技术和设备的应用	0.6648	0.0019
		劳动技能的熟练程度	0.2449	0.0007
		生产资料的规模化及其效能	0.0902	0.0003
	生物环境 （0.0273）	森林覆盖	0.6648	0.0006
		生物多样性	0.2449	0.0002
		自然保护区数量	0.0902	0.0001
自我发展 能力维度 （0.1760）	外部竞争的 适应能力 （0.8571）	综合文化素养	0.5957	0.0899
		社会就业能力	0.3085	0.0465
		市场参与情况	0.0959	0.0145
	信息和资源的 获取和利用能力 （0.1429）	沟通和交流能力	0.0902	0.0023
		家庭财产和资源的管理与分配能力	0.2449	0.0062
		获取社会信息和资源及参与决策的能力	0.6648	0.0167

第一，健康维度对珠江—西江经济带精准扶贫与脱贫满意度的影响权重最高，达到 0.5021，说明疾病是导致农户致贫、返贫的最突出因素，健康状况的改善，可以有效提升贫困治理的满意度。而在健康维度中，基本健康状况、健康保障水平两个二级指标的影响权重分别为 0.7500、0.2500，保持家庭成员良好的健康状况及降低重大疾病发生率，有助于降低农户致贫的概率；与此同时，提高医疗保障水平，也是减少和降低致贫概率的重要途径。

第二，生活维度对珠江—西江经济带精准扶贫与脱贫满意度的影响权重为 0.2097，说明生活条件的改善是影响贫困治理的重要因素，是提升居民贫困治理满意度的重要影响因素，同时也是反映居民的生活贫困状况是否得到显著改善的重要因素；在生活维度中，基本生存条件改善、生活设施改善、居住条件改善三个二级指标的影响权重分别为 0.7016、0.0727、0.2258，说明基本生存条件是导致生活贫困的重要因素，而基本生存条件的改善可以有效改善居民的生活条件。

第三，自我发展能力维度对珠江—西江经济带精准扶贫与脱贫满意度的影响权重为 0.1760，仅次于健康维度、生活维度，说明自我发展能力维度在提升贫困治理满意度方面也起着重要的作用。在自我发展能力维度中，外部竞争的适应能力、信息和资源的获取和利用能力两个二级指标的影响权重分别为0.8571、0.1429。其中，外部竞争的适应能力是影响自我发展能力的重要方面，其能力是居民的综合文化素养、社会就业和市场参与情况的综合反映，因此要不断增强居民的外部竞争的适应能力，提升自我发展能力。

第四，公共资源维度对珠江—西江经济带精准扶贫与脱贫满意度的影响权重为0.0766。由此可以看到，公共资源维度主要反映了政府机构和部门提供的公共产品和服务对居民贫困状况的改善情况，也在较大程度上体现了政府机构和部门提供的基本公共产品和服务在改善居民贫困状况中所起的作用，增加教育资源、医疗卫生资源和公共文化资源等的供给有利于深入推进贫困的治理，也体现了政府提供的各类公共资源在贫困治理中起到了重要的作用；与此同时，在公共资源维度中，教育资源、医疗卫生资源、公共文化资源三个二级指标的影响权重分别为0.5821、0.3484、0.0695。由此可以看到，在珠江—西江经济带农村边远落后地区，公共资源在改善贫困治理效果及满意度中具有重要的作用。

第五，生产条件维度对珠江—西江经济带精准扶贫与精准脱贫满意度的影响权重为0.0357。生产条件维度也是影响贫困治理效果的重要因素，其中，水环境、土壤环境、生产技术水平、生物环境四个二级指标在生态维度中的影响权重分别为0.6639、0.2301、0.0787、0.0273。其中，水环境、土壤环境在生产条件维度中的影响较大，而且也是影响贫困治理满意度的重要因素。

与此同时，在珠江—西江经济带精准扶贫与脱贫满意度的方案层影响指标的综合权重排序中，前五位影响指标的综合权重从高到低的排序依次为：家庭成员健康状况（0.3012）、综合文化素养（0.0899）、重大疾病保险受益率（0.0846）、饮用水（0.0827）、家庭成员大病发生率（0.0753）。第六位至第十位的影响指标的综合权重从高到低的排序依次为：社会就业能力（0.0465）、电（0.0414）、房屋结构（0.0379）、受教育年限（0.0313）、医疗补助受益率（0.0283）。为此，深入推动珠江—西江经济带精准扶贫与脱贫满意度的提升，需要优先解决前十个影响指标存在的问题，即在家庭成员健康状况、综合文化素养、重大疾病保险受益率、饮用水、家庭成员重大疾病发生率、社会就业能力、电、房屋结构、受教育年限、医疗补助受益率等方面存在的问题，通过解决这些问题，可以有效解决农民的多维贫困问题，提高精准扶贫与脱贫的效果和满意度。

第五章

多维贫困视阈下珠江—西江经济带精准扶贫
与实现脱贫致富面临的问题及原因分析

本章重点对多维贫困视阈下的珠江—西江经济带精准扶贫与实现脱贫致富面临的问题及原因进行分析。首先，文章分析了多维贫困视阈下珠江—西江经济带精准扶贫与实现脱贫致富所面临的问题，主要从以下三个方面进行了探讨：一是分别从健康贫困、生活条件贫困、生产条件贫困、公共资源贫困、自我发展能力贫困等角度对珠江—西江经济带多维贫困的维度问题进行分析；二是进一步探讨了珠江—西江经济带精准扶贫与精准脱贫面临的问题；三是以乡村振兴为背景，分析乡村振兴下推进珠江—西江经济带扶贫开发面临的主要问题。其次，在此基础上进一步探析了珠江—西江经济带精准扶贫及实现农民脱贫致富存在问题的背后深层次原因。

一、多维贫困视阈下珠江—西江经济带精准
扶贫与实现脱贫致富所面临的问题

（一）珠江—西江经济带多维贫困的维度问题分析

伴随着珠江—西江经济带经济发展实力的增强和精准扶贫政策的深入推进，珠江—西江经济带上很多农村地区的居民的生活水平已经得到了显著的提升，同时居民的生活质量也不断提升。然而，居民实现脱贫致富的目标不是一朝一夕就能完成的，需要我们长期持续不断地努力，如此才能真正实现

脱贫致富的目标。实现脱贫致富是一项长期工作，主要因为我国农村落后地区的人口数量大，家庭经济比较困难，生产和生活条件相对比较艰苦，再加上不同家庭存在着不同的致贫原因，致使农村地区居民存在着致贫或返贫的风险。总体来说，珠江—西江经济带农村地区居民的多维贫困问题，体现在以下各方面。

1. 健康贫困

一直以来，人们都认为贫困只是物质的匮乏，但事实上，贫困是有多个维度的，物质贫困只是其中的一个重要方面，而在多维贫困中，健康贫困也是居民贫困形成的重要影响因素，居民"看病难、看病贵"的情况仍然存在，这就容易导致农村地区居民陷入"因病致贫、因病返贫"的恶性循环。党的十六大报告强调，要将"提高全民族的健康素质"作为建设小康社会的重要内容；党的十九大报告强调，要进一步实施健康中国战略，这一重要部署将健康提到了前所未有的高度，也勾画出建设健康中国的美好蓝图，为人民的健康生活提供了保障。党的二十大报告强调，人民健康是反映民族昌盛和国家强盛状况的一个重要标志，要始终把保障人民健康放在优先发展的位置，扎实推进健康中国建设。经过多年的发展，珠江—西江经济带在医疗资源、医疗技术、医疗技术人员等方面都有了较大的改善，但是我们依然要看到，珠江—西江经济带的一些边远和落后地区，因病致贫、因病返贫的问题和现象仍然存在，且部分地区由于受其经济发展水平、生态地理状况、人口密度分布、社会公共服务发展状况等各种因素的综合影响，导致其健康贫困问题依然比较突出。而且，由上文的实证分析可知，健康维度的单维度贫困发生率达到18.93%，而且在珠江—西江经济带精准扶贫与精准脱贫满意度的目标层影响指标权重中，健康维度的影响权重是最高的，为0.5021。由此可见，健康贫困仍是因病致贫的重要影响因素。健康贫困的问题主要体现在以下方面。

一是高危疾病的发病率仍比较高，致贫风险也高。以贵州为例，贵州省广大农村居民的健康状况不容乐观，国家统计局与贵州省统计局的相关统计数据显示，就单从疾病上来看，从2015年贵州省与全国的国民健康综合水平主要指标对比中可以看出：全国的艾滋病、肺结核、狂犬病发病率分别为每十万人中有3.69人、63.42人、0.06人，而贵州省这些疾病的发病率却高达每十万人中有6.02人、133.46人、0.18人，这些疾病在全国的死亡率分别为每十万人中有0.94人、0.17人、0.05人，而在贵州省这些疾病的死亡率却高达每十万人中有 1. 45 人、0. 41 人、0. 18 人，高出全国的平均值。①② 农村疾病控制情况与城市疾病控制情况悬殊差距明显，各类流行病在贵州局部偏远地区肆虐，以发病速度快、发病率高、发病传播范围广为特点。由此可见，一旦农村家庭成员患有重病，对其家庭来说，都将是重大的精神打击，也都将面临着巨大的精神和经济压力，"看病难、看病贵"的问题也会更加突出，"因病致贫、因病返贫"的问题和风险也将更加突出。

二是医疗资源稀缺，基础设施不完善，难以满足居民的医疗卫生需求。以云南省为例，云南省的地势多以山为主，是需要医疗重点扶持的地区，大多地区是远离城镇的偏僻乡镇和山村，这些地区由于比较偏远，医疗卫生条件、服务设施以及药品供应都不完备，各个乡村卫生室的药品储存量难以得到充分保障，现有药品逐渐消耗后也难以得到及时的补充，对于某类型突发的、大规模的疾病暴发后往往很难得到及时的药品补给。与此同时，又以贵州地区为例，贵州农村地区地处边远，医疗硬件设施配备还不是很完善。截至 2019 年，贵州总卫生机构数 28516 个，农村乡镇卫生院共 1329 个，仅占总卫生机构数的4.66％；总床位数 264827 张，农村乡镇卫生院的床位数为 44041 张，占总床位数的 16.63％；总医疗卫生人员 347108 人，农村乡镇卫生院的卫生人员共50944 人，占总卫生人员数的 14.68％③。贵州农村地区医疗卫生机构的床位不足、医疗卫生基础设施不完善、医疗设备匮乏、医疗卫生人员较为稀缺等问题依然比较突出，远不能满足贵州人民对医疗卫生服务的需求，在一定的医疗设施不完善以及医疗救治人员紧缺的情况下，必然导致医疗救治效率的下降，与此同时，贵州虽然医疗资源设备有了较大的完善，但总体上与国家的发展水平仍存在较大的差距。

三是医疗卫生领域的资金投入不足，由此导致医疗人才不足或流失较严重，现有村医的技能水平有待提升。以云南省为例，云南省实际需要帮扶的地区仍然很多，如今，云南省健康扶贫资金主要由两部分组成：一是财政下拨的专项扶贫资金；二是政府筹措的来自各基金会、各类爱心捐款等捐赠类型的资金。这些资金基本由政府统一管理规划，而各农村地区的健康扶贫负责人一般是难以筹措到资金的，基本上是依靠上级部门下拨的资金来支持本地区的健康

---

① 中华人民共和国统计局. 中国统计年鉴（2016）［M］. 北京：中国统计出版社，2016.
② 贵州省统计局. 贵州统计年鉴（2016）［M］. 北京：中国统计出版社，2016.
③ 贵州省统计局. 贵州统计年鉴 2020 年［EB/OL］. http：//hgk. guizhou. gov. cn/publish/tj/2020/zk/indexch. htm，2020 – 12 – 31.

扶贫工作。2019 年，云南省财政厅用于卫生健康类的支出共 231.92 万元，仅占财政总支出的 0.64%，医疗卫生领域的资金投入较少①。而且由于一级政府机关受限于被帮扶地区的资金申请人专业素养、地域、各种环境因素等，很难公平地、均衡地将资金分配给各个需要得到健康帮扶的农村地区。而且，几乎每一所乡村卫生室都缺乏药品和医疗设备，同时又受制于交通因素。因此，将医疗所需药品送到各个受助点所需的交通成本也将会占据全部健康扶贫资金的较大比重。因此，如何提升健康帮扶资金的利用率也是一个重要的问题。与此同时，云南省村医的现行生活补助仅为每月数百元，即使是高学历的医疗人才，在贫困地区进行医疗服务的生活补助也是每月 1500 元左右。对于村医来说，每月数百元的生活补助难以满足其基本生活需求，在某些地区，很多处方药品、维持乡村卫生室日常运转的水、电费等开支都需要村医自行支付，这更是大大加重了村医的生活负担，生活的压力难以让现有村医将精力专注地放在医疗服务上；对于高水平医疗人才来说，不仅需要面对失去大平台学习、发展的机会，每月的生活补助也不能与他们在大城市、大医院工作的薪资相提并论，所以很难将高水平的医疗人才留在农村需要帮扶的地方。此外，由于农村地区缺乏村医技能提升的平台，村医的医疗卫生技术水平也有待提升。例如，云南农村各地生活条件艰苦、发展平台太小导致农村地区难以有新鲜的医疗"血液"注入，村医学历低、老龄化的现象严重；而在另一部分农村中，村医由于缺乏经验，导致当地村民对村医不具有足够的就医信心，难以与村医进行有效的沟通，也就不利于更好地改善当地的医疗服务状况。

2. 生活条件贫困

生活条件贫困主要包括饮用水、通电、住房、炊事燃料、卫生设施、电器等因素造成的贫困。农村地区通常远离城镇，交通不便利，居民的基本生活需要也会受到较大的限制，导致居民生活质量和水平难以得到显著的提升，并在多种致贫因素的共同作用下，一定程度上会导致居民贫困或使其返贫。通过上文的实证分析可以发现，住房的单维度贫困发生率、饮水便利的单维度贫困发生率分别为 7.34%、4.69%，而且在珠江—西江经济带精准扶贫与精准脱贫满意度的目标层影响指标权重中，生活条件维度的影响权重排在第二位，为

---

① 云南省财政厅. 云南省农业农村厅 2019 年度部门决算 [EB/OL]. http：//czt. yn. gov. cn/news_ des. html? id =1598000147758711561&cid =4912925652070906255，2020 – 08 – 21.

0.2097。由此可见，生活条件贫困是居民经济困难的最直接体现也是较为重要的影响因素。珠江—西江经济带居民的生活条件贫困问题主要体现在以下方面。

一是农民生活的地理位置偏僻，交通和生活都不便利。珠江—西江经济带覆盖大量的偏远山区，生态环境比较差，生活条件也比较艰苦，因此生活在该地区的居民的生活质量和水平相对较差。由于地理位置较偏僻，生活在当地的居民虽然能够依靠自己的辛勤劳动满足最基本的生存需求，但无法得到进一步的发展，当地居民的生活范围和经济活动范围也相对较小，一般仅限于家里附近，与外界的接触和联系相对较少，总体来说，还是处于较低的生活水平。正是由于农民在农村生活的地理位置偏僻，其经济收入主要来源农业种植和养殖，从中赚取微薄的收入，同时受制于特定的生存环境和自然约束，其生产的农产品也难以进入市场进行交易，同时也制约了农村居民农业收入水平的提高，使其处于贫困状态。因此，偏远山区的地理环境不仅阻碍了人口与外界的信息交流和物质交换，也不利于偏远山区内部之间的互相联络。由于农村偏远地区与经济发展水平较高地区相隔较远，再加上农村当地的交通、通信等基础设施建设不完善，这种地理空间的阻碍使农村人口缺乏对外交流的客观条件，同样，外面的资源也难以进来，经过长时间的发展，导致当地发展远跟不上市场发展的需要，当地居民的贫困状态也难以有显著的改善。

二是收入水平低下，这制约着居民生活条件和质量的改善。珠江—西江经济带农村地区居民的家庭收入来源比较少，从事农业所获得的收入也较少。对这些地区的居民来说，满足其基本生活需要的支出占据他们支出中较大的比重，在此之外，没有过多的资金来购买大型农机具、优质种苗、良种牲畜等农业生产性资料，其农作物种植和养殖牲畜的规模都比较有限，农民收入的单一性往往难以负担较多的支出，入不敷出的问题也将长期存在，因此，他们的生活条件难以从根本上得以持续改善，生活水平也难以得到持续提升，依靠自身发展能力实现脱贫致富的能力较低。以广西为例，自精准扶贫政策实施以来，2019 年，广西农村居民人均可支配收入为 13676 元，较 2015 年增加了 44.46%，其中，工资性收入 4259 元，经营性收入 5619 元，财产净收入 340 元，转移净收入 3458 元[①]。虽然广西农村地区的居民人均可支配收入呈上升趋势，但除了经营性收入和转移性净收入达到了全国平均水平，其他几项收入均与全国平均

---

① 广西壮族自治区统计局．广西统计年鉴 2020 [EB/OL]. http：//tjj. gxzf. gov. cn/tjsj/tjnj/，2020 – 12 – 31.

水平有相当大的差距。广西农村地区居民的收入大部分来源于经营性净收入中的第一产业收入，而且这项收入始终是农民收入的主要部分。农业是弱质性产业，自然因素和市场因素的风险不可估量，种植业既受自然风险影响，也受市场因素影响，且两种因素的影响都比较大，如广西大面积种植的甘蔗、柑橘等农作物受市场风险影响，价格变化较大，大大增加了该类作物的生产成本，使农村地区居民的收入具有较大的不确定性，收入也较不稳定。除了通过种植农作物获得一定的经营性收入外，农民的其他收入渠道较为有限，尤其是生活在偏远农村地区的居民，他们的收入来源更是有限，收入水平也更低。因此，农民能够满足其生活条件改善的支出也存在较大的不足；与此同时，由于其生活的地方较为偏僻，有些地方的生活条件也较为艰苦，如用水、用电等方面的需求往往因为政府投资的不足或自身的建设能力而得不到满足，致使他们生活贫困。

3. 生产条件贫困

生产条件贫困主要反映珠江—西江经济带偏远农村地区因土地、气候、灾害、降水等原因引发农民贫困的问题。珠江—西江经济带农村地区大多处在偏远落后的地区，这里的生态环境相对比较脆弱，对农民的生产活动较为不利，不仅制约着农民的生产活动，也使农民难以利用先进的生产技术和设备进行农业生产经营活动，导致农民的农业生产效率不高，而且其生产出来的产品也主要是初级农产品，产品附加值不高，市场价值较低，对农民的收入和生活质量改善能起到的作用相对较小，不利于推动农民实现脱贫致富。珠江—西江经济带上的农村地区，尤其是集中连片的特困地区或者生态环境脆弱区，农业生产条件相对较差，农民可以生产利用的土地不多，且容易连年受气候变化、自然灾害或者降水不足等因素的影响，极大地限制了农业生产，收入及生活消费受到极大的影响，物质生活条件相对较差，不利于推动农民脱贫致富。通过上文的实证分析可以发现，收入维度的单维度贫困发生率为 1.71%，而且在珠江—西江经济带精准扶贫与脱贫满意度的目标层影响指标权重中，生产条件维度的影响权重为 0.0357，这说明生产条件贫困也是导致居民贫困的重要因素，农民收入水平很大程度上受到农业生产条件等因素的影响，而且我们要看到，生产条件贫困仍不同程度地存在，严重制约着农民的收入来源和收入水平的提高。珠江—西江经济带农民的生产条件贫困，主要体现在以下方面。

第一，生活环境脆弱与自然灾害多发，使农民的生产条件贫困更加凸显。珠江—西江经济带覆盖云南、贵州、广西等石漠化地区，由于地理环境和气候条件十分特殊，导致自然灾害频发，2019 年，云南、贵州、广西、广东农作物受灾面积分别为 1569 千公顷、141 千公顷、248 千公顷、145 千公顷①，这些地区的农民也多存在因灾致贫等问题。而且，当地农民的家庭经济条件比较差，自然灾害的发生又比较突然，对农民的影响巨大，一旦出现自然灾害，农民常常要花费很长时间才能使经济发展得到恢复，凡此种种都使农户在这些自然灾害面前变得更加脆弱，面临的经济压力以及致贫、返贫的风险也更高。处于多维贫困的农民主要依靠农业种植业和养殖业来获得微薄的收入，而且只能基本满足自家的温饱，没有多余的钱来改善农业生产条件和提高生活质量，因此，很难抵御多发的自然灾害。面对破坏力极强的自然灾害，他们往往束手无策，任由自己的财产遭受损失，这就使这些农民更容易陷入深的贫困。比如，暴雨等气象灾害会让农民减少或没有收成，地震等地质灾害会破坏居民的住房，甚至会给他们带来生命危险，农民的生活水平也会不断下降。

第二，农民的生产方式传统、落后，产业结构比较单一，经济效益不高。一方面，农民大多生活在偏远的农村地区，受制于当地脆弱的生态环境及不便利的交通环境，生活在这些地区的农民对土地的依赖和重视程度都比较高，但是农民大多仍然在使用传统的农业耕作和手工操作这种比较传统和落后的生产方式，2019 年，珠江—西江流域沿线的云南、贵州、广西、广东等地的农业机械总动力分别为 2714.4 万千瓦、2484.6 万千瓦、3840.0 万千瓦、2455.8 万千瓦，其中大中型拖拉机拥有量分别为 6.9 万台、1.9 万台、5.4 万台、2.5 万台②。传统农业生产方式因缺乏先进的技术，其生产效率也普遍不高，且很难形成规模效益，其经济效益也较为有限，最终导致农民的收入水平不高。如果能改变传统的生产方式和劳作习惯，农业生产中运用现代科技，必然会使农业生产的效率得到显著的提升，进而使农民的生活水平和质量得到有效改善。另一方面，农业的产业结构比较单一，制约着农民收入水平的提高。珠江—西江经济带农村地区的产业发展以第一产业的发展为主，第二、三产业的发展相对比较落后。以广西为例，2019 年，农村居民家庭经营收入为 5619 元，其中，第一产业经营收入为 4016 元，第二产业经营收入为 220 元，第三产业经

①② 国家统计局农村社会经济调查司 . 中国农村统计年鉴（2020）［M］. 北京：中国统计出版社，2020.

营收入为 1383 元[①②]。农民的收入来源主要是家庭农业生产，较少人参与第二产业、第三产业的发展，绝大多数人没有稳定、持续的工资性收入，也缺少财政性收入和转移性收入。而且农业结构也比较单一，以广西为例，2019 年广西农林牧渔总产值为 5498.81 亿元，其中，农业、林业、牧业、渔业和农林牧渔专业及辅助性活动的产值分别为 3102.27 亿元、410.54 亿元、1189.68 亿元、538.93 亿元、257.39 亿元。农业产值占农林牧渔总产值的 56.4%，以传统的、附加值较低的种植业、畜牧业、养殖业等为主[③]。与此同时，在农业生产中，农民对土地、劳动力和化肥投入的依赖性较强，而对优良品种、现代化机械和新技术的应用明显不足，而且由于生产条件落后，农村的合作化经营成本相应增加，不利于农业的规模化发展，导致农业生产效率低下等问题。因此，农村地区农民的生产条件仍然难以改善，产业结构也比较单一，农民的收入水平也不高。

第三，农民的市场化合作和发展意识不高，风险承受能力弱，农业生产投入不足。珠江—西江经济带农村地区生产服务体系不健全，不能满足农户多层次的需求；再加上地理环境和农民自身素质等因素的制约，导致这些地区的农业结构比较滞后，农业生产投入严重不足。以贵州的偏远农村地区为例，2019年，农村居民家庭人均总支出为 18647 元，而家庭经营费用支出为 2935.05元，其中，农业生产支出为 611.98 元，仅占家庭总支出的 3.28%[④]。第一，贵州农村地区的农户农业生产能力较低，资本积累较少。在贵州喀斯特地貌地区，绝大部分农民的地少分块多，从事的生产经营活动规模较小且过于分散，导致生产率偏低，经营效益不高，不利于规模化经营。第二，农民参与组织化的程度偏低，且缺乏积极性。绝大部分农民谨慎小心，认为加入扶贫合作组织对自身能力的发展、增加经济收入、提高生活水平没有太大的帮助，因此不愿冒险加入扶贫合作组织；同时，因大多数扶贫合作组织体系不健全，加上管理不善，导致很多农民参与合作组织的积极性都不高。第三，农民自身在投资风险上的承受能力偏低。对于贵州农村地区的农民来说，经济效益是影响农民投资的关键。因为一定的投资会影响农民日后的生计，再加上投资回报率周期长且低，大部分农户对投资的积极性不高。因此，大部分农户考虑的是风险偏

---

①④　贵州省统计局．贵州统计年鉴 2020 年［EB/OL］．http：//hgk．guizhou．gov．cn/publish/tj/2020/zk/indexch．htm，2020－12－31．

②③　广西壮族自治区统计局．广西统计年鉴 2020 年［EB/OL］．http：//tjj．gxzf．gov．cn/tjsj/tjnj/，2020－12－31．

低、能够保障正常生活开支且能够提高收入的投资。

4. 公共资源贫困

公共资源贫困主要是交通基础设施建设、公共文化娱乐设施建设、教育发展、医疗卫生保障等方面不足，进而居民的需求得不到有效满足，公共资源贫困是农村地区普遍存在的重要问题。通过上文的实证分析可以发现，教育的单维度贫困发生率为48.73%，其致贫概率是非常高的，而且在珠江—西江经济带精准扶贫与脱贫满意度的目标层影响指标权重中，公共资源维度的影响权重为0.0766。由此可见，重视教育、医疗卫生等领域的公共资源贫困问题依然是当务之急，要避免公共资源贫困成为农村地区贫困的重要因素。珠江—西江经济带各农村落后地区的公共资源贫困主要体现在以下方面。

第一，农村公共服务体系不健全，需要加大建设力度。由于珠江—西江经济带农村地区的区域范围较广，且大部分农民都居住得比较分散，因此，推进农村地区大规模的公共基础设施建设就比较困难，因而，农村的公共基础设施建设比较落后，公共服务供给也比较匮乏，大部分农民很难获得足够的公共物品和公共服务，农村公共产品和服务供给不足是普遍比较突出的问题。由于珠江—西江经济带各农村地区比较偏远、落后，这些地区的居民对公共基础设施建设和公共服务有着巨大的需求，但是基层政府的人力、物力、财力都较有限，没有足够的资金以更好地满足各农村地区居民的发展需要，其所产生的效果仍较有限，以至于农村地区的道路设施、信息通信、卫生医疗、文化教育、能源等的供给和服务体系仍比较薄弱。

第二，农村公共服务体系建设难度大，利用率偏低。由于农村地区居民的经济基础比较薄弱，对自然灾害等各种灾害的抵御能力也不强，对农民的生产生活产生不利影响，甚至可能引发因灾致贫的各种农业基础设施建设亟须加强，但是农田水利等各种农业基础设施建设因建设资金不足以及覆盖面广，存在着较大的建设难度，需要进一步加大农业基础建设资金的投入和建设力度；同时，由于农民的受教育水平普遍较低，对科学技术的学习和掌握能力比较弱，很难通过提高农民的科学技术水平提高农业生产效率，很多地区的农业技术设施建设以及教育资源、医疗条件等的建设仍比较落后，农村的公共产品和服务仍供给不足，满足不了农民对各种公共文化的需求，制约着农民脱贫致富能力的提升。例如，珠江—西江经济带农村地区的医疗卫生服务水平也比较低，主要体现在医疗卫生设施建设相对比较滞后、医疗卫生服务设备供应不足、医务人员医疗卫生技能水平相对较低，而且农村地区的人口因为长期的体力劳动，身体素质相对较差，以及经济发展落后，当地居民难以获得较好的医疗卫生服务，很容易出现因病致贫和因病返贫的情况。与此同时，随着珠江—西江经济带各个地区扶贫工作的深入，很多地区都在修建公路、新修水利、架设电网、改善教育和医疗条件等方面投入了大量的资金进行建设，但是我们仍然要看到，这些基础设施建设的利用率偏低，它们预期的辐射带动作用仍没有得到充分的发挥。

第三，珠江—西江经济带农村地区的教育质量亟待提升，要让更多的居民接受良好且完整的教育，不断提升他们的思想道德水平，这是防止贫困代际传承的重要途径。在农村偏远地区，农村地区居民的受教育程度普遍偏低，由此使得居民脱贫致富的难度较大。近年来，珠江—西江经济带各地区不断逐步提升农村地区的教育水平，政府通过财政拨款，并加大乡村教师的人才引进力度，打造一支高水平的乡村教师队伍，这不仅切实保障了农村地区教育可持续性的发展以及整个地区教育水平的提升，也保障了农村适龄孩子有书读、有学上，使农村家庭的孩子都有接受教育的机会；但是由于地理位置偏远，农村地区的生活条件艰苦，且教育资源不多，师资力量比较薄弱，因此农村地区农民家庭的子女难以接受良好的教育。2018 年，珠江—西江流域沿线的云南、贵州、广西、广东等地的教育支出分别为 1077.43 亿元、985.95 亿元、933.22 亿元、2792.90 亿元，分别占一般公共预算支出的 17.74%、19.60%、17.57%、17.76%[1]，由此可以看出，珠江—西江经济带各地区对教育的投入力度较小。与此同时，农村地区由于受农村传统思想以及各种封建思想等因素的影响，导致农村地区居民的思想解放度仍比较低，农民会对外来文化、思想和知识产生不同程度的排斥，对新事物的接受程度也较低。为此，要从根本上去除穷根，实现农民脱贫致富，就迫切需要进一步提升农村的教育水平和教育质量，让更多适龄儿童上得起学、愿意上学，不断提升农村地区的人力资本水平。

由此可见，需要进一步加大珠江—西江经济带农村公共交通基础设施建设、教育发展、医疗卫生保障等各种资源的保障力度，努力解决其公共产品和服务供给不足的问题，迫切需要进一步加强各类公共基础设施的建设，努力增

---

[1]　中国知网．中国财政年鉴（2019）．https：//navi.cnki.net/knavi/yearbooks/YZGCZ/detail? uniplatform = NZKPT.

加农村公共产品和服务的供给。

5. 自我发展能力贫困

通过上文的实证分析可以发现，劳动技能的单维度贫困发生率达到23.65%，单维度贫困发生率较高，而且在珠江—西江经济带精准扶贫与精准脱贫满意度的目标层影响指标权重中，自我发展能力维度的影响权重排名第三位，为0.1760。由此可见，自我发展能力是推动农民脱贫致富要考虑的重要因素。自我发展能力贫困主要体现在以下方面。

第一，劳动技能短缺，农民自我发展能力不足是制约农民脱贫致富的重要因素。人们的职业、岗位及其在劳动中的工作成效等，很大程度上受其年龄、智力、身体素质、知识水平、技术技能、思想观念以及家庭结构等因素的共同影响，最终影响到其家庭的收入水平和生活质量。而农民的家庭之所以贫困，主要是受到了一些难以改变的共同因素的影响。例如，珠江—西江经济带的农民很多受制于生活环境差、自然资源稀缺等因素的影响，难以将自身努力与外在环境改善结合起来以创造更大的经济价值和社会价值，致使其难以摆脱生活困难等状况。在很多的情况下，农民对提高自身能力、改善家庭状况有着强烈的愿望，但是缺乏有利的发展条件和因素，包括地理区位、自然条件、资源禀赋等，这些条件和因素的改变存在较大的难度，仅靠农民自己的力量或较弱的外部力量是难以改变的。要使农民有稳定的收入来源和实现收入增长，就要注重对可控的条件或因素进行调整。地方政府部门发挥政策优势，提供财政补贴、财政转移支付、专项贷款、保障性工作岗位、教育培训、专业技术支持等精准扶贫措施帮助经济困难的农民实现脱贫致富，这些措施产生了较大的影响，不仅给劳动能力弱的农民提供了基本的生活保障，也给有发展计划的农民提供了必要的资金支持和技术支持，对提高农民的生活质量，实现脱贫致富发挥了重要作用。但是我们仍要看到，农民的自我发展能力仍然需要进一步加强，需要增强其可持续发展能力。

第二，农民的知识文化水平较低。截至2019年，珠江—西江流域沿线的云南、贵州、广西、广东等地区6岁及以上受教育人口分别为17996人、13196人、17344人、23665人，其中，未上过学的人口分别为1694人、1931人、864人、1436人，占6岁及以上受教育人口的9.41%、14.63%、4.98%、6.07%；大专及以上学历人口分别为671人、453人、656人、1031人，仅占6岁及以上受教育人口的3.73%、3.43%、3.78%、4.36%。由此可以看出，珠江—西江经济带沿线地区农村居民的知识文化水平较低[①]。对于农民来说，他们从事的工作和获得的薪酬水平，主要取决于他们自身的受教育水平及掌握的专业技能。一般来说，受教育程度较高的人往往以劳动强度较小的脑力劳动为主，其薪酬也相对较高；而受教育水平较低的人往往从事以劳动强度较高的体力劳动为主，其薪酬水平相对要低一些。文化水平的高低导致了职业选择的不同，最终导致其收入水平的不同和福利保障的不同。对于受教育程度较高的农民来说，在种植方面，他们在农业生产中拥有更高效的生产技能和管理方式，善于选择市场需要的农作物品种，能够从多种途径获取有效的市场信息，从而获得更高的收入；在养殖方面，拥有丰富养殖经验的农民能够选择销售价格较高的品种进行饲养，在市场竞争中具有一定的优势。总的来说，受教育程度高低对农民的收入水平的高低及其家庭生活质量的高低有着重要影响。而大多农民的受教育水平以初中及初中以下为主，没有过多的知识和技能，因此很难获得较高的收入。农民的知识文化水平不高，不仅使自身的就业途径和获取收入的渠道受到制约，也对子女的教育产生了不利影响。而农民家庭则出于家庭经济状况的考虑，对下一代的教育缺乏足够的重视，在子女接受完基础教育后就督促他们外出打工以减轻家庭经济负担；与此同时，农民对子女教育的不重视以及对子女教育管理的缺失使适龄儿童从小就缺乏良好的学习环境，也就因此难以让其产生良好的学习兴趣和学习意识，进而影响其后期接受教育的热情和信心，导致这些适龄儿童在接受九年义务教育之后选择打工而非继续学习深造，这导致他们教育程度相对较低，知识文化水平不高，所以他们只能从事一些很容易被替代的低报酬体力劳动，家庭的收入水平和生活质量总体上仍然不高。

第三，农民的思想观念转变难度大。农民的生存和发展状况受其思想观念等因素的影响。先进的思想观念促使人们将理论付诸实践，坚定的意志则使人坚持不懈地克服各种困难。农民相似的生活环境使他们拥有类似的思想观念。大多农民都有脱贫致富的想法，但是很少有人愿意或能够付诸实践。长期以来，受落后思想的影响，他们只求满足基本生活需要，对于追求更美好的生活，虽然有过设想，但始终难以将其变为现实，其生产和生活方式仍比较落后，难以跟上市场经济发展的步伐，仍缺乏与时俱进、开拓创新的思想和意

---

① 国家统计局人口和就业统计司. 中国人口和就业统计年鉴（2020）[M]. 北京：中国统计出版社，2020.

识。珠江—西江经济带中的广西、云南、贵州等地区的地理位置相对较偏，环境也相对较闭塞，基础设施比较薄弱，当地农民的传统思想观念仍较落后。受传统落后思想观念的影响，农民也大多延续着传统生产方式和生活方式，长期以来，难以适应现代社会的发展，因此，在新旧思想观念的冲突中，农民更容易产生消极的生活态度，进而放弃努力奋斗，甚至会将这种消极的思想观念传递给下一代，致使子孙难以摆脱传统的思想观念，最终难以实现脱贫致富的目标。

（二）珠江—西江经济带精准扶贫与脱贫存在的主要问题

通过上文的实证分析可以发现，珠江—西江经济带精准扶贫与脱贫满意度的目标层影响指标权重从高到低进行的排序依次为：健康维度、生活条件维度、自我发展能力维度、公共资源维度、生产条件维度。通过进一步分析发现，要优先解决前十个目标层影响指标的各种问题，如家庭成员健康状况、综合文化素养、重大疾病保险受益率、饮用水、家庭成员重大疾病发生率、社会就业能力、电、房屋结构、受教育年限、医疗补助受益率等方面的问题。因此，要深入推进珠江—西江经济带精准扶贫与精准脱贫问题的解决，需要综合考虑珠江—西江经济带的多维贫困问题，然后才能因贫施策，深入推动精准扶贫、精准脱贫。围绕珠江—西江经济带各农村落后地区需要解决的问题，推动精准扶贫、精准脱贫工作所面临的突出问题主要体现在以下方面。

1. 帮扶资金需合理增加

精准扶贫政策能否有效实施，脱贫攻坚能否取得胜利，很大程度上取决于帮扶资金是否实现了精准投放，是否帮农民切实解决了实际问题。一般而言，帮扶资金下发时容易发生违法违规之事，为了让村民能够实现脱贫致富，提升生活质量和水平，需要增加扶贫资金的投入并实现精准投放。然而，从扶贫实践可以看到，农村地区缺乏足够的扶贫资金支持，资金投放力度小以及投放不够精准等因素是其难以脱贫致富的重要影响因素。从政府的角度来看，政府难以精准有效地投入帮扶资金，主要受帮扶资金的使用选择以及帮扶资金的拨付效率等因素的影响。而从帮扶对象的层面来看，由于需帮扶的农民比较多，资金拨付规模有限且下发的过程也比较繁杂，而小额贷款及社会融资在对农民缺乏足够信任及政府支持的情况下，难以为农民提供各种信贷支持，也使农民在生活和生产条件改善方面缺乏足够的资金，进而影响其生活质量和水平。

第一，帮扶资金使用结构不够合理。受制于资金支出规模的影响，珠江—西江经济带各地区的农业生产投资主要倾向于种植业和养殖业，以及道路建设和投资设备购买等一些效益好和见效快的项目，不够注重乡村教育投资以及农民的专业培训这些周期长、效益慢但从长远发展来看却是很重要的投资项目。虽然对产业及基础设施建设给予较多的重视，但对个人职业技能提升却重视不够，致使资金使用结构不够合理，并制约了农村地区居民文化水平的提高及其生活质量的提高，不利于农民自我发展能力及其帮扶效果的提升。

第二，资金支出不足且分散。长期以来，农村地区的居民都习惯于被动地依靠政府的帮扶实现脱贫致富，希望利用政府拨付的帮扶资金来投资建设，缺乏主观奋斗的意识，市场竞争意识也不强。这种思想就使得有限的帮扶资金难以满足广大农民的大规模需求，现有条件下，要满足每个人的帮助和支持，会导致帮扶资金的支出不足且分配也较分散。在国家鼓励和推动"大众创业、万众创新"的背景下，很多农民也萌生了创新创业的想法，但是这存在巨大的风险。创新创业不仅需要有超前的想法，还需要大量的、持续的资金。对于缺乏经济实力和基础的农民来说，前期获得帮扶资金支持已经不易，若后期资金得不到补充，将会给其生产经营形成巨大的经济压力，这也将是其难以接受的。当前的帮扶措施主要以提供帮扶资金等来提供一些短暂性的缓解支持，这种措施虽然在短期内对农民的生活质量提升起到一定的推动作用，但是从长远来看，仍然不利于提升农民的可持续发展能力，而且会使农民对政府的依赖程度不断加深，自主脱贫的意识不强，最终会阻碍农民脱贫致富的实现。

第三，帮扶资金使用门槛较高。一方面，帮扶资金的使用需要达到一定的标准和要求，例如，产业发展基金要求申请者具有一定的经济基础并达到相应的技术要求，然而，一般的农民往往难以完全具备这些条件，这就使经济基础不差但是满足这些标准的人能够申请到帮扶资金，却不利于经济条件较差的人申请到相应的帮扶资金。另一方面，政府要求帮扶资金要用于指定的项目或特定的用途，但是这些项目可能与农民的实际需求不相适应，进而影响农民申请帮扶资金的积极性，同时，真正符合农民利益需求的项目可能会因缺乏资金而难以实施，这就容易使对农民的帮扶作用和效果比较受限。

2. 帮扶对象的脱贫致富意识仍不强

精准扶贫能否顺利实现以及最终的扶贫效果如何，很大程度上取决于帮扶对象的自主脱贫意识的强弱。农村贫困群体是进行帮扶的主要对象，只有让他们充分、透彻地认识到实现自主脱贫致富的重要性，才能够为后续精准脱贫的深入实施打开第一道门。事实上，部分农民过于依赖政府的财政补助和支持，而且依靠自身实现脱贫致富的自主意识仍不强，这就导致实际产生的扶贫效果与预期相差较远。

第一，自主脱贫意识较弱。珠江—西江经济带农村地区的人口较多，经济发展水平较低，家庭经济比较困难，且受长期的被动接受帮扶思想的影响，习惯性"等""靠""要"，许多农民过于依赖政府发放的帮扶资金，缺乏自主脱贫致富的意识；在人生追求方面，他们只要求满足基本的生活需要，缺乏致富的动力或能力，这就会使他们很难有效应对各种突发状况，很容易再返贫。还有一些农民可能会谎报家庭真实情况等来获得扶贫资格，或者是满足脱贫标准却不主动申报，以此继续享有帮扶待遇，也反映了农民不愿积极自主脱贫，且自主脱贫意识仍较弱。

第二，依赖心理较严重。随着国家帮扶政策的深入实施，一些农民逐渐习惯接受政府的各种帮扶，一定程度上存着"等""靠""要"的消极思想。这种思想在农村地区造成了不良影响，导致经济收入水平低或经济压力大的农民对政府部门的帮扶形成依赖性，不利于实现脱贫致富。与此同时，一些农民由于受传统落后思想的影响，认为贫困是一件丢脸面的事情，被纳入贫困户会使他们受到歧视，所以他们对于帮扶工作也会不够配合，甚至会产生抵制的态度，进而打击基层帮扶干部的工作积极性，也不利于自身实现脱贫致富。

3. 帮扶对象的识别工作仍需加强

由于造成农民家庭生活贫困的原因很多，各个家庭的情况不同，因此对于帮扶对象的识别方式及标准也有所不同，需要对居民家庭的具体情况进行综合考虑。从理论上来说，帮扶过程中应当对各家庭的具体情况进行具体分析，但由于需要帮扶的人口较多，致贫原因也过于复杂，导致基层帮扶干部要实现这一目标必须耗费大量的人力、物力和财力，帮扶过程中面临着较大的困难。在实际的操作中，由于各种特殊情况存在，会对帮扶对象的识别不够准确。在对帮扶对象进行精准识别以后，需要根据"一户一策"和"一村一策"的要求来进行精准帮扶。然而，受居民家庭综合信息的可获得性和基层帮扶干部工作能力的局限性的影响，现实中按照平均主义原则对不同家庭情况的农民分配同等的资金补助和项目分红的做法却更为常见。这种做法虽然相对比较公平，但是根据精准扶贫的精准性要求，并不利于帮扶对象的精准识别及帮扶工作的深入开展。随着精准识别工作的有序推进，各个地区都按照国家的识别标准，从本地区的实际情况出发，制定了相应的精准识别办法。目前，珠江—西江经济带各地区通过建档立卡的方式对贫困人口的基本信息进行登记，将符合贫困标准的个人、家庭的基本信息纳入统一的信息管理系统，完成了贫困人口的识别和建档立卡等工作，但是实践中也面临着一些突出问题。

一方面，在贫困人口的识别过程中，按照珠江—西江经济带各地制定的标准，处于极端贫困的人口能够较易被识别。虽然如此，还是有一部分家庭情况比较复杂，他们的收入不符合贫困标准，但是有高昂的医疗卫生支出和教育支出，实际仍然处于贫困状态。如果单纯按照家庭人均收入的标准来识别贫困人口，就会使这种特殊的家庭得不到有效的帮扶，贫困识别就不够精准。虽然以收入水平为标准进行贫困识别非常直观且简便，但是随着经济社会和城镇化的推进与发展，农民家庭除了原本的务农收入外，也有成员进城务工赚取了各种劳务收入，收入也更加多元化。而现实生活中，由于存在基层帮扶干部对政策的了解不够深入，村委会民主评议缺乏规范性或贫困识别程序不规范等问题，导致贫困家庭的一些隐性收入被忽视，自然也就影响贫困识别的精准性和有效性。如果初期对于人口的识别出现偏差，就会导致后期帮扶政策实施的有效性大打折扣。

另一方面，精准识别工作还需加强。对帮扶对象的识别和建档立卡是一个繁杂的工作，需要大量的工作人员实地走访调查。很多外派人员兼顾原工作岗位职责，由于调查工作量大，工作中，思想方面易产生敷衍和应付心理，致使精准识别出现偏差，未能准确识别出真正需要帮扶的人员。而面对贫困成因呈现多样性和特殊性的人口，帮扶干部由于工作的烦琐性，难以准确地记录所有人口的真实情况，致使农民真实贫困的原因往往被忽略，不利于后期帮扶工作的针对性开展。而且在调查、登记工作中，会存在接受精准识别调查的农民因虚报个人、家庭实际总收入使统计结果失真的情况。因此，需要加强帮扶对象的识别工作，避免农户虚报个人和家庭的经济和生活状况，以提高识别和帮扶的精准性；基层工作人员需要认真去落实，加强帮扶对象的工作配合，如此才能顺利地开展精准识别工作。

4. 帮扶的工作难度仍较大

精准扶贫要求帮扶工作人员能够根据帮扶对象的实际情况与发展需求，制订有针对性的帮扶计划，从而使贫困人群实现脱贫致富。贫困人口是精准扶贫的主体之一，根据帮扶对象的实际情况，将其划分为不同的帮扶类别，并按照他们的实际帮扶需要，有针对性地开展帮扶工作，同时，增加帮扶对象对工作的了解和参与程度。然而，因为受帮扶对象、帮扶人员以及帮扶资金规模等因素的影响，致使各地区的帮扶工作开展及成效存在着较大的差异，因此，实现农民脱贫致富仍存在较大的困难。

一方面，在脱贫攻坚工作中主要起主导全局作用的是政府部门，接受帮扶的人们处于被动接受的地位。帮扶对象没有权力参与扶贫设计与规划过程，就会导致扶贫工作的开展缺乏群众监督，容易滋生腐败现象，最终使扶贫项目难以顺利开展，不利于帮扶对象实现脱贫致富。随着帮扶工作的深入开展，帮扶干部越来越意识到参与式发展的重要性。参与式帮扶在珠江—西江经济带各地区也得到大力倡导，政府是帮扶工作的主体。第一，在帮扶对象的识别过程中，彼此了解的村民没有参与选出帮扶对象名单的权利，仅有少量村民代表参与投票选举，难以充分保障帮扶对象识别工作的精准性。第二，基础政府工作人员在缺乏与帮扶对象充分交流以及对其及家庭的生活状况进行充分了解的基础之上就选择帮扶项目内容，而这些帮扶内容很可能并不能满足帮扶对象的实际需要，也不是他们感兴趣和能力解决范围之内的项目内容，这就导致实施的项目很难取得预期成效，也会造成较大的损失和浪费，对帮扶对象的帮扶效果也不佳。第三，帮扶项目的实施缺乏群众监督。由于帮扶对象的家庭经济压力大，时间精力有限，只能关注自家的帮扶效果，而对于政府部门的帮扶政策是否落到实处并不了解，也不能起到很好的监督效果。第四，对帮扶政策认识不足。基层政府帮扶人员大多受教育水平不高，工作能力有限，也缺乏对政府扶贫政策的系统了解，对帮扶政策的实施及宣传效果相对比较差，存在基础政府工作人员和帮扶对象之间的信息沟通不够通畅的情况。

另一方面，帮扶资金的获取存在一定的困难。珠江—西江经济带各地区的扶贫资金主要来自上级财政的专项扶贫基金，部分地方财政的拨款、社会各界的捐赠以及优惠的信贷政策。在帮扶专项资金获取方面，拨付程序烦琐，上级财政部门首先将帮扶资金拨付到各地区，各地区根据当地实际情况自行对帮扶资金进行规划和分配。被帮扶的农村地区及帮扶对象想要获得帮扶资金的使用权，就需要根据项目提出申请并逐级上报，但由于农户的受教育水平普遍不高，因此难以填写流程烦琐的申报材料，并且实际使用的过程中也存在资金使用不规范等问题，导致下拨资金的实际使用与申报存在偏差，耗费大量时间和人力、物力的同时，也削弱了帮扶资金的使用效果以及帮扶对象参与帮扶的积极性。在扶贫资金的信贷方面，扶贫小额信贷政策的宣传与落实不够到位。农民是农村扶贫开发工作的中坚力量，所以农民对扶贫工作的全程积极参与，不仅能有效促进扶贫开发工作的顺利进行，还能有效保障农民帮扶工作的参与权和知情权，但大部分农民对扶贫小额信贷政策、"雨露计划"补助政策并不是很了解，与此同时，大部分农民并未真正享受到扶贫小额信贷优惠政策，未能申请获得扶贫信贷资金，由此可见，资金获取困难一定程度上制约了珠江—西江经济带扶贫开发工作的深入进行。

5. 加强帮扶过程的精准管理

珠江—西江经济带各地区均建立各自的扶贫信息管理系统和帮扶模式，但由于受实际操作过程中人为因素的影响，致使精准管理过程问题突出，影响了帮扶工作的高效开展。

第一，动态管理成本较高。扶贫信息网络管理系统是推进帮扶工作有效开展的重要内容，是对帮扶对象的基本信息、扶贫项目信息、帮扶资金使用信息、帮扶责任人考核信息以及帮扶对象变更信息等内容的管理。虽然珠江—西江经济带各地区初步建立了扶贫信息管理系统，但由于帮扶人口多、信息覆盖面广等原因，每一项信息管理都涉及大量统计数据，且缺乏统一的动态信息管理数据库以及便携的动态信息追踪机制，致使管理工作量大，管理成本高。

第二，监督管理力度不足。精准扶贫、精准脱贫工作的顺利开展，很大程度上有赖于各基层政府领导干部对政策的落实情况。由于监督管理力度不足，有的地区在帮扶过程中存在假公济私、以权谋利等问题，这严重阻碍了精准扶贫的深入实施。珠江—西江经济带各地区虽然形成了一定的监督体系，但是监督往往主要体现在行政内部，而社会各界对帮扶工作的监督相对较少，因此，社会各界的监督力量也相对较薄弱。由于帮扶对象受教育程度普遍较低，其对法律条文的解读能力也较弱，导致大部分地区农民的法治意识及对精准扶贫工作的监督力度都不足。

第三，管理机制的规范性不足。在帮扶资金的使用管理方面，帮扶资金下拨时容易发生违法违规之事，要解决挪用扶贫资金的问题，就应加强对扶贫资金的监管与监督。在帮扶资金的使用过程中，上级政府不定时地随机检查及对资金的使用情况予以监督，这对帮扶工作来说是不可或缺的。在帮扶资金使用的过程中，必须采取合理的管理办法，坚持公平、公正、公开的原则，严厉禁止贪污腐败行为的发生。而且帮扶资金使用不规范的问题在农村基层更为突出。农村的基层扶贫干部普遍素质较低，道德约束感较弱，因此，可能存在利用自己的职权随意挪用和克扣帮扶资金的现象。缺乏有效和完善的帮扶资金管理机制，使群众难以对帮扶资金的使用进行全面的监督，因此容易导致帮扶资金被滥用的问题。在帮扶对象的动态管理方面，能否抓好帮扶对象的动态管理，对帮扶工作的深入开展具有重要的影响，因为随着帮扶工作的不断推进，帮扶对象的贫困状态并不是一成不变的，要根据实际情况对帮扶对象进行及时的更新和调整。在完成建档立卡工作之后，还要根据当地的实际情况，制订帮扶计划，筹划帮扶资金，但是由于珠江—西江经济带各地区缺乏统一的脱贫标准，加上脱贫后再返贫的问题十分突出，很难决定何时可以退出，帮扶工作人员要实现对扶贫档案的动态管理就格外困难，因此，在帮扶管理机制的规范性方面还需要进一步加强。

6. 考核管理机制仍需完善

珠江—西江经济带各地区主要采用扶贫部门上级对下级的方式来对帮扶的实施效果进行层层考核。在实际操作中，受各种因素的影响，通常采用第三方检查的方式来实现上级对下级的扶贫成效考核。为了获取更加直接、更加细致的考核结果，地区市一级则采用工作人员实地入户的方式对各乡镇进行考核。每一种考核方式都要遵循一定的考核标准，也都会对考核结果产生不同程度的影响。作为考核主体的政府部门，考核帮扶成效的时候仅查看及简单询问是远远不够的。由于没有将帮扶的利益主体——农民纳入评价体系，由此得到的往往是单方面的考核结果。由于层层考核带来了巨大压力，基层政府部门为了应付考核常常会重形式轻实质，重短期轻长期。例如，"帮扶资金"作为经营性收入在帮扶收入核算表中的出现频率很高，但"帮扶资金"实际上只是帮扶干部走访农户时给予慰问品的现金换算，并不属于农民通过不同经营方式获取的收入。实际上，将"帮扶资金"作为经营性收入的目的是方便监管人员在核实农民收入时更加清晰。然而，只是偶然会发放慰问金这一收入，并不具有可持续性，虽然短时间有解燃眉之急的作用，但是从长期来看，并不能帮农民真正改善贫困状况。对于农村居民来说，只有建立长期的帮扶成效考核机制，引入长效脱贫致富的评价指标，才能够保障帮扶对象的经济状况得到长期、持续的改善。

由于对帮扶成效的考核主要以帮扶结果为依据，对帮扶政策的具体实施过程关注度不够，因此会使一些地区的基层政府帮扶工作人员过于急功近利，片面追求看得见的帮扶结果，最后反而危害了群众利益。例如，一些帮扶干部平时对帮扶对象毫不关心，不干实事，但是为了应付上级的考核，在检查人员到来前夕临时走访农户、送慰问品，假装关心帮扶对象，以期在检查人员面前获得较好的印象和评价。又如，基层帮扶干部平时工作不积极，也没有对帮扶对象的危房进行及时改造，但是为了通过帮扶成效考核，就用粉刷墙壁的方式来制造房屋状态良好的假象，甚至会要求帮扶对象打扫卫生以迎接领导检查。上述种种不仅没有起到帮扶作用，反而浪费了人力、物力、财力，既损害了帮扶对象的利益，又挫伤了帮扶对象脱贫致富的积极性。另外，由于帮扶成效考核过于看重结果，忽视帮扶过程，使得越来越多的基层帮扶干部习惯以结果为导向来开展帮扶工作，缺乏对帮扶对象的持续性帮扶和指导，不利于帮扶工作的持续推进及帮扶工作的深入实施。

在珠江—西江经济带农村地区居民的帮扶中，"两不愁三保障一安全"以及帮扶对象的经营性收入是考核帮扶效果的主要指标，而经营性收入这一数据指标又居于主体地位。虽然经营性收入确实能够在很大程度上反映帮扶对象的经济状况，但是单靠这一指标是无法全面衡量所有情况的。当前上级对帮扶成效的考核，主要是依托第三方检查的方式进行，上级政府对下级的帮扶成效考核结果最终取决于第三方机构的评价。虽然第三方机构的参与大大增强了帮扶成效考核的客观性和公正性，但是由于珠江—西江经济带各地区的监督制约体系还不健全，同时也难以将下拨给帮扶对象资金的工作交予第三方单位执行，相关条件也尚不具备；与此同时，对第三方机构制约的缺失导致一些人为因素很容易影响第三方机构的评价结果，比如，下一级政府对考核结果可能会因检查人员的态度以及接待情况不同而有所不同，这就使基础政府部门由此得出的考核结果的真实性和可靠性有待验证，有关管理考核机制仍需进一步完善，以提升其考核结果的科学性、准确性、可靠性。

（三）乡村振兴下推进珠江—西江经济带扶贫开发面临的主要问题

1. 农业产业化和产业现代化发展的制度和政策有待健全

长期以来，农村地区由于经济发展水平总体比较低，市场资源和要素缺乏，经济增长乏力，其产业发展以传统的农业生产和发展为主，也因此导致基层政府缺乏对当地产业发展政策和制度进行全面、合理的规划的动力，使其产业发展政策和制度长期处于不健全的状态，并形成一种恶性循环，始终难以摆脱这种低下的经济发展状况。要深入推进珠江—西江经济带农村地区发展，需要将乡村地区的农业产业化和产业现代化发展制度与政策完善作为重要的突破口，并为推动珠江—西江经济带农村地区的扶贫开发创造良好的政策和发展环境及条件。乡镇基层政府出台的关于农业产业化和产业化发展的相关政策与文件相对较少，一些乡镇政府所颁布的相关规章制度也有待完善。可以通过农村地区的产业发展奖补政策减少农户生产的成本，采取到户奖补政策、农业企业奖补政策、家庭农场奖补政策、专业合作社奖补政策、农业产业联合体奖励政策等政策措施，并明确具体的奖励对象、奖励标准等政策内容，逐步实现农业产业发展规模化、标准化。

2. 农业产业规模化、集约化和现代化发展态势尚未形成

农村地区的产业发展比较落后，以传统的种植业和养殖专业为主，农业产业的规模化经营水平也较低，产业规模较小，而且以传统的小农经济为主，蔬菜的产品供应也不稳定，因此难以形成产业规模效应，与农业产业规模化、集约化、专业化的发展要求有着较大的差距；而且，农村地区第二产业和第三产业发展比较落后，产业发展同质化严重，附加值低，缺乏产业链及其布局，尤其是推动产业发展的相关配套设施尚未完善，甚至有些地方的基础设施建设仍比较落后，尚难以达到推动珠江—西江经济带农村地区产业快速发展所需要的要求。在此背景下，推动农业和产业实现规模化、集约化和现代化条件尚未成熟，因此其发展态势也尚未形成，推动珠江—西江经济带农村地区发展仍任重而道远。

3. 农业产业发展与农户之间的利益联结机制尚未形成

农民"就业难、增收难"的问题，亟待通过构建农业和产业发展与农户之间的利益联结机制来解决，这是推动农户增加收入，提高生活质量，实现就业和致富的重要渠道。但由于企业的生产经营活动具有独立性，其生产经营收益通常难以惠及广大农户，虽然部分企业的农产品原材料来源于农户的农业生产活动或手工活动，但是这种利益联结机制通常不稳定或者比较薄弱，而且其与农户之间的利益联结和共享机制尚未充分确立，大部分企业没有把农民利益联结到产业中，农民无法分享农业产业链延伸和功能拓展的好处，导致农民群

众的生产积极性不高，农业产业发展质量提升和规模扩大也受到较大的影响，这不仅影响着企业长期生产经营活动的可持续发展，而且影响着农户参与企业生产经营活动的积极性。而且在农村地区农业产业发展的过程中，股份合作、低保护收购价、利润返还等多种紧密的利益联结形式还不够完善，"公司＋合作社＋农户""公司＋基地＋农民""农民入股＋保底分红"等多种利益联结方式也还未得到有效的推广。

4. 协调推进城乡融合发展的纽带作用尚未发挥

长期以来，乡镇地区在推进城乡融合发展中的纽带作用尚未充分发挥，无论是在推动农村地区经济社会发展，促进乡村农产品销售，促进农民就业和增收，还是在促进和引导城镇资源向乡镇和农村地区流动，更好地发挥城镇的辐射带动作用，乡镇这种承上启下的作用、辐射带动作用和纽带作用都尚未得到有效发挥。这也表明农村的经济发展实力仍比较薄弱，农村地区存在镇、村脱节发展，生态环境较差，现有的乡村振兴建设存在一定的无序和散乱问题，基层政府也未能有效融合和规划统筹各种政策、资源，充分激活农村市场，乡镇的要素集聚和扩散功能尚未形成，连接城镇和乡村地区的纽带也尚未形成，迫切需要加快推进乡村地区的发展，以更好地推进珠江—西江经济带农村地区的发展。

5. 基础设施服务体系和公共服务体系有待进一步完善

由于农村地区的经济发展水平总体较低，而且无论是基层政府的财政收入，还是上级财政部门的财政拨款，农村地区的财政支出规模都较有限，尤其是投入农村基础设施和公共服务体系建设的财政支出金额更是有限，因此，农村地区的基础设施服务体系和公共服务体系总体都较薄弱，仍需进一步加大财政投入力度，强化基础设施和公共服务体系建设，以更好地适应珠江—西江经济带农村地区经济社会发展的需要。以广西南宁武鸣区府城镇为例，该镇有26 个行政村，各种公共服务基础设施（如垃圾、污水处理设施等）供给严重不足，导致财政资金的缺口较大，公共服务的供给模式也比较单一，公共服务的财政资金投入不足严重制约着乡镇基本公共服务能力和水平的提升[①]。

---

① 杨莉玲. 乡镇政府公共服务能力研究 [D]. 南宁：广西大学学士学位论文，2019：16 – 17.

二、珠江—西江经济带精准扶贫及实现
农民脱贫致富存在问题的原因分析

（一）帮扶的"造血"能力仍不足

珠江—西江经济带各地区的政府利用政策优势以及财政补贴以直接的补助方式帮助帮扶对象，也就是动员式扶贫治理的方式。帮扶的主体能力以及帮扶的方式是影响帮扶工作开展的重要条件，两个因素一起制约着帮扶工作的效果，工作开展的进程中，往往存在帮扶主体工作分散与能力较低等问题，通过以政策形成多元主体协同治理的格局，不仅能够提供各种资源，而且还能与导致贫困的原因以及农民发展诉求相匹配，充分调动农民的发展积极性。然而在具体的帮扶实践中，政府能力和职权有限，对帮扶过程中的问题难以面面俱到地考虑到。再加上农村地区的经济水平长期处于落后状态，需要大量的资金。除此之外，最终的帮扶效果受多重因素的共同作用，例如，帮扶主体的能力及方式等。由于帮扶主体各自掌握着种类不同、数量不等的资金和资源，会在帮扶方式及作用效果上呈现不尽相同的状况。此外，国家财政资金管理具有严肃性，这就使帮扶单位的行动受到限制，进而使财政资金的使用受到影响。帮扶实践中，除了一小部分帮扶单位能够提供充足的资金，绝大部分的帮扶主体得到的帮扶资金都很少。帮扶主体主持的项目对农民缺乏"造血"功能，加上项目难以充分利用农村的资源和劳动力优势，使得部分农村地区在开展精准扶贫、精准脱贫等一系列工作中由于帮扶任务存在较短的时限，且其难度较大的问题，依然存在农民的参与度不高的情况，农民自我提升意识不够高。从帮扶结果来看，部分帮扶单位的参与是卓有成效的，但是还有一些帮扶单位纯粹只是为了完成政治任务，对扶贫资金缺乏科学、合理的规划，也没有对帮扶效果进行有效的评估，最终导致帮扶资金的使用未充分发挥"造血"的功能。

从理论上来说，要想从根本上去除穷根，实现农民脱贫致富，必须推动农村地区的产业发展。目前，珠江—西江经济带各地区主要依靠发展新型合作农场来发展帮扶产业，但是存在着发展模式单一和"造血"功能不强的问题。虽然政府采取了一定的措施来解决这些问题，帮助农民提高经济收入，比如合理规划土地的经营规模，推动土地规模流转的进程等，但是效果不佳。原因在于，农村地区多地处山区，地形崎岖，难以建立新型的合作农场，经济条件和土地纠纷的限制使进行土地平整面临非常大的困难。另外，由于农民所赖以生存的农业生产资料较少、农机具较少，主要依靠牲畜劳作，生产条件艰难且具有很强的限制性，容易出现帮扶项目的顶层设计不符合现实需求，其需求难以得到满足，无法产生预期的"造血"效果。如果多样化的产业帮扶模式得不到发展，农民很难实现可持续发展。而大部分帮扶措施只能起到短暂的缓解作用，长此以往，必然会浪费宝贵的帮扶资源，难以从根本上帮助农民实现脱贫致富。通过实地调研我们发现，由镇、村级帮扶干部帮扶的农民容易缺乏自主脱贫致富的意识。镇、村级扶贫干部虽然能够掌握更加准确的政策信息，但是他们缺乏系统的帮扶产业专业技能培训，而且自身对帮扶政策的了解也不够深入，所以帮扶过程中往往过于强调物质的帮扶，而忽视了农民脱贫致富能力及其积极性的提高，不利于农民长期生活条件的持续改善。

（二）帮扶资源的配置不够合理

在开展帮扶工作期间，珠江—西江经济带各地区由于部分扶贫资金出现使用供给量不足，配置不合理，造成了一定的浪费和损失。这主要体现在以下几个方面。一是金融机构网点太少。乡镇地区虽然有农村商业银行和邮政储蓄银行两个银行的网点，但主要以商业银行为帮扶对象提供的贷款支持为主，因此能为帮扶对象提供扶贫资金的金融机构十分有限，农民能获得的帮扶性信贷资金也相对较少。二是重视短期利益，忽视长远利益。部分乡镇没有充分考虑各个地区不同的发展需求，没有发挥帮扶资金发展重点产业和关键项目的作用，对帮扶资金的使用缺乏长远考虑和全局考虑；政府为了应付绩效考核，往往倾向投资短期内能产生效益的项目，而忽视具有可续性且能够产生长远利益，但是暂时看不到效果的好项目。另外，如果事前没有对帮扶项目进行深入的调查、研究，以及对帮扶资金进行科学、合理的评估，很容易使帮扶项目的实施脱离实际需求，最终不仅没有产生预期的帮扶效果，反而浪费了帮扶资金和各种社会资源。因此，需要加强帮扶项目的系统和统筹规划，综合考虑，因贫施策。三是金融帮扶缺乏完善的监督机制和考核机制。在金融帮扶的过程中，除了对放贷规模提出相应要求之外，帮扶资金利用率的考核也非常重要。如果缺乏健全的评估机制，而且对帮扶资金的监督管理不到位，就可能会导致帮扶资金处于一种闲置状态或发放不到位，造成一种隐性的帮扶资源浪费。帮扶工作的最终效果很大程度上受帮扶资金使用效率的影响，因此需要盘活闲置的帮扶资金。之所以会出现资金闲置，主要是因为一个项目的实施需要很多流程。从立项到申报，再到审批以及资金的拨付和使用，中间涉及许多部门，每一个环节出现问题都会影响进程，因此要耗费很长时间。只有加强专项帮扶资金的监督管理，才能尽快让项目落地，更好地发挥帮扶资金对帮扶地区及农民的帮扶作用，加快推进帮扶地区的扶贫开发和农民的脱贫致富进程。

（三）农民的内生发展动力及其保障不足

农民主要生活在偏远的山区，这里交通不发达，长期的生产经营活动主要以农作物的种植为主，缺乏稳定的经济收入，且其教育文化程度相对较低，专业技术能力相对较低，社会参与能力也较薄弱，导致农民的自我发展能力及其内生发展动力较为薄弱，尤其是农民在患有重大疾病的情况下，严重制约着农民的脱贫致富[①]。由此可以看到，珠江—西江经济带各农村地区农民自我发展能力薄弱是制约农民脱贫致富的重要因素。由于珠江—西江经济带各农村边远落后地区的经济发展水平较低，生产和经营条件较差，加上受传统文化观念和意识的影响，该地区农民的教育文化水平及其综合素质相对较低，且这些落后地区的办学条件和能力也都相对较差，远远无法满足农村边远落后地区经济社会发展的需要，也必将导致这些地区的农民及其子女的受教育水平和自我发展能力都较低；与此同时，由于珠江—西江经济带各边远落后地区的公共基础设施服务体系仍比较薄弱，尤其是一些边远山区，农民的生产、生活条件比较差，而且这些地区的信息传输和物流运输仍较为封闭和落后，公共财政或社会各界在农村地区的投入仍较缺乏，[②] 远不能满足农村落后地区对经济发展的需要，在此背景下，也必然导致这些地区农村的自我发展能力存在诸多不足，自我发展能力也较低，进而影响农村地区的扶贫开发工作以及农民的脱贫致富工作的深入开展。

---

① 徐莉. 反贫困的性别分析：基于少数民族山区贫困女性生计资源的调查 [J]. 广西师范大学学报（哲学社会科学版），2016，52（6）：111 – 116.

② 梅兰. 努力提高自我发展能力　促进贫困地区快速发展 [J]. 贵州农业科学，2008（5）：180 – 182.

与此同时，珠江—西江经济带各农村地区居民家庭的可持续发展保障能力总体上仍较薄弱。从目前来看，这些农村地区村民的收入水平较低，甚至部分农民缺乏经济收入来源，在此背景下，会严重影响农民家庭可持续发展保障能力的提升。而且珠江—西江经济带各农村地区农民就业难的问题，是影响和困扰农村地区农民就业脱贫和实现脱贫致富目标的重要因素。由于农村地区农民就业难问题的影响因素较多，比如，农民教育水平低、专业技能较缺乏、社会交往和资源缺乏等因素都会导致农民就业困难，再加上农村地区的经济发展水平不高，收入来源缺乏，也将导致珠江—西江经济带农村地区部分农民的经济生活比较困难，尤其是劳动力不足而又患有重大疾病的农民家庭，其家庭成员承担的经济压力和就业压力也将更大，其劳动收入未能得到有效的保障；与此同时，由于农村地区的经济结构比较单一，对农民的就业需求也较少，而且由于农民自身的专业技能较为缺乏，择业能力不足，就业渠道狭窄，都将导致农村地区农民的就业难的问题更加凸显。① 由此可见，获取稳定的收入来源，是增强珠江—西江经济带各农村地区农民家庭可持续发展保障能力的重要保障，由于目前这些农村地区农民的就业和收入提高仍面临着较大的压力，而且其自我发展能力缺乏，社会资本、金融资本和物质资本等方面也较缺乏，导致其面临外部环境和压力的冲击方面仍处于比较脆弱的状况，农民家庭可持续生计仍得不到有效的保障，② 这将直接影响农民家庭可持续发展保障能力的增强。因此，珠江—西江经济带各农村地区农民脱贫致富仍处于深入推进阶段，农民的生存和发展能力仍处于有待提升阶段，如何深入解决农民家庭可持续发展保障能力的薄弱问题仍然是值得深入探讨的问题。

（四）帮扶机制不健全

1. 扶贫长效机制尚不完善

珠江—西江经济带各农村偏远落后地区的地理位置偏僻，交通不发达、信

---

① 赵柳，李东科. 西部贫困地区妇女就业问题浅析 [J]. 贵州工业大学学报（社会科学版），2006（6）：75－77，82.
② 杜本峰，李碧清. 农村计划生育家庭生计状况与发展能力分析——基于可持续性分析框架 [J]. 人口研究，2014，38（4）：50－62.

息技术发展滞后，当地农民在教育支出、健康医疗卫生支出等方面的支出存在较大缺口的现实不容忽视。例如，医疗卫生支出方面，农村偏远和落后地区本就医疗设备和医疗机构普及率不高，加之医疗卫生储备人员不足，医疗技术落后，凡此种种更是给这些农村偏远落后地区的医疗卫生服务体系的完善带来了巨大的困难，很多时候当地居民因重大疾病需做大手术时，甚至出现因技术落后、设备缺乏或专业技术人员缺乏等原因无法给患者提供医疗救治的情况，居民只能到比较远的城镇就医，而其也将面临更大的经济压力；而在长期的健康医疗帮扶中，大多外省医院多是仅以提供巡诊义诊或是开展某些健康讲座、举办疑难杂症的一些专题讨论会等来为农村落后地区的医疗机构提供医治经验，但是，由于农村地区需要救治的人较多，医疗资源较匮乏，且这些帮扶和救治方式持续时间短，覆盖范围较小，医治过程具有间歇性，对实际情况来说往往是杯水车薪。为此，在珠江—西江经济带各农村偏远落后地区，农民的收入水平比较低，家庭生活压力较大，如何从确保就业和家庭经济收入以及教育支出、医疗卫生支出等方面进一步构建和完善帮扶长效机制，确保农民能够实现脱贫致富的目标，过上美好幸福的生活，仍需要进一步来完善相关帮扶长效机制。

2. 帮扶管理监督机制尚不完善

在扶贫的过程中，珠江—西江经济带各农村地区需帮扶的人口较多，相关政府工作人员经手项目多、资金量大，难免存在"人情扶贫""关系扶贫"等情况，也可能存在有些干部利用自己手中的权力和自己经手管理的项目，将自己的亲戚朋友纳入帮扶的范围，从中牟取私利。如贵州省黔东南苗族侗族自治州纪委通报榕江县系统腐败问题，涉事人员皆为政府相关工作人员，贪污金额也并非小数目①。因此，在帮扶的过程中不仅要提高拨付资金的使用率，还要确保每一笔资金都真正花在人民身上，加大对帮扶资金使用的严格监督管理力度，进一步构建完善的帮扶管理监督机制。

3. 基层政府考核机制尚不健全

在帮扶工作考核中，各级政府采取目标管理责任制的形式，检验下级政府

---

① 人民网. 贵州：严查产业扶贫项目方面违纪问题［EB/OL］. http：//politics. people. com. cn/n1/
2016/0517/c1001 – 28356809. html，2016 – 05 – 17.

的政策实施的效果。上级政府部门出台的对扶贫及其成效考核的实施意见通常通过层层传导，最终落脚到基层政府身上。因此，基层政府开展的扶贫工作在整个帮扶政策的实施过程中占有非常重要的地位，其在各种调研、观摩、采访、考核中也会受到格外的关注。对于各地基层政府而言，对基层帮扶成效的考核结果不仅会影响上级政府对该地帮扶效果的判断，也会影响相关官员的仕途，同时也会影响外界对该地区发展的综合评价。总的来说，不断的检查和考核，一方面给基层帮扶干部提供了积极推行扶贫政策的动力，另一方面也给他们造成了应付考核的压力，不利于深入推进珠江—西江经济带各地区帮扶工作的深入开展和帮扶对象的可持续发展。与此同时，缺乏各种有效资源的基层政府如果难以完成帮扶目标，就会进一步对农村施加压力，依靠乡、村两级的通力合作完成任务。然而村级干部大多受教育程度低，直接承担的压力较小，只是被动地执行任务，缺乏整体的规划和长远的考虑。另外，很多基层政府为了应付检查和考核，采取一些手段弄虚作假，欺骗上级政府，如精准填表、数字脱贫以及做好扶贫档案的"绣花功夫"等，或是在政策实施过程中忽视群众利益、偷工减料，这都严重阻碍帮扶政策的深入推进，影响预期帮扶目标的实现。因此，基层政府考核机制还需要进一步完善，以促进基层政府帮扶工作的健康和可持续发展。

（五）基层干部追求短期扶贫效益

基层扶贫干部作为扶贫政策的具体实施者，是推动帮扶对象实现脱贫致富的主力军，他们的帮扶绩效是党和国家实现帮扶目标的具体体现。然而在帮扶实践中，一些干部工作态度不端正或者对扶贫政策理解不深刻，容易出现忽视群众长远利益而追求短期扶贫效益的情况。具体来说，存在以下几方面原因。

第一，基层帮扶干部的素质有待提升。首先，对于很多基层帮扶干部来说，帮扶工作只是一项暂时的阶段性任务，因为在帮扶工作之外，他们还有自己的本职工作，所以难免会有应付的错误心理。这种心理促使他们难以从帮扶对象的切身利益出发来进行实地调查研究，以更好地了解帮扶对象的真实情况，其帮扶也将难以收到预期的效果，不利于帮扶对象更好地提升自身的发展能力和实现脱贫致富。其次，一些基层干部为了应付绩效考核检查，片面追求短期扶贫效益，忽视长远发展，造成了巨大的损失；还有一些干部可能存在采用不正当手段谋取私利的现象，损害广大人民群众的利益。最后，部分基层帮扶干部的工作没有落到实处，阻碍了帮扶政策的深入实施。一些帮扶干部是下派驻村的，对农村居民生活情况和水平的了解不足，制定的相应帮扶措施没有符合当地的实际情况，具体表现在：一是一些帮扶干部缺乏对农村的了解和认识，实施的帮扶项目不能满足帮扶对象的实际需求；二是部分干部好大喜功，为了应对考核会夸大政绩；三是一些干部缺乏责任担当，没有及时做好交接工作，导致后续工作难以进行。这些问题会使帮扶政策的深入推进受影响，难以取得预期的帮扶效果，而且还会浪费大量的人力、物力和财力，影响农民的脱贫致富目标的实现。

第二，帮扶部门之间需要加强合作。在珠江—西江经济带各地区的帮扶过程中，涉及很多政府部门或其他机构和组织的帮扶工作，虽然这些部门和机构都为了帮助农民实现脱贫致富的目标，但是工作中常常缺少沟通交流和合作，也难以做到步调协调一致，这种局面容易导致帮扶工作难以深入开展。在实际的帮扶中，各个部门都出于自身利益考虑，通常会选择最有利于本部门的做法。比如金融部门，为了尽快收回资金和获得效益，会倾向于贷款给"看得见"效益的项目；而有些暂时效益不明显，但是长期发展能产生很好的经济效益和社会效益的项目，即使通过政府的审批，也可能难以得到信贷支持，最终只能因缺乏资金而难以推进。所以，为了让帮扶政策最大限度地发挥作用，也让帮扶对象更快地实现脱贫致富，各政府部门以及各帮扶组织和机构应该加强合作交流，共同推进帮扶项目的深入实施。

第三，真帮扶的实效需进一步加强。导致帮扶力度不够、实效不强的根源是帮扶压力大、绩效层层考核，基层政府作为考核的最底层和扶贫措施的具体实施者，承担着非常大的压力。在实际的操作中，具体的扶贫政策由上级政府来制定，并由基层政府来执行。为了更好地实现监督管理，上级政府会制定一定的考核标准来评估基层工作的效果。然而，基层政府人力、物力和财力都非常有限，很多任务也都难以在短期迅速完成，为了应付考核只能做足表面功夫，远未达到预期成效，其帮扶力度、实效仍需进一步增强。另外，一些基层帮扶干部对帮扶政策了解得不够深入，盲目求成，兴建基础设施，也对帮扶效果抱有超出实际的幻想，而忽视了帮扶对象的实际情况及主观能动性，浪费了重要的帮扶资源，同时影响了帮扶对象的脱贫致富的积极性，不利于帮扶对象实现脱贫致富。

（六）防"返贫"机制有待进一步完善

珠江—西江经济带各地区脱贫后又返贫的现象依然存在，究其原因，就在于脱贫家庭面对突发事件过于不知所措。在深入推进精准扶贫政策的过程中，人们通常把帮扶的重心放在返贫之后的治理上，而非返贫之前的预防上。事实上，只要建立科学、合理的返贫预防机制，往往比治理返贫更加积极、有效。对于刚刚脱贫的农民，他们抵御外在冲击的力量还很有限，一旦遇到严重的突发事件就很容易重新陷入贫困。虽然基层帮扶干部收集贫困人口的信息以实现建档立卡的动态管理，但是由于缺乏明确的返贫预警指标体系以及健全的跟踪回访脱贫户制度，收集的信息总是存在不全面、不准确的问题。受制于技术水平和前期信息，大数据平台对返贫预警信息的分级管理也并不十分精准，由此得出的对脱贫户的监测评估和预判也是不准确的，这就影响了帮扶干部对脱贫户家庭情况的准确和全面掌握。人们应对贫困的能力会因为突发事件的存在而削弱，所以，脱贫之后再返贫的可能性也随之增大。在精准扶贫政策的引导下，珠江—西江经济带各地区形成了政府—市场—社会的扶贫导向。然而，脱贫人口对外来冲击的抵御力量不足，再加上我国对脱贫户防护网或保障性机制的建设仍不完善、不健全，因此脱贫户在面对重大灾难或风险时难以应对，自身利益容易受损。首先，脱贫人员大多生活在自然环境比较脆弱的地区，自然灾害频发，而他们的主要经济来源是农业生产，缺乏防灾减灾救灾的能力，很容易因为自然灾害而再次陷入贫困。其次，珠江—西江经济带各地区的产业扶贫主要侧重种植业和养殖业，农民靠天吃饭，农业生产需要很长的生产周期，并且收入多少完全取决于市场价格的高低。但是这些地区的脱贫人口生活的地区交通、通信落后，市场经济不发达，该地居民对外面市场信息的掌握也不全面和准确，很容易出于跟风从众心理进行相似或相同的种植或者养殖。在掌握错误信息的情况下，经常会出现农产品滞销的情况，政府、企业和市场对此反应不及时就会使农民遭受严重的损失，最终又极易回到贫困状态，反映了脱贫人口的"返贫"监测和保障机制还需进一步完善。

另外，精准扶贫涉及政府、企业和个人等主体，不同的主体需要承担不同的责任和任务。我国帮扶过程中存在的问题是各个主体之间没有明确的权责利益关系，也缺乏合理的利益联结机制，几个主体之间存在关系错位、越位和代位的问题。基础政府部门迫于帮扶绩效考核的压力，在没有掌握帮扶对象具体的情况以及没有了解他们脱贫致富需求的情况下就开展各种扶贫项目，且在扶贫过程中也只是单纯地拨付资金和组织企业与帮扶对象对接，没有深入考虑缺乏生产技能和管理才能的农民应该如何找准自身的定位，以实现自身的可持续发展，也因此导致政府的帮扶难以取得预期的效果。企业作为政策的执行者，只是简单地接受政府的帮扶资金，将其用于帮扶项目，但在此过程中没有让帮扶项目得到必要的监督管理，也缺乏与帮扶对象的交流，帮扶对象的参与性不强，也很难发挥主体作用，这些问题的存在就使得帮扶工作并不能从实质上解决帮扶对象的实际经济问题；而且当政府的扶贫资金难以拨付时，还会存在极高的风险，帮扶对象没有持续的收入，很容易陷入返贫状态，这需要进一步完善防"返贫"机制。

第六章

推进珠江—西江经济带精准扶贫、
精准脱贫与乡村振兴的运行
机制和模式选择

　　本章重点探讨推进珠江—西江经济带精准扶贫、精准脱贫与乡村振兴的运行机制与模式选择。首先，分析了珠江—西江经济带扶贫开发的运行机制，分别从以下三个方面进行分析：一是珠江—西江经济带精准扶贫与脱贫的运行动力；二是珠江—西江经济带贫困治理的内在机制；三是驱动珠江—西江经济带经济社会发展的作用力。其次，在此基础上进一步结合乡村振兴战略，探讨了乡村振兴战略与精准扶贫、精准脱贫有机衔接的政策逻辑，主要从以下几个方面进行了探讨：一是乡村振兴战略与精准扶贫、精准脱贫衔接的迫切性；二是从内在统一性、行为耦合性等方面探讨乡村振兴与精准扶贫、精准脱贫有机衔接的可行性；三是乡村振兴与精准扶贫、精准脱贫有机衔接的内在逻辑性；四是乡村振兴与精准脱贫有效衔接的重点。最后，进一步提出了珠江—西江经济带扶贫开发的模式，主要有以下两种模式：一是从产业扶贫模式、生态补偿扶贫治理模式、易地搬迁扶贫治理模式、教育扶贫治理模式、社会保障治理模式等层面，探讨了珠江—西江经济带精准扶贫与精准脱贫的模式选择；二是从政府主导型发展模式、市场驱动型发展模式、产业集聚型发展模式、传统农业产业优势型发展模式、城乡融合型发展模式等探讨了推动珠江—西江经济带乡村振兴的模式选择。

一、珠江—西江经济带扶贫开发的运行机制

（一）珠江—西江经济带精准扶贫与脱贫的运行动力

1. 精准扶贫的政策和压力传导作用

为进一步推动精准扶贫与脱贫政策在珠江—西江经济带各地区的具体实施，需要充分发挥精准扶贫的政策作用和压力传导作用。2015 年 11 月，中央召开针对中西部省、区、市的扶贫工作会议，向下传递扶贫政策的动力和压力。具体来说，就是通过向下的方式与之层层签署脱贫攻坚的责任书，以此进一步加快在短期内实现中西部地区脱贫的目标。各级政府由于签署了脱贫攻坚责任书，在内压与外压的双重压力下，更加明确了本级政府的扶贫目标与责任，进一步推动各级政府在不同阶段明确其脱贫攻坚任务，充分将精准扶贫与脱贫的政策和压力传导作用发挥出来，以实现不同层级政府之间的配合，更好地实现中西部地区的精准扶贫与脱贫的目标与任务。

精准扶贫政策的推进需要借助政策工具的作用，并依据不同的划分标准，将精准扶贫政策工具划分为供给层面、需求层面和环境层面，其中，供给层面政策工具是指为解决贫困问题，政府通过扩大供给，使贫困户改变现有的生活方式、环境等，表现为政策对扶贫的推动；为了减少市场的不确定性，政府通过采购、贸易管制等行动，这种就是需求层面的政策工具，将与扶贫产业有关的市场充分开拓出来，进一步发挥出扶贫市场的积极作用，进而实现经济的增长，提高贫困户的生活水平，表现为政策对扶贫的拉动力；环境层面政策工具是指根据不同贫困地区的实际情况，通过对外部扶贫环境的掌握来制定适合其发展的扶贫政策，主要表现为政策对扶贫工作的影响。① 在精准扶贫的顶层设计中，在"输血式"扶贫搭配"造血式"扶贫的模式下，充分发挥政策对扶贫脱贫工作的推动力，从而为贫困群体的脱贫致富提供保障。

---

① 王亚华，舒全峰. 中国精准扶贫的政策过程与实践经验 [J]. 清华大学学报（哲学社会科学版），2021，36（1）：141 – 155.

中央政府与地方政府在各项扶贫工作开展的同时，与扶贫对象逐渐构成压力传导路径，且该路径是闭合的，也就是说，由中央政府制定基本的扶贫政策；而地方政府则将中央政府的政策作为工作总依据，制定切合本地发展的扶贫目标、措施与规划，各级政府在扶贫政策的引导下，由基层干部深入开展扶贫攻坚工作；在基层干部具体实施扶贫任务的同时，将与贫困人口贫困相关的数据反馈给上级政府，层层上传，以此达到调整并制定新的扶贫政策的目的。通过这种层层下达扶贫政策、层层上传扶贫成效的扶贫模式，最终形成中央、地方与贫困人口之间的循环性的压力传导机制。

2. 多元主体的协同推进作用

协同推进精准扶贫的实践主体有四个，主要包括精准扶贫研究者、实践者、扶贫对象与管理者①。第一，精准扶贫的研究者主要包括对中国贫困现状、问题进行深入研究的科研院所、社会研究机构以及研究学者等，例如，中科院等研究所、返贫困专家、研究扶贫与返贫的学者以及致力于返贫困的社会化机构。这些机构与个人对中国的贫困问题以及精准扶贫工作的开展有独特的解决办法与见解，在国家管理者制定与发布的现有全国性的扶贫方针政策与规定的基础上，通过申请相关的扶贫项目取得研究资助并进行相关的精准扶贫调查与研究，出版与发布关于精准扶贫与脱贫的报告、报刊、论文与专著等，为精准扶贫工作提供有力的科学依据。另外，相关研究者还可以根据实际的扶贫工作的情况来修正与补充理论依据，为基层精准扶贫实践成员提高工作效率，并为相关管理者发布与完善精准扶贫政策提供佐证材料。第二，精准扶贫的实践者，主要是指在当前精准扶贫工作中会直面农村贫困问题的农村基层一线，包括政府工作人员（村主任、村书记以及对口帮扶干部等）、帮助贫困群体脱离贫困状态的社会性服务组织（社会公益组织与志愿者团体等）。他们会按照精准扶贫管理者政府发布的扶贫政策与指南，根据贫困群体各自不同的致贫原因，有针对性地帮助他们摆脱贫困。贫困群体在精准扶贫的工作中，也可以被看作精准扶贫的实践者，原因是在具体的工作中，基层一线工作人员充分尊重贫困群体的主观意愿，最大限度发挥贫困群体自身的潜力，这是脱贫工作非常重要的一环。在精准扶贫的实践中，基层政府人员是主要的攻坚力量，社会性

---

① 戴小文，曾维忠，庄天慧. 循证实践框架下的精准扶贫：一种方法论的探讨 [J]. 农村经济，2017（1）：17—23.

服务组织在政府的指导下是精准扶贫的重要社会力量，志愿者团体将是精准扶贫工作中重要的补充力量。志愿者群体能在一定程度上引起社会大众对农村贫困问题与贫困群体的关注。贫困群体由于受教育程度的不同，致贫的原因也各不相同，他们很大一部分人很难表达清楚自己的意愿和面临的困难。因此，只有少部分贫困群体有机会在基层实践者的帮助下通过自身的努力顺利摆脱贫困。第三，精准扶贫管理者，主要包括国家最高层面的管理者，即中央一级管理者以及各个地方层面的管理者。首先，中央层面的管理者通过已有的扶贫经验和证据、研究者的成果以及基层实践者实践过程中得出的经验和启示，总结并梳理能够解决绝大多数贫困群体所面临问题的扶贫政策及指南。这些政策与指南囊括了贫困群体的精准认定、扶贫项目的精准设计与安排、扶贫资金的发放与使用、扶贫措施的落实与实施以及帮扶干部的派遣与职责等内容。其次，对地方管理者而言，他们会根据中央一级管理者制定的扶贫政策与指南，因地制宜地组织当地的精准扶贫研究者开展相关研究，收集相关实践经验与证据，并结合已有扶贫政策与指南来落实符合当地实际情况的扶贫工作。第四，精准扶贫实践对象，主要包括因病、因学、自然灾害、环境污染以及移民搬迁等相关原因导致贫困的群体。在精准扶贫的过程中，需要强调尊重贫困群体的主观意愿，充分考虑贫困群体在各个实践主体的帮助下，他们自身的脱贫意愿与价值观和贫困症结。应当在整个扶贫工作推进的过程中保护贫困群体的自尊心，发掘贫困群体的脱贫动力，促使他们积极配合实践者开展工作，增强实际的减贫效果。

由此可知，珠江—西江经济带的精准扶贫与脱贫工作是在多元化帮扶力量的作用下推进的，当地政府、社会公共机构和组织、企业和贫困户共同构成了精准扶贫与脱贫的帮扶力量，各主体在扶贫工作中各司其职，借助各自的优势条件实现最大化扶贫效益。与此同时，各扶贫主体通过相互配合，再结合珠江—西江经济带精准扶贫与脱贫政策实施的实际情况，有侧重地选择适合自己的帮扶形式。具体来说，当地政府在进行帮扶时，可以借助政策扶持、财政补贴等方式；而企业等社会力量在进行帮扶时，可以凭借自身在资金、技术方面的优势条件，依据其技术支持以及资金捐赠的形式进行帮扶；而贫困户则通过投入劳动力、土地或者部分资金来进行精准脱贫。

总的来说，多元主体协同治理贫困，就是在共同的精准扶贫与脱贫的目标下，不同扶贫参与主体之间沟通协商，发挥各自在资金、信息、资源、技术等方面的优势，从而实现相互依托与优势互补①。各个帮扶力量在珠江—西江经济带各地区精准扶贫与脱贫工作的具体实施过程中，共同努力，相互配合，使扶贫的成效更加显著。在贫困地区派驻扶贫干部，用精准瞄准的目光审视珠江—西江经济带各贫困地区的实际情况，在国家扶贫政策的指导下，积极进行建档立卡工作，并制定扶贫开发规划，实施精准扶贫政策，以有效解决该地区贫困户的突出问题。各帮扶力量以投入资金、劳动力、资源等方式，完善贫困地区的交通、电力、网络、水利等基础设施，在此过程中，贫困人口可以以劳动的方式参与，获取一定的收入。与此同时，通过产业扶贫积极帮助当地贫困人口脱贫，一方面，在政府部门制定产业规划和形成规模化种植的基础上，帮助贫困人口积极参与到种植、养殖的项目中；另一方面，当地政府通过政策优惠，吸引当地企业与私人业主参与到扶贫产业的项目，并通过"公司＋基地"的形式，形成蔬菜、柑橘、苗木、茶叶等规模化的种植基地，而当地贫困人口则以劳动力的方式投入基地建设，共同为当地产业的发展努力。为了使扶贫产业长远发展，由政府与企业共同为农民开办培训班，并提供各类种植、养殖方面的技能培训课程，提升当地农户的职业技能和文明素养。在政府、社会公共机构和组织、企业、农户的共同努力下，地区的扶贫攻坚工作取得显著的成效。已有大多数学者认为，精准扶贫多元主体协同不仅是实践的必然选择，也是扶贫治理的必经之路②③④。

（1）政府主导。

政府作为我国全面建成小康社会，实现脱贫致富宏伟目标的中坚力量，既是主导者，也是监管者。由此可以发现，扶贫工作是政府重要的任务，且扶贫效果显著与否，直接与政府在公众乃至世界各国心中的地位相关。政府作为主导扶贫工作的主体，制定与扶贫相关的政策法规，并凭借其权威性来规划、引导其他主体参与到扶贫工作中来，共同致力于实现脱贫目标。与此同时，为了避免并减少贪污腐败的出现，政府也是精准扶贫与脱贫工作的监管者，需要参与到扶贫工作的过程中。政府利用其合法性权威在贫困治理中发挥着资源统

① 李军，龚锐，向轼.乡村振兴视域下西南民族村寨多元协同反贫困治理机制研究——基于第一书记驻村的分析［J］.西南民族大学学报（人文社科版），2020，41（1）：194－202.

② 冯梦茹，金哲娇.我国精准扶贫多元主体协同脱贫问题研究［J］.现代商贸工业，2020，41（15）：4－5.

③ 徐宁，张香.西藏边境旅游扶贫多元主体协同机制研究［J］.延安大学学报（社会科学版），2019，41（4）：65－71.

④ 夏一璞.论精准扶贫中多元主体协同运行机制［J］.经济研究参考，2018（37）：72－77.

筹、宏观规划的引导者和监管者的作用，在精准扶贫、精准脱贫的过程中，各级政府均投入了大量的人力、物力、财力，稳步推进各项扶贫工作。从以往的扶贫情况来看，我国政府在精准扶贫与脱贫等一系列扶贫工作中起到了重要的作用，并取得了显著的成效。

作为珠江—西江经济带各地区精准扶贫工作的组织者，当地政府一方面协调各扶贫单位开展工作，积极规划并完善各地区的基础设施。此外，政府还利用政策优势以及财政补贴为贫困人口提供资金支持，从而帮助贫困人口改善其生活条件。与此同时，通过鼓励社会力量参与到扶贫工作，积极邀请人大代表、政协委员等社会各界人士对扶贫工作进行监督，共同为珠江—西江经济带的脱贫事业出一份力。另一方面，当地政府还积极保障贫困人口衣、食、住、行等方面的基本生活，对贫困人口实施医疗保险、最低生活保障、大病救助等政策，提高贫困人口的收入水平，并继续扩大救助范围，加大投入力度，切实解决珠江—西江经济带的贫困问题。

（2）社会公共机构和组织参与。

政府单一主体式扶贫出现无法全面覆盖的问题，有必要邀请社会力量参与到精准扶贫的工作中①。社会公共机构和组织具有类型丰富、灵活的特点，通过利用其自身优势为贫困人口开展各项服务，解决政府单一扶贫覆盖不全面的问题，进一步提升扶贫的成效。然而，由于社会公共机构和组织的发展环境较差、体系较不成熟、对政府的依赖性较强，所以在社会治理中缺乏帮扶的经验，因此需要继续增强社会公共机构和组织在扶贫工作中的渗透力和号召力。在贫困治理中，学校、医院、协会等社会公共机构和组织可以利用其专业性和灵活性的优势发挥实践者的作用。借助其自身力量，社会公共机构和组织可以积极组织资金、技术、人力等各项资源以及贫困人口投入到精准扶贫与脱贫的项目中来。

（3）企业参与。

作为肩负重要社会责任的社会成员，企业在精准扶贫的过程中发挥着不可忽视的作用。企业积极参与扶贫工作体现了企业的社会责任意识，同时也是我国实现共同富裕目标的要求。首先，相较于政府，企业的思路更加灵活，方式更加多样，依据其独特的经营方式，通过开设分厂、开拓市场、培育新产业等

---

① 沈菊. 农村精准扶贫多元主体协同机制研究［J］. 沈阳农业大学学报（社会科学版），2017，19（3）：264 – 468.

参与精准扶贫工作，深入激发农村的市场潜力，发挥其较强的社会性，激发贫困地区的可持续性发展动力。其次，在精准扶贫的实施过程中，企业将市场思维加入这一过程，通过资源配置，使贫困人口的自我发展能力得到有效的提升，进一步为当地的可持续发展提供有力的动力与帮助。最后，将盈利作为目标的企业，依据贫困人口的实际情况，开展就业培训，吸引贫困人口就业，帮助其摆脱贫困。

（4）贫困户参与。

贫困户，既是精准扶贫的参与者，也是精准扶贫的受益者。由于贫困人口的自我发展能力较低，因而其社会参与度不高，总是处于社会边缘的位置，因此，应该积极鼓励贫困户参与到扶贫工作中。由于贫困人口存在"等、靠、要"思想，总是很被动，因此缺乏致富的信心与决心。实际上，在精准扶贫的实施过程中，帮扶人员对监督环节较为放松，而扶贫对象多为被动接受帮扶，参与度不高，如果不能将贫困人口的参与积极性调动起来，扶贫成效往往会不尽如人意，而且贫困人口也很容易出现返贫的问题。因此，应该加强贫困人口自身的责任与义务，重点增强贫困人口的主体意识，帮助其改变"等、靠、要"的思想，尤其针对具有一定自我发展能力的贫困人口，应积极调动其脱贫的主动性，并通过引导带领其参与到贫困治理的工作中，进而提升其摆脱贫困的能力。此外，在精准扶贫具体工作的开展中，应鼓励贫困人口积极表达其自身需求，通过全方位参与到扶贫项目的开发与分析、监督与反馈中，调动其积极性。贫困人口作为精准扶贫的帮扶对象，应当不断提升其主动意识，政府、社会等帮助其脱贫的同时，也应"长志"，积极参与扶贫的工作中，扶贫的同时注重扶志，实现主动"造血"的扶贫。

3. 农村基层组织、合作经济组织的参与推动作用

在精准扶贫具体工作的过程中，工作的开展与农村基层组织、合作经济组织的运营情况有着直接的关系，根据珠江—西江经济带各地区开展精准扶贫工作的实际情况，提高农村基层组织、合作经济组织办事的效率，提高其专业的工作能力优化精准扶贫工作的成效，进一步为构建精准扶贫工作体系奠定基础。依据先进的理念使精准扶贫的工作得到优化，在精准扶贫的工作中，将农村基层组织、合作经济组织的作用充分发挥出来，有效解决扶贫治理的问题，实现多元化协同扶贫攻坚工作，进而使精准扶贫工作的综合成效

得到提升①。此外，通过打造以政府为主导，以贫困户为核心，农村及社会各级组织、相关企业相合作的多元扶贫格局，发挥各部门之间、各部门与贫困户的协同作用，主动配合农村基层组织、合作经济组织开展的各项工作，并为精准扶贫工作的开展创造条件，切实推进农村集体经济社会的持续、稳定发展②。农村基层组织与合作经济组织是精准扶贫的一大助力，扶贫开发与农村基层组织、合作经济组织之间具有逻辑自洽性。第一，农村基层组织、合作经济组织的发展与农民脱贫致富有着相同的目标，由于农村基层组织在制度上具有先天的助贫优势，通常被认为是有效的预防返贫困经济组织③。第二，扶贫开发过程中存在困难，为农村基层组织参与贫困治理提供了现实依据。贫困地区的农村基层组织通过直接帮助贫困人口，直接增加贫困人口的收入，然而，由于存在显著的差距，收入较高的村民会拉高人均收入水平，因此，难以保障贫困人口的收入处于人均收入水平。第三，可以构建精准扶贫与基层组织协同创新机制，二者相辅相成。农村基层组织通过独特的资源优势将扶贫对象精确到个体上，并通过将分散的贫困个体集中到一起，实现规模化生产，有效避免资源的多重浪费，最终实现贫困人口的脱贫致富。

（1）通过发展特色产业帮助贫困户脱贫。

为了更好地实现产业扶贫的目标，在精准扶贫的实施过程中，农村基层组织可以通过建设特色产业促进精准扶贫工作的落实。首先，在明确市场需求的前提下，农村基层组织通过制定专业的经营方案，组织当地分散农户集中到一起参与农产品的生产与销售，更好地实现精准扶贫的目标，并为此奠定基础④。其次，农村基层组织可以充分发挥群众优势，科学、合理地为帮助农业劳动力转移到除农业之外的产业，实现当地可持续发展，真正带领农民群众实现发家致富。与此同时，农村基层组织作为当地产业发展的重要平台，可以与生产同类型产品的经营者进行联合性的合作，成立互助性经济组织。然而，由于当前很多农村基层组织在农户入社时设置了一定的交易金额目标，有些农村基层组织甚至对贫困人口还会提高门槛，提高入社资金标准，以致将大多贫困

① 龚榆. 农民合作社在精准扶贫中的作用机制研究［J］. 农村经济与科技，2018，29（7）：57 – 58.

② 卫武军. 农民合作社在精准扶贫中的作用机制研究［J］. 农家参谋，2019（18）：7.

③ 赵晓峰，邢成举. 农民合作社与精准扶贫协同发展机制构建：理论逻辑与实践路径［J］. 农业经济问题，2016，37（4）：23 – 29.

④ 李如春，陈绍军. 农民合作社在精准扶贫中的作用机制研究［J］. 河南大学学报（哲学社会科学版），2017，19（2）：53 – 59.

人口排除在外，致使农村基层组织与贫困人口之间并不存在紧密的联系。然而事实上，农户无法与农村基层组织达成合作，这在一定程度上说明了农村基层组织变相挤压了农户的既得利益①。因此，应当使基层干部认识到基层组织对贫困人口的帮扶力度，鼓励其吸收贫困人口加入基层组织，并通过加强贫困人口与基层组织之间的利益关联，鼓励农村基层组织积极带动贫困人口摆脱贫困。为了实现这一目标，政府应对财政资源进行合理的统筹使用，通过给予农村基层组织一定的资金和项目，例如，产业扶贫项目，并将对扶贫事业有重大帮助的农村基层组织视为重要的对象。与此同时，基于精准扶贫的目标，鼓励农村基层组织降低贫困人口入社的要求，合理利用农村基层组织在贫困治理方面的资金，逐步实现市场化的治理机制。此外，政府设立审核标准，监督农村基层组织切实保障当地贫困人口的权益，建立健全农村基层组织内部的监督管理政策。

（2）借助农村基层组织寻找扶贫的新路径。

我国精准扶贫与脱贫政策的深入实施，使很多的贫困人口逐渐实现摆脱贫困的目标，这一定程度上意味着当前依旧处于贫困的人口脱贫的难度更大，因此，我国应该积极寻找扶贫的新路径、新措施。在前人研究的基础上结合实际情况，通过实现资产收益帮助贫困人口脱贫。具体来说，第一，由于国家财政专项资金以及涉农资金往往直接下拨农村基层组织，容易造成贪污，而通过将全部或者一部分资金记在贫困人口账户上，并规定这些资金可由农村基层组织统一管理，但是需要由农村基层组织承担相应的责任，以保障其为增加贫困人口的资产收益而努力。第二，鼓励将一定的社会责任交由农村基层组织来承担，鼓励贫困人口以入股的方式加入农村基层组织，使其拥有收获资产收益的权利。第三，由农村基层组织统一管理经营分散的贫困人口的土地，这些土地是贫困人口以土地流转或者托管的方式入股农村基层组织的，由农村基层组织努力规模化经营，并实现效益的最大化，开展资产收益扶贫工作，帮助贫困人口实现资产收入的多样化。总之，基本思路就是借助农村基层组织这一合法的经营组织，将政府扶贫资源和当地贫困人口持有的资源整合到一起，通过规模化经营，开展资产收益扶贫工作，进一步使贫困人口的收入更加多样化，多渠道实现脱贫。

---

① 赵晓峰. 农民专业合作社制度演变中的"会员制"困境及其超越［J］. 农业经济问题，2015（2）.

（3）发展信用合作，实施金融扶贫。

"十三五"时期，我国农村发展新型合作金融的重要形式就是基层组织进行信用合作①②。政府通过农村基层组织推动金融扶贫，将农村基层组织、合作经济组织作为农业信贷帮扶的重点，因此，政府为加大农村金融扶贫力度，就必须将农村基层组织信用合作社的发展作为关键举措。政府通过吸纳以前扶贫互助社的经验，开展新型合作社，创新农村金融发展方式，使贫困户通过增股的方式增加收入。2005 年，我国首先在四川省仪陇县进行试点，通过由农民群众共同商议选出贫困人口，通过赠股的方式给予贫困人口，以配股的方式分配给一般农户，而对富裕农户，则采取购股的方式，不断探索扶贫开发的农村资金互助社③。也就是说，针对贫困人口，政府可以通过赠股使贫困人口在农村信用合作中获取股权，帮助贫困人口以股权红利的形式获取收入，使其收入多元化。此外，通过农民农村基层组织推动落实扶贫小额信贷政策，农村基层组织发放贷款的时候，应该通过减免利息的方式向贫困户提供一定的帮扶。确保在农村基层组织的帮扶下，真正为贫困人口等农民群众服务，进一步促进扶贫小额信贷政策的实施与落地。

（4）推广农业技术，实现科技扶贫。

先进技术对于农村经济的发展具有重要的意义，同时对实现精准扶贫同样具有举足轻重的意义，但是对于分散的农户，尤其是贫困人口来讲，先进技术是一种可操作性复杂的手段，是由内而外的，与此同时，农户自我发展能力的不同决定了他们对农业技术的掌握程度。依据"知沟"假设理论，对于经济社会中处于不同地位的人而言，随着大众传媒的不断发展，其获取信息的速度是不一样的，且经济地位与信息获取速度是成正比的④。该理论同样存在于农户获取农业技术的过程中，相较于贫困人口而言，农村精英获取农业技术的渠道不仅多而且速度快。农村精英由于其个人能力较强，且经济实力较强，其主要通过电视、经销商、广播、网络等方式获取与农业技术相关的资讯；而贫困人口由于自身能力较弱，其获取农业技术信息的渠道较少，主要依据熟人交

① 王曙光. 构建真正的合作金融：合作社信用合作模式与风险控制 ［J］. 农村经营管理，2014（5）.

② 龚榆. 农民合作社在精准扶贫中的作用机制研究 ［J］. 农村经济与科技，2018，29（7）：57－58.

③ 林万龙，钟玲，陆汉文. 合作型反贫困理论与仪陇的实践 ［J］. 农业经济问题，2008（11）.

④ P. J. Tichenor, G. A. Donohue, C. N. Olien. Mass Media Flow and Differential Growth in Knowledge ［J］. Public Opinion Quarterly，1970，34（2）：159－170.

流，获取的信息相对滞后①。所以，农村精英相较于贫困人口来说，更容易获取并接受农业技术，这一局面会造成农户之间的分化，即贫困人口更加贫困，富有的村民更加富有。而通过农村基层组织这一中介，通过统一向农户提供优良种子、种植技术等指导，帮助贫困人口快速获取农业技术的信息，并帮助其掌握这一技巧，进而提升贫困人口农业种植的收益，最终帮助农户摆脱贫困，帮助农户提高生产效率、脱贫致富。此外，在给分散的农户传播农业技术时，传统推广农业技术的方式由于过度依赖政府部门，导致高成本的问题，而农村基层组织凭借其先天的优势，已经成为传播农业技术重要的载体与平台。因此，借助农村基层组织，将新兴的农业科技成果介绍给当地农民，解决当前教育存在的学而不思、学而无获的问题，有效解决问题，通过这种形式，政府基于全面的培养计划，打造复合型人才梯队，全面以及精准地服务于各个贫困地区，加强贫困区域之间的合作等。

4. 第三方评估的监督推动作用

党的十八届四中全会对第三方评估的监督作用做出重要肯定，也是提高我国政府工作能力与完善政府治理体系的重要措施②。将第三方评估纳入政府体制考核，有利于政府完善绩效评估体系，促使政府治理能力现代化，对政府的治理能力提升有着更大的促进作用。

（1）第三方评估主体及其关系。

第三方评估在精准扶贫工作的界定主要有以下内容。第一，精准扶贫的政策既能直接帮扶建档立卡的贫困户，也能间接帮助非贫困户，例如，农村公共基础设施、生活条件、教育、医疗卫生等条件的改善都有利于农村经济的发展和脱贫致富的实现。第二，精准扶贫是利国利民的重要工作，这一重要工作能否取得有效进展，与各地区的精准扶贫政策的落地情况、资金的管理是否到位以及扶贫举措的实施与检查是否及时等相关。所以，涉及精准扶贫工作的政府部门应该被包含在第三方评估的对象中。第三，第三方评估的主体应具有独立性与专业性。目前，第三方评估主体主要包括高校学术性评估机构、专业管理咨询机构、社会民主评议代表以及普通群众。这四种主体中，专业性最高的是

---

① 张红. 农业技术在乡村社会的运作机制 [J]. 农村经济，2013 (7).
② 孟志华，李晓冬. 精准扶贫绩效的第三方评估：理论溯源、作用机理与优化路径 [J]. 当代经济管理，2018，40（3）：46－52.

高校学术评估机构和专业咨询机构。与此同时，考虑到普通群众对精准扶贫政策实施的效果感受最深，因此，精准扶贫政策的绩效评价的成员也应该包括具有代表性的普通群众。结合上述分析，精准扶贫政策的绩效评价的第三方评估机构可以由社会成员参与，并由独立性与专业性都较强的高校学术评估机构和专业咨询机构来承担主要责任，共同组成一个第三方评估组织，这既能保障评估的专业性和独立性，又能够使绩效评价客观、有效。

（2）第三方评估的对象与主要内容。

将第三方评估纳入政府体制考核，尤其是精准扶贫绩效考核，需要明确第三方评估的对象及内容。第一，从精准扶贫政策实施的源头进行评估。由于贫困的成因各有不同，地域环境、资源禀赋以及区位因素等的不同均会导致精准扶贫的政策实施存在很大的差别。因此，精准扶贫政策的制定与实施应因地制宜，保障政策制定与实际情况高度配合。总的来说，精准扶贫政策的制定情况是否符合当地的实施情况，二者之间是否契合，是从源头进行评估的重要评估点。在精准扶贫政策的顶层设计方面，应该为贫困群体着想，并从贫困群体的实际出发，只有将每一项扶贫工作的作用充分发挥出来，社会资源才能得到最优配置，产品与人才的供需才能更好匹配。制定政策制度的是整个精准扶贫工程的源头，所以，政府绩效的评估应该从源头开始。第二，从精准识别和精准帮扶的过程进行评估。以往的政府绩效评估是根据政策实施效果进行的，一般不重视过程，只注重效果。而在绩效评估的具体操作中，对政府工作人员的服务态度、流程及效率等内容都要进行全面评估。精准帮扶的前提是对贫困群体进行精准识别，以此明确当地贫困群体的贫困程度与致贫原因。然后，对精准扶贫的工作进展过程进行考核。识别出贫困户后明确责任主体，精准对接匹配扶贫主体的工作与脱贫对象的需求。这涉及每个部门的协调配合。其中，重要的考核与评估内容就是管理主体的职能及工作落实情况。第三，评估精准扶贫的成效。第三方评估主体的评估体系应是完善的、科学的，对精准扶贫的成效做出真实且客观的评价。与此同时，在评估其成效时，不能只考察已经实现的成效，还要做有长远的考察，因为精准扶贫的工作是长期的，是建立在长效的脱贫机制的基础上的。帮助贫困户培养脱贫的能力才是关键。此外，精准扶贫效果的评价体系应是一个综合指标，包括社会保障、生态环境、教育水平以及医疗卫生等多个方面。评估精准扶贫的成效，一方面，可以更加清楚地了解当前政策具体的落实情况；另一方面，也可以提供一定的参考依据，以更好地改进政府的工作。

（3）第三方评估流程与执行规范。

实施精准扶贫绩效第三方评估需要解决第三方的选择问题。已有的第三方选择方式包括定向委托、邀标、公开招标等。由于对精准扶贫绩效的评价涉及的内容比较多，且需要较强的专业性，应先选择业绩较好且诚信度较高的社会机构进行评估。在第三方评估的过程中，首先，需要对精准扶贫的实施情况进行全面的调查；其次，以调查的初步结果为依托，构建科学、合理的评价体系，采用合适的方法对各指标进行赋值，并进一步完善评估方案，组织评估。在公布最终的评估结果之前，还需要深入实地，在与各相关人员充分了解情况的基础上，对之前的评估结果进行核实，核实之后再向社会公众公布最终的结果。最后，还需要将评估结果向上级部门呈送，并给出相关的改进建议。而在第三方评估的过程中，政府部门需要积极配合第三方机构的工作，并为第三方评估机构提供充足的信息；与此同时，应起到监督的作用，以保障整个评估过程的公平性。这个过程也存在一定的问题，由于政府拨款是第三方评估机构对精准扶贫工作的评估活动的经费来源，因此会存在资金短缺、依赖性强的问题，所以，第三方评估机构需要通过构建公共基金的方式完善并拓宽融资渠道，减少第三方评估机构与政府部门之间的利益关系，并督促第三方评估机构公正地进行评估，以保障评估的独立性和专业性。

（二）珠江—西江经济带贫困治理的内在机制

从理论上进一步探讨珠江—西江经济带的贫困治理机制，这对深入推动珠江—西江经济带贫困治理具有重要的意义。1989 年，日本学者鹤见和子提出内源式发展理论，其认为不同地区的居民应基于传统文化不断适应本地区固有的自然生态环境，并结合知识、技术、制度等要素促进地区发展[1]。而推进贫困治理可以将"内生动力"与"外生拉力"结合起来，并充分发挥内生动力的驱动作用以加快推进贫困的治理[2]。张玉强和张雷（2019）[3] 从资源内生、组织动员、身份认同等角度构建了乡村振兴内源式发展的理论框架。基于以上

① 鹤见和子，胡天民，译."内发型发展"的理论与实践 [J]. 江苏社联通讯，1989（3）：9 – 15.

② 高强，孔祥智. 论相对贫困的内涵、特点难点及应对之策 [J]. 新疆师范大学学报（哲学社会科学版），2020，41（3）：120 – 128，2.

③ 张玉强，张雷. 乡村振兴内源式发展的动力机制研究——基于上海市 Y 村的案例考察 [J]. 东北大学学报（社会科学版），2019，21（5）：497 – 504.

学者的理论研究框架，进一步构建内源式发展与外源力量推动的贫困治理机制，如图6－1所示，该机制主要包括四个部分，即资源整合与利用机制、自我发展能力提升机制、政府调节与制度保障机制、社会参与机制。其中，资源整合与利用机制、自我发展能力提升机制属于内源驱动机制；政府调节与制度保障机制、社会参与机制则属于外力驱动机制。

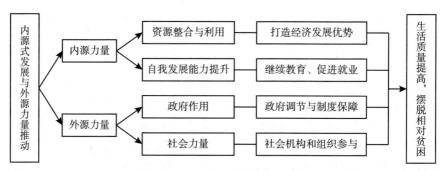

图6－1　贫困治理机制的理论框架

1. 资源整合与利用机制

资源禀赋是地区经济发展的重要基础，也是贫困治理需要考虑的重要因素。通过加强资源整合和利用，充分发挥当地的特色资源优势，激活当地的资源活力，更好地打造特色优势产业，推动当地经济社会快速发展，为推动贫困治理奠定重要的经济基础。通过整合自然资源、特色产业资源、劳动力资源、社会资源、传统文化和古建筑资源等，依托政府、企业、旅游、文化活动等各种载体，推进资源的合理开发与利用，充分挖掘资源的潜在价值，进而有利于激发贫困地区的发展活力，并为农村地区与外部的经济文化交流构建媒介，从而带动农村地区的发展及当地居民收入水平的提高，为推动贫困治理提供良好的经济条件和发展基础。资源整合和利用对贫困的作用机制过程主要体现在以下方面。一方面，立足农村地区的资源禀赋和市场发展条件，通过个体创业、引进企业、政府支持等方式，推动资源开发和利用以及产品生产和销售的产业化、市场化、规模化、规范化、标准化，进而带动农村地区的经济社会发展以及拓宽当地村民的收入渠道，同时也能更好地将农村地区的资源优势融入市场发展，通过市场的作用拉动农村地区的经济社会发展，将农村地区的特色资源优势转化为发展优势、产业优势、市场优势，从而推动农村地区经济发展水平的提升以及实现其脱贫，同时有效提升贫困人群的收入水平。另一方面，发挥资源整合与利用的机制作用，要求将资金、技术、劳动力等要素与当地的自然资源、旅游资源、文化资源等结合起来，既要挖掘农村地区的资源优势、劳动力优势，也要为农村地区注入更多的资金、技术、管理经验等外部资源，以实现内、外资源的融合发展，能够充分激发农村的经济发展活力，推动农村地区的经济发展，同时推动农村地区居民从地区经济发展中切实共享到经济发展的成果，促进农村地区的贫困群体实现脱贫。

2. 自我发展能力提升机制

通过继续教育、就业培训、自主学习等方式提升自我发展能力，进一步提升居民的文化水平、综合素质及就业竞争力，更好地适应市场竞争和社会就业的现实需求，从而在市场竞争中通过就业、创业、生产经营等方式获得合理的经济收入，不断提高自身及家庭的生活质量，进而实现脱贫致富。居民自我发展能力水平低是导致贫困的重要原因，这也因此削弱了贫困主体的自我发展能力的提升及其可持续生计能力，导致其在摆脱贫困时缺乏足够的动力，使其摆脱贫困的积极性、主动性和创造性无法得到保障，也导致其在贫困的恶性循环中难以摆脱出来，存在着贫困的长期及代际的恶性循环。只有不断提升居民的自我发展能力，提升个体适应市场竞争和经济社会发展需要的综合素质、能力和技能水平，打破贫困的恶性循环，才能在经济社会发展中更好地实现自身的全面发展，促进贫困问题的解决[1]。

自我发展能力的高低反映了一个人文化水平、专业技能及其综合素养的高低，而继续教育、技能培训、自主学习等方式是提升贫困个体自我发展能力的重要方式，也是助推其摆脱贫困问题，有效应对外部竞争的重要途径。并且，贫困个体自我发展能力的提升，要求其摆脱传统思维的影响，敢于解放思想，勇于实践，求实创新，在实践中实现自我发展，从而有效摆脱贫困。自我发展能力提升机制对贫困的影响机制主要体现在以下两方面。一方面，通过继续教育、技能培训、自主学习等方式促使贫困个体的文化水平、专业技能及其综合素质得到提升，有利于激发贫困个体的内在发展活力及其创造力，有利于充分挖掘其自身的潜力和优势，促使其采取行动或生产实践活动积极投身于经济社

---

① 袁小平. 贫困群体能力建设中的文化共鸣及其反贫效应——基于符号互动的视角 [J]. 探索，2019（1）: 127 - 138.

会发展，这既能摆脱贫困，又能实现自己的价值、理想和抱负。另一方面，通过参与市场经济发展中具体生产实践活动，既实现了从"干中学"到"学中干"，提升了贫困个体自我发展的能力，又能促使其更好地适应经济社会发展的需要，通过自我发展能力的提升来提升其市场竞争力，不仅拓宽了收入渠道，也提高了收入水平，还改善了贫困状况。

3. 政府调节与制度保障机制

贫困的治理离不开政府的调节和引导，通过发挥政府在贫困治理中的政策、资金和物质等的支持作用，有助于为农村地区及当地居民摆脱贫困提供良好的政策环境、经济基础和保障措施，并为摆脱贫困奠定良好的基础和条件；与此同时，贫困的治理需要发挥制度的支持与保障作用，这不仅为解决贫困问题提供了所需要的就业和创业资金信贷支持、税收优惠、税收返还、财政资金支持等的政策环境和条件，而且在防止返贫及完善社会保障支持等方面提供了良好的政策保障与支持，也是解决贫困问题的重要举措。政府调节与制度保障机制对贫困的影响机制主要体现在以下三点。第一，通过发挥政府部门的调节作用，给予农村地区及当地居民从事生产经营活动一定的财政资金补贴、税收优惠和退还等方面的资金支持，有助于缓解其因资金短缺或收入不高而面临的生产经营活动受影响的问题，有助于鼓励居民积极参与个体生产经营活动，解决自身的就业问题和低收入问题，进而解决其贫困问题。第二，政府部门通过财政转移支付等方式，加大对贫困群体的社会保障资金支持力度，尤其侧重加大对贫困群体在保障基本生活需要以及继续教育和培训、医疗保险、养老保险等方面的财政转移支付支持力度①，有助于提升贫困群体的生活质量，推进贫困的有效治理。第三，通过进一步提高贫困群体的社会保障水平，完善贫困群体的社会保障制度，尤其要建立贫困群体共享经济社会发展改革成果的机制以及城镇反哺农村经济社会发展的制度及机制体系，有助于让贫困群体有更多的获得感、幸福感。

4. 社会参与机制

社会机构和组织是贫困治理的重要推动力。由于贫困群体能掌握的社会资

---

① 陈志钢，毕洁颖，吴国宝，等. 中国扶贫现状与演进以及 2020 年后的扶贫愿景和战略重点[J]. 中国农村经济，2019（1）：2—16.

源相对较少，其在自身发展方面又受到较大的限制，迫切需要社会机构和组织参与到贫困的治理中。社会机构和组织参与贫困治理具有一定的优势，其拥有相对比较灵活的组织运作机制以及资金、劳动力、技术和管理经验等方面的优势①，是参与贫困治理的重要机构和组织。社会参与机制对贫困的影响机制主要体现在以下几点。第一，社会机构和组织可以依托与基层组织、群众之间的紧密联系，更深入地了解和掌握低收入群体的真实诉求，进而能够结合自身的实际情况，及时、有针对性地制定社会组织参与贫困治理的实施方案，发挥社会机构和组织在扶贫方面的作用，扩大贫困治理的覆盖面和提高效率，提高贫困群体的收入水平并助其摆脱贫困。第二，社会机构和组织通过以项目建设等形式参与到贫困的治理中，有助于激发农村地区的自然资源、劳动力资源、产业资源等的发展活力，并让广大居民积极参与到项目建设中，实现就近就业及收入水平的提高，进而改善农村地区村民的贫困状况。第三，社会组织通过专业化、规范化的制度和运作管理，为当地以及居民提供资金、信息、技术、服务等方面的支持，有助于为贫困个体从事生产经营活动或自主创业提供资金、信息和技术等支持，使其增加生产经营收入，改善贫困状况。

（三）驱动珠江—西江经济带经济社会发展的作用力

在乡村振兴的背景下，珠江—西江经济带经济社会的发展离不开各种力量的共同驱动，驱动着珠江—西江经济带农村经济社会不断向前发展。根据珠江—西江经济带农村经济社会发展的实际，将驱动珠江—西江经济带经济社会发展的主要作用力归纳为以下几个：政策驱动力、要素驱动力、利益驱动力、市场驱动力、福利驱动力等。

1. 政策驱动力

政策驱动力，主要体现在通过制定和完善乡镇土地管理制度、产业发展政策、企业财税政策、基本公共服务管理制度等方面，只有为推动珠江—西江经济带农村经济社会发展提供良好的政策和发展环境，才能为引进大型企业、高素质人才、社会资本、生产技术和管理经验等创造良好的发展条件，进而有效驱动珠江—西江经济带农村经济社会发展。推动珠江—西江经济带农村经济社

---

① 陈文胜. 脱贫攻坚与乡村振兴有效衔接的实现途径［J］. 贵州社会科学，2020（1）：11－14.

会发展，迫切需要从政策和制度层面进一步完善珠江—西江经济带农村经济社会发展的环境。由于农村的经济发展水平比较滞后，农村特色产业发展基础和公共服务体系总体上也较薄弱，在此背景下，要推进珠江—西江经济带农村经济社会发展，针对大多数农村地区而言，只有通过"筑巢引凤"的方式，才能为农村经济社会发展增添强劲的发展动力，进而推动农村经济社会不断向前发展。

2. 要素驱动力

要素驱动力，主要体现在土地、劳动力、资本、技术等要素资源对珠江—西江经济带农村经济社会发展的驱动上。珠江—西江经济带农村经济社会的发展，离不开要素驱动力的发展支撑；然而，恰恰因为缺乏这些要素资源，导致珠江—西江经济带农村经济社会发展缺乏足够的发展基础和资源支撑，使其经济发展始终处于低水平的发展状态，也缺乏充足的发展动力。因此，通过为珠江—西江经济带农村经济社会发展提供土地、劳动力、资本、技术等要素资源，有利于进一步激活乡村的经济社会发展活力，为推动珠江—西江经济带农村经济社会发展注入动力和"燃料"，并为实现乡村振兴奠定发展基础和条件。

3. 利益驱动力

利益驱动力，主要体现为珠江—西江经济带农村经济的社会发展既要符合投资企业、机构和个体的利益需求，又要符合农村地区和广大农民的利益需求，构建农村地区产业发展与农民之间的利益联结机制，让广大农户积极参与并分享农村经济社会的发展成果，如此才能在各方的共同努力下推动农村地区经济社会的可持续发展。农村地区的特殊地理位置和经济发展状况，决定了农村经济社会发展离不开广大农民的积极参与，只有兼顾和考虑广大农民的利益需求，并让广大农民通过参与农业生产活动、就地就近就业等参与到农村经济社会发展中来，才能更好地驱动农村经济社会的持续向前发展，并实现乡村振兴的目标。

4. 市场驱动力

市场驱动力，主要体现为通过市场的竞争机制、供求机制、价格机制等市场机制，并依托农村地区的特色农业和资源优势，不断促进农村地区经济社会发展所需资源的优化配置，进一步推动农村地区的特色优势产业发展及转型升级，同时这也形成了农村地区特色产业发展的基础，并在政府、社会资本等力量的共同作用下，推动着农村地区特色产业、相关配套产业和服务业发展。市场驱动力作用在具有自然资源和特色资源优势的农村地区更为凸显。

5. 福利驱动力

福利驱动力，主要体现为政府和社会各界为更好地满足农村地区全体农民共同的美好幸福需要，改善公共基础服务设施、完善社会保障和福利体系，以及推动经济、社会、政治、文化和生态文明的协调发展等，不断提升农村地区全体农民的福利水平，从而更好地满足农村地区居民对美好幸福的向往，并同步实现珠江—西江经济带乡村振兴的目标。珠江—西江经济带农村经济的社会发展离不开经济、社会、政治、文化和生态文明的同步和协调发展，而这一切都是为了改善农村地区全体农民的福祉，因此，只有把农村地区全体农民的福祉放在第一位，才能真正实现珠江—西江经济带乡村振兴的目标。

二、乡村振兴战略与精准扶贫、精准
脱贫有机衔接的政策逻辑

（一）乡村振兴战略与精准扶贫、精准脱贫衔接的迫切需要

摘下贫困之帽，消除绝对贫困，标志着我国实施精准扶贫与脱贫获得了决定性的胜利，对于我国实现第一个百年目标而言，消除绝对贫困是重要的策略；对于我国实现第二个百年目标而言，消除绝对贫困是坚实的基础；将绝对贫困消除是乡村振兴的重要前提。当前，乡村振兴与脱贫攻坚正处于关键的交汇、叠加时期，党和政府也在积极探索乡村振兴与精准扶贫、精准脱贫之间的有效衔接方式，脱贫攻坚战结束后，为了更好地确保乡村振兴的稳步推进和实施，需要在现阶段进一步增强乡村振兴与精准扶贫、精准脱贫之间在策略方面的衔接性。

第一，乡村振兴战略与精准扶贫、精准脱贫在实施过程中存在割裂的问题。乡村振兴战略的根基是乡村的产业发展实现振兴，乡村振兴战略的重点在

于实施对农民有惠、有利的策略,保障农民享受到广泛的公共服务①。实施精准扶贫战略首先需要解决"贫"的问题,并对多维贫困进行识别,然后对致贫因素进行研究,探析多维贫困的特点及不足,并提出有针对性的减贫策略,进而帮助贫困人口实现脱贫②。现实生活中,在乡村振兴与"精准扶贫、精准脱贫"两大政策实施的过程中,经常将乡村振兴与精准扶贫政策割裂,将相互承接的两个政策单独处理。与此同时,由于乡村振兴战略与精准扶贫战略在本质与内涵上存在显著的差异,因此,两大战略在衔接上存在一定的困难。乡村振兴战略的规划是长远的,并以我国经济、社会、政治制度为基础,而精准扶贫战略是一种政治目标,并以我国当前农村绝对贫困问题为基础。这些区别使两个政策在基层实施的过程中造成割裂。③

第二,应统筹推进扶贫工作,巩固脱贫攻坚成果。当前,我国精准扶贫与精准脱贫已经过了关键时期,但由于很多贫困人口生活在边远山区,这些山区的生活条件较为艰苦且生活生产条件较为恶劣,因此这些地区想要实现脱贫的成本和难度较大。与此同时,现阶段我国已经实现脱贫的人口,大都是依靠政策保障实现的,其生活仍然处于较低水平,因此,部分地区存在表面脱贫的现象,是任务性的,造成这些脱贫人口具有较大的返贫风险,是脆弱的。这在一定程度上警示我们在现阶段应该做好乡村振兴与精准扶贫、精准脱贫的衔接工作,在乡村振兴的实施过程中关注脱贫成效,并通过实行一系列措施进一步巩固脱贫成效,并为新时期相对贫困问题的解决奠定基础。

第三,农村落后问题依然严重,且农村之间存在显著的差距。现阶段,随着乡村振兴的稳步推进和实施,我国已经初步实现了脱贫,农业农村问题也基本得到解决。然而,大体来看,贫困地区的生产方式仍然是粗放式的,城市与农村在生活条件、生产条件、公共服务等基础设施建设方面存在明显的差距,农村普遍较为落后,农民缺乏发展的动力。此外,已经实现脱贫的乡村,由于其基础条件较好,已经在产业、文化、生态、教育等方面开始了乡村振兴战略的部署,并且也已经取得一定的成就。而对于还未实现脱贫目标的贫困地区,其战略部署仍然停留在脱贫攻坚的战略上,还未就乡村振兴与脱贫攻坚的协调统筹问题进行部署,造成贫困地区内部差距日益加大。有必要在已经实现脱贫

① 查茂和. 精准扶贫与乡村振兴有效衔接的探索 [J]. 安庆师范大学学报 (社会科学版),2020,39 (5):99 – 102.

② 章文光. 精准扶贫与乡村振兴战略如何有效衔接 [J]. 人民论坛,2019 (4):106 – 107.

③ 关畅. 精准扶贫与乡村振兴的衔接研究 [J]. 农村经济与科技,2020,31 (23):148 – 150.

目标的地区加大力度推行乡村振兴战略，通过进一步推动城乡融合发展，辅以构建相关体制机制，并为地区和群众的可持续发展提供良好的制度环境。而对于依然没有实现脱贫目标的地区，需要继续将脱贫攻坚任务放在第一位，加大投入力度的同时统筹推进乡村振兴战略。

第四，多维贫困与相对贫困问题日益凸显。在精准扶贫与脱贫战略实施的过程中，利用各种手段将大量的人力、物力、财力等资源集中到连片贫困地区，使较为分散的贫困地区，尤其是收入刚超过贫困线的经济欠发达的不属于贫困的地区，较少地享受到政策的扶持，使该地区的人口缺乏发展动力，甚至造成"挤出"问题。与此同时，这些地区存在发展不平衡的问题，在基础设施、产业发展方面较为落后，最终使该地区濒临贫困的农户产生严重堕落的心理不平衡。此外，随着脱贫攻坚实施策略的不断深入，我国全面消除绝对贫困的目标已经初步实现，但同时农村和城市的相对贫困问题更加严重，我国的扶贫开发任务面临着新的挑战。在乡村振兴与脱贫攻坚衔接的过程中，要着重关注相对贫困问题，重点关注城市与农村的低收入群体、城乡差距问题，进一步为实现共同富裕努力。

（二）乡村振兴与精准扶贫、精准脱贫有机衔接的可行性

1. 乡村振兴与精准扶贫、精准脱贫的内在统一性

精准扶贫脱贫与乡村振兴的最终目标都是消除贫困，改善民生，最终实现共同富裕，以体现社会主义的优越性。因此，从本质上看乡村振兴、精准扶贫、精准脱贫具有价值目标上的内在统一性。

第一，乡村振兴、精准扶贫和精准脱贫在战略目标、实施时间、实施对象和实施方式上有所不同，但其具有一致的目标，即为实现农村农业现代化而努力，最终实现"两个一百年"奋斗目标[1]。乡村振兴、精准扶贫和精准脱贫都是为努力推进农业农村现代化，进一步破除城乡二元结构的具体实践。自改革开放以来，农村相较城市而言，发展较为滞后且农村农民的生活水平较低，城乡二元结构矛盾突出，资源要素由农村单一流向城市等，进而使中国的现代化

---

① 张赛群. 精准扶贫与乡村振兴战略：内在关联和有效衔接 [J]. 武汉科技大学学报（社会科学版），2021，23（2）：188 - 193.

发展逐渐暴露出问题。因此，为了更好地实现城市与乡村在发展上的差距，缓解社会矛盾，要更加重视农村的发展问题，注重农业农村的现代化建设，进一步更好地推进乡村振兴战略、精准扶贫与脱贫战略，推进公共服务均等化，实现要素双向流动。2020 年，是脱贫攻坚和乡村振兴两大扶贫工作的交汇融合的重要节点，消灭绝对贫困之前，各贫困地区将全面脱贫作为主要工作，并同步推进乡村振兴战略；在实现全面建成小康社会之后，党和政府开始在巩固脱贫攻坚成效的基础上，逐渐将工作的重点确定为乡村振兴的实施，进一步使城市与乡村的关系得到改善，实现农村现代化发展的目标，进一步实现城乡融合。2022 年，党的二十大报告强调，全面建设社会主义现代化国家，最艰巨最繁重的任务仍然在农村，要全面推进乡村振兴，推动乡村在产业、人才、文化、生态、组织等方面的全面振兴。乡村振兴、精准扶贫和精准脱贫之间需要做好衔接工作，在激发农村发展的内在潜力的基础上，实现农村在环境、富裕、农业方面的全面发展，做到统筹推进。通过深入研究乡村振兴、精准扶贫和精准脱贫政策出台的背景以及具体实施的措施，可以发现其目的是一致的，这从深层次上保障了在衔接乡村振兴、精准扶贫与精准脱贫的顺利开展。

第二，在理论渊源方面，乡村振兴、精准扶贫和精准脱贫具有一致性。中国共产党在历史实践的过程中，通过吸收我国发展不同时期的思想财富，提出了精准扶贫、精准脱贫和乡村振兴战略，因此，乡村振兴、精准扶贫和精准脱贫有着深刻的历史渊源。中国共产党自成立以来，一直重视"三农"问题，并将与农业、农村、农民有关的事业放在首位。我国在中国共产党的领导下充分发挥了我国特有的优势，中国共产党在继承马克思主义的反贫困的理论的基础上，针对贫困人口，围绕精准扶贫、精准脱贫战略以及乡村振兴战略连续出台了一系列措施，将为人民服务、依靠人民作为发展的价值取向，尤其是党的十八大以来，以实际情况为基础，将消除贫困作为重要目标，深刻论述了新时代我国精准扶贫、精准脱贫的重大理论问题，创新性地提出了新时期扶贫开发的基本方略——精准扶贫、精准脱贫。新时期脱贫攻坚战将这一基本方略作为行动指南，丰富了我国的扶贫开发理论。此外，关于新时期农村的发展问题，党中央、国务院在深入推进精准扶贫、精准脱贫的基础上，提出了乡村振兴战略，为乡村振兴带来了巨大的发展机遇并奠定了坚实的发展基础。一系列的精准扶贫和乡村振兴工作的实施有利于进一步改善农村地区在生活、教育、医疗、交通等方面的问题和挑战，并加快推动农村地区人民生活质量和水平的提升，进一步在脱贫攻坚上取得显著的成就。与此同时，党和国家始终将脱贫攻坚的对象与乡村振兴的主体，即人民群众作为服务对象，通过将人民的主动性、创造性充分调动起来，借助人民的力量加快推动农村的现代化。实际上，坚持以人民为中心，始终贯穿于脱贫攻坚战与乡村振兴战略实施的全过程，虽然各有工作重心，但是两者之间是有着密切联系的。

第三，乡村振兴与精准扶贫、精准脱贫在政策体系上具有融合性。乡村振兴、精准扶贫和精准脱贫政策之间能够协调相容的重要原因在于政策支持体系上具有融合性。在关键时期，要将乡村振兴战略的原则、思路、目标、任务等要求，深入贯彻精准扶贫、精准脱贫等一系列扶贫政策中，同时还要将政策实施过程中取得的成效与经验融合到乡村振兴的战略中①。即使实现全面脱贫目标后，依旧要将与扶贫、脱贫相关的政策贯彻下去，并将移民、教育、生态等扶贫工作继续完成好。此外，继续落实扶贫政策的同时，要逐渐将其与乡村振兴战略有效结合起来，将相对贫困、多维贫困问题与乡村振兴战略实施过程中存在的问题联系起来，将反贫困理论更好地落实到实践中。这为乡村振兴与精准扶贫、精准脱贫实现有效衔接提供了良好的制度保障。

2. 乡村振兴与精准扶贫、精准脱贫的行为耦合性

精准扶贫、精准脱贫为乡村振兴的实施奠定了一定的基础，而乡村振兴反过来也进一步巩固了精准扶贫与脱贫的成效，与此同时，乡村振兴的实施也进一步解决了相对贫困问题。因此，从实践上来看，乡村振兴与精准扶贫、精准脱贫的行为具有耦合性。

第一，精准扶贫、精准脱贫和乡村振兴战略具有一致的治理主体。党和政府在乡村振兴、精准扶贫与脱贫战略的出台与实施中都发挥着主体地位，并发挥着举足轻重的作用，也有着相同的实施主体。乡村振兴、精准扶贫、精准脱贫战略在具体实施中除了吸纳企业、新乡贤、金融机构等参与外，还积极鼓励农民、贫困人口参与到贫困治理中，也都强调多元主体参与的重要性，通过协调各方利益，实现贫困治理主体的不断多元化，最终使乡村振兴、精准扶贫与脱贫机制不断得到完善。最后，就实施对象来看，乡村振兴战略和精准扶贫、精准脱贫战略都是为了更好地服务人民群众。具体来说，贫困人口是精准扶贫、精准脱贫的实施对象，在帮扶的过程中注重贫困人口自我发展能力的提

① 张克俊，付宗平，李雪．全面脱贫与乡村振兴的有效衔接——基于政策关系二重性的分析［J］．广西师范大学学报（哲学社会科学版），2020，56（6）：7－20.

升；而相比于精准扶贫与脱贫战略，乡村振兴战略的实施对象是农民，其范围更广。不论是贫困人口还是农民，乡村振兴战略和精准扶贫、精准脱贫战略的目的都是使人民过上更好的生活。

第二，精准扶贫、精准脱贫和乡村振兴战略具有连贯性。乡村振兴战略和精准扶贫、精准脱贫战略都需要一套完整的体制机制来使其更好地实施，在很大程度上，这些体制机制之间是相辅相成的。随着脱贫攻坚工作的稳步推进，由此构建的决策议事、组织保障、考核评价、人才培育与引进等机制已经逐渐成熟起来，在乡村振兴战略的具体实施中，可以充分利用这些体制机制提升办事效率。与此同时，在精准扶贫的稳步推进中，以中央政府为统筹、由各省级政府担责任、各市县级政府负责具体落实的"五级书记抓扶贫"的治理机制逐渐建立并完善起来，这为"五级乡村书记抓乡村振兴"确定了工作机制[①]。"五级书记抓扶贫"机制的重点就是责任制，在党和政府的集中统一领导下，责令各地方政府签责任书，整合各种资源，使地方政府的办事效率得到一定的提高[②]。乡村振兴战略的实施使我国特有的制度优势得到进一步的发挥，在"五级书记抓扶贫"机制的基础上，开展了"五级书记抓乡村振兴"的工作机制，既保障并进一步巩固了精准扶贫与精准脱贫工作的成果，又进一步推动了乡村振兴战略的顺利实施。与此同时，在精准扶贫与精准脱贫工作的开展下，从扶贫项目的规划、资金安排到实施都需要基层干部亲力亲为，进而使基层干部得到锻炼，基层经验更加丰富，这些基层干部为乡村振兴战略的实施提供了丰富的经验，有助于乡村振兴战略的顺利实施。综上所述，精准扶贫与精准脱贫的实践，为乡村振兴战略的实施奠定了良好基础，有助于在乡村振兴战略与精准扶贫、精准脱贫战略之间形成良好的制度黏合。

第三，精准扶贫、精准脱贫和乡村振兴战略具有叠加的功能作用。这包括产业、文化、生态、人才、党建等在内的多个要素系统共同构成精准扶贫与精准脱贫战略[③]。随着扶贫战略的深入实施，贫困地区的基础设施得到完善，特别是在可以直接影响农民生活生产方面得到充分发展，比如，农田水利、道路交通等，这些公共服务的保障给予当地贫困人口更多的信心，并激发出内在动力，通过产业扶贫政策使农村得到相对全面的发展，这为乡村振兴战略的实施

---

① 曹立，王声啸. 精准扶贫与乡村振兴衔接的理论逻辑与实践逻辑 [J]. 南京农业大学学报（社会科学版），2020，20（4）：42－48.

② 黄祖辉. 准确把握中国乡村振兴战略 [J]. 中国农村经济，2018（4）：2－12.

③ 姜长云. 实施乡村振兴战略需努力规避几种倾向 [J]. 农业经济问题，2018（1）：8－13.

提供了保障与物质基础。乡村振兴战略与精准扶贫、精准脱贫战略之所以能够实现衔接，原因在于产业、文化、生态、人才、党建等多个要素系统之间是相辅相成的关系，在这些要素在相互叠加的作用下，两大战略的成效更加明显。因此，精准扶贫、精准脱贫和乡村振兴在作用上具有较强的耦合性，在脱贫攻坚和乡村振兴的交汇叠加的重要时期，要更加注重乡村振兴战略、精准扶贫战略、精准脱贫战略之间的关系，通过发挥各要素系统的作用，并不断实现三大战略在政治、经济、社会、人才、生态等方面的衔接，以实现政策效应的最大化。

第四，由于各贫困地区的致贫原因是多元的、有区别的，因此，我国在开展各项扶贫工作的时候，要将实事求是作为原则，因地制宜地开展产业扶持、医疗救助、金融信贷、教育帮扶等一系列帮扶措施。与此同时，为了更好地缩小城乡之间、东西部地区发展的差距，我国政府还通过构建中央定点帮扶、东部协助西部、干部驻村帮扶等一系列政策体系，并通过各种考核来保障政策的有效性，其中包括第三方评估、省与省之间、市与市之间交叉评估考核等方式。我国政府在贫困治理方面采取的政策措施，一方面，有助于在政策、组织结构、考核方式方面为乡村振兴战略的实施提供成熟的经验，并为其顺利开展奠定基础；另一方面，借助精准扶贫与脱贫政策的实施，各社会力量积极踊跃参与到贫困治理的工作中来，为农村的现代化发展实施了一系列发展模式，例如，电商平台、龙头企业设点、生态旅游等模式，既拓宽了贫困地区销售农产品的渠道，同时也进一步提供了平台，以促进城市与乡村的进一步融合发展，并奠定良好的基础，以促进乡村振兴战略的良好实施。除此之外，为了进一步有序衔接乡村振兴战略与精准扶贫、精准脱贫战略，我国政府提出了"四个不摘"的政策行为，虽然摘掉了贫困的帽子，但依旧保持在责任、政策、帮扶、监管方面的力度，做到精准扶贫战略、精准脱贫战略与乡村振兴战略之间的平稳过渡。

第五，乡村振兴、精准扶贫和精准脱贫之间具有一致的主体与目标，且在内容方面是互通的。从政策的实施对象来看，精准扶贫与精准脱贫政策的出台是为了解决贫困人口的问题，而我国的贫困人口大多分布在偏远山区、农村地区，换句话说，我国的扶贫政策的实施对象主要是分布在偏远地区、农村地区的贫困人口；显然，乡村振兴战略的实施对象就是农村人口，而农村人口就包含了当地的贫困人口。实际上，农村地区的贫困人口既可以享受精准扶贫与脱贫的政策优惠，也能够享受乡村振兴战略的政策优惠。从时间节点来看，2020

年是精准扶贫政策的关键年，要在这一年实现第一个百年目标，2025 年是乡村振兴的时间节点，要在这一年实现第二个百年目标，由此可以明显看出，精准扶贫、精准脱贫战略是前提，是基础，是短期的冲刺阶段；乡村振兴战略发挥的是巩固、提升的作用，是一个长期的计划。因此，乡村振兴战略与精准扶贫、精准脱贫战略在时间节点上虽然存在不同，然而却存在两年的重合期，这一时期是两大战略衔接的关键时期。现阶段，我国已经实现了消灭绝对贫困的目标，然而，相对贫困问题也逐渐凸显出来，因此，乡村振兴战略除了要继续巩固消除绝对贫困这一成果，还要关注相对贫困问题。

（三）乡村振兴与精准扶贫、精准脱贫有机衔接的内在逻辑

1. 乡村振兴战略与精准扶贫、精准脱贫相辅相成

精准扶贫与精准脱贫政策的出台，对于实现第一个百年目标具有重要的意义。基于脱贫攻坚取得的成果，乡村振兴战略能够得到更好的实施，并能够更好地巩固此前获得的成效。乡村振兴战略、精准扶贫与精准脱贫战略具有一致的目标，两者都是在"三农"的基础上开展的具体手段，通过采取各项措施使农业的现代化发展成为可能，进而使农民的内在潜力得到激发，进一步使农民的收入水平、生活质量得到提高。乡村振兴战略与脱贫攻坚是一场马拉松，脱贫攻坚是上半程，解决了绝对贫困的问题；乡村振兴战略是下半程，乡村振兴战略的实施，对于解决新时代相对贫困问题具有重要意义，同时也有助于降低脱贫人口返贫的风险，进而有助于建设现代化新农村。

脱贫攻坚战的胜利说明我国实现了脱贫致富的目标，乡村振兴战略只有在此基础上才能更好地从产业、生态、乡风、治理、幸福感等方面发挥作用，乡村振兴战略在还没有摆脱贫困的地区很难发挥其作用，只有解决了我国农村地区的贫困问题，才能顺利完成乡村振兴战略。因此，只有实现消除绝对贫困这一目标，乡村振兴战略才能在文化、民生、生态等方面实现妥善治理，进一步解决相对贫困问题，为实现 2050 年的乡村全面逆行的目标奠定基础。此外，乡村振兴战略的实施，尤其是为农村的发展提供了全方位、多层次的目标、内容与规划，同时进一步明确了我国农村未来要向现代化发展的方向，为后脱贫时代的脱贫攻坚提供了新的目标与保障，要制定并完善此前的脱贫机制，以保障新时代相对贫困、多维贫困问题顺利解决。从长远来看，实现乡村的全面振

兴实际上就是脱贫攻坚的最终目标,其任务就是全方位地实现乡村振兴的总要求,围绕"三农"问题,从产业、生态、乡风、治理、幸福感等方面采取相应的措施帮助贫困乡村实现乡村振兴,并为当地人口提供幸福生活的社会环境,并进一步降低已经摆脱贫困的人口由于疾病、教育、医疗等公共服务方面的短缺造成返贫的风险。

精准扶贫、精准脱贫与乡村振兴两大战略相互联系,有众多的契合点①。乡村振兴的第一个重要任务就是帮扶贫困人口,而精准扶贫、精准脱贫实施的经验与成效也为乡村振兴战略的实施提供了基础。此外,乡村振兴战略内容上包括精准扶贫、精准脱贫,并为其进一步发展指明了方向。在乡村振兴战略与精准扶贫、精准脱贫的叠加融合时期,所采取的措施可以相互借鉴,是相辅相成的。

2. 乡村振兴与精准扶贫、精准脱贫在实践上相互联系

第一,扶贫的任务包括在乡村振兴的范畴。在乡村振兴政策出台的初始阶段,我国还没有实现扶贫与脱贫的目标,所以,在出台乡村振兴政策时,扶贫与脱贫的任务必然会包括在乡村振兴的范畴。而为了不改变贫困地区原有的工作模式及发展方式,习近平总书记多次在公开场合强调,脱贫攻坚将是贫困地区的首要任务,即使实现了消灭绝对贫困的目标,仍然要将脱贫攻坚作为重要工作,只是将其任务调整为缓解相对贫困②。基于此我们可以发现,扶贫的任务被包括在乡村振兴战略的范畴,打赢脱贫攻坚战也是实现乡村振兴的重要要求,而且在乡村振兴中更加侧重治理的精准性。

第二,乡村振兴与精准扶贫、精准脱贫的实施措施可以相互借鉴。2017年实施的乡村振兴战略,无论是制度的框架还是运作的方式都处于初步阶段,还需要进一步完善,而精准扶贫、精准脱贫战略在框架制度、政策体系以及运作方式已经有较长时间的实践,乡村振兴与精准扶贫、精准脱贫在任务实施方面具有相似性,因此,乡村振兴战略可以直接借鉴精准扶贫、精准脱贫的一些具体运作方式。事实上,乡村振兴战略在统筹推进的过程中已经借鉴了精准扶贫与脱贫的一些措施,比如,精准扶贫与脱贫强调"精准"二字,而乡村振兴战略也强调要因地制宜地采取措施,注重各乡村的差异;乡村振兴战略还将

---

① 陈强. 浅谈乡村振兴与脱贫攻坚的有效衔接 [J]. 农村实用技术, 2020 (10): 130 – 131.

② 习近平. 把乡村振兴战略作为新时代"三农"工作总抓手 [J]. 求是, 2019 (11): 4 – 10.

前文所提到的"五级书记抓扶贫"机制吸纳进去；此外，精准扶贫与精准脱贫的多元化参与贫困治理方式也被乡村振兴战略借鉴。与此同时，贫困的原因是多样的，乡村振兴战略在实施过程中采取的系统性措施，同样也可以为脱贫攻坚工作提供启示，贫困治理也需要采取全方位的措施，多管齐下，二者采取的措施相互影响。

第三，乡村振兴与精准扶贫、精准脱贫的成果可以相互转化。如前文所述，乡村振兴战略与精准扶贫、精准脱贫在各方面都有联系，产生的效果也是可以相互转化的。一方面，乡村振兴战略推出前已经实施的精准扶贫与脱贫已经在基础设施、产业、教育、医疗等方面采取相应的措施，不仅促进了农村的现代化发展，取得了一定的成效，也为乡村振兴战略的实施做了一定的铺垫，奠定了良好的基础。另一方面，乡村振兴的实施对于巩固精准扶贫与脱贫取得的成果具有重要意义，通过良好的政策环境鼓励社会力量在乡村发展产业培育、文化建设、生态治理等，而这些也是精准扶贫与脱贫任务实现的必备条件，而在政策、人才、资金等各资源要素方面采取的措施，都有助于贫困地区的脱贫致富。因此，乡村振兴与精准扶贫、精准脱贫取得的成果一定程度上是相互促进的，是相互成就的。

3. 乡村振兴与精准扶贫、精准脱贫在作用效果上各有侧重

由于贫困村、留守问题、贫困人口阻碍了我国实现全面建成小康社会的进程①，而为了实现消灭贫困，我国出台了精准扶贫与精准脱贫政策，其主要是为了缩小贫富差距。精准扶贫与精准脱贫战略采取了多方面的措施。首先，通过深入了解贫困人口贫困的深层次原因及其发展意愿，结合"造血式"的政策扶助与社会性多元化帮扶措施，因人施策，进而提升贫困户的可持续发展能力。其次，在国家政策的优惠下，贫困地区采取产业扶贫的方式，借助其资源优势，通过资金投入、技术支持、人才引进等为贫困地区培育新的发展潜力，进而推进贫困地区的现代化发展②。最后，通过构建"反哺式"格局，连片贫困地区采取东西协作的方式，解决连片地区的贫困问题，实现区域协同发展③，

---

① Zhou Y, Guo Y Z, Liu Y S, et al. Targeted poverty alleviation and land policy innovation：Some practice and policy implica-tions from China［J］. Land Use Policy, 2018（74）：53 – 65.

② 刘彦随，曹智. 精准扶贫供给侧结构及其改革策略［J］. 中国科学院院刊, 2017, 32（10）：1066 – 1073.

③ 卢林. 构建"反哺式"扶贫新格局［N］. 人民日报, 2016 – 08 – 17（005）.

通过协作的方式提升连片贫困地区的全方面现代化发展能力，缩小东西部地区贫富差距①。此外，在一定程度上，脱贫攻坚的实施进展对于乡村振兴战略的实施进度与成效具有决定性作用，但是二者在作用上是不一致的。精准扶贫与精准脱贫战略对于缩小城乡差距具有重要意义，通过实现贫困地区与贫困人口的全面发展，弥补农村较城市发展缓慢的短板，进而促进城乡融合发展，同时也有助于进一步做好精准扶贫、精准脱贫与乡村振兴的有效衔接。

　　而乡村振兴是在扶贫与脱贫取得一定成绩的基础上出台的，其主要是为了继续巩固与实现高层次发展。从阶段性来讲，实现乡村的摆脱贫困问题与实现稳定发展是乡村振兴战略深入推进的前提与基础②。乡村振兴的核心是在产业、人才、文化、生态、组织五个方面实现振兴，乡村振兴政策是为了帮助已经实现消灭贫困地区的可持续发展，由于这些地区在基础设施与公共服务方面仍然存在发展缓慢的问题，而贫困人口的问题是精准扶贫与精准脱贫主要解决的问题，乡村振兴战略的实施可以帮助这些地区实现全面发展，可以有效降低贫困人口返贫的风险，进而巩固精准扶贫与脱贫战略已经取得的成果。

4. 乡村振兴与精准扶贫、精准脱贫具有不同的阶段

　　在党的领导下，基于社会发展的现实，我国在即将实现"第一个一百年"的目标下，进一步出台了对农民有惠、有利的乡村振兴战略。实际上，乡村振兴战略并不是直接提出的，而是在新农村建设、美丽乡村建设的基础上进一步发展。乡村振兴战略的出台对城市与乡村的关系也产生了一定的影响，在此基础上，城乡关系得到进一步的升华。乡村振兴战略分为"三步走"，具有一定的阶段性，这是基于党的统筹部署，从 2022 年健全制度框架，到 2035 年基本实现农业农村的现代化发展，再到 2050 年实现乡村在农业、农村、农民的全面发展，实现全面振兴。从我国扶贫的角度来看，我国主要采取了救助式和开发式两种扶贫模式，经过长期的扶贫工作，我国率先实现了世界上减少贫困人口数量最多的国家。精准扶贫战略的实施时间是自 2013 年战略提出至 2020 年小康社会全面建成，以政府为主导的精准扶贫与精准脱贫战略在扶贫资金方面进行大批的拨付、在扶贫方面进行大量的实施、在扶贫干部方面进行大量的选

　　① 郑瑞强. 新型城乡关系益贫机理与连片特困区精准扶贫机制优化研究 [J]. 现代经济探讨，2018（5）：101－110.
　　② 凌经球. 可持续脱贫：新时代中国农村贫困治理的一个分析框架 [J]. 广西师范学院学报（哲学社会科学版），2018，39（2）：97－111.

派等多个措施，多层次、全方位地帮助贫困人口摆脱贫困。

精准扶贫工作是在 2013 年为了更好地解决农村发展不平衡的问题、缩小城市与乡村发展差距、更快实现共同富裕被创造性提出的。为了更有效地帮助贫困地区与人口的发展，我国在精准扶贫政策出台之后又继续出台了一系列相关政策以进一步保障扶贫开发工作的顺利进展。随着相关政策的出台与实施，我国贫困地区与人口的问题得到有效的解决，但是，由于"三农"问题是受到各种因素影响的、复杂且长期的系统性工程，因此想要在短期内解决好农村的发展问题是不切实际的。即使精准扶贫与脱贫工作已经取得相当不错的成绩，也极大地解决了城市与农村发展差距的问题，帮助农村地区初步实现了现代化建设，但是我国农村相较于城市发展而言，在公共建设、农民的收入水平与生活质量、农村发展环境、精神文明建设方面仍然有较大的差距，脱贫攻坚工作的各种治理体系建设仍然存在着很大的问题。为了更好地解决以上的问题，实现农村的可持续发展，仍然需要政府与社会各界不断向农村地区投入资金、技术、人才等。而在乡村振兴战略的全面实施前，首先要做好精准扶贫与脱贫的工作[①]。

（四） 乡村振兴与精准扶贫、精准脱贫有效衔接的重点

作为与我国农村的发展关系密切的重大战略部署，精准扶贫、精准脱贫与乡村振兴各方面具有重要联系，这决定了它们有衔接的必要性和可能性，同时，精准扶贫、精准脱贫与乡村振兴的差异性又决定了它们的衔接需要有所侧重。现阶段，脱贫攻坚实现绝对贫困的消灭工作已经取得初步的成效，乡村振兴与精准扶贫、精准脱贫的有效衔接已经十分紧迫，而为了做好乡村振兴与精准扶贫、精准脱贫的有效衔接，需要明确其各方面的差异，并明确乡村振兴与精准扶贫、精准脱贫有效衔接的重点——观念、规划、政策和体制机制等。

1. 观念衔接

要做好做长久持续工作的各种准备，同时也需要正确掌握精准扶贫、精准脱贫与乡村振兴衔接的基本思路。现阶段，相对贫困问题已经成为城市与乡村发展的重要问题，从世界上发达国家的经验来看，相对贫困问题是长期存在

---

① 郑健雄. 精准扶贫与乡村振兴战略如何有效衔接 [J]. 农业开发与装备，2020 (9)：9 – 10.

的，我们应该意识到我国现阶段的脱贫只是在现在贫困标准下的脱贫，是处于较低水平的脱贫，需要做好长久的准备工作以解决相对贫困问题。与此同时，乡村振兴与精准扶贫、精准脱贫的有效衔接包含不同的层级、部门、领域等多方面的问题，而从初步的规划到具体的实施各部门之间、上下级之间都会产生很多的衔接问题，所以，乡村振兴与精准扶贫、精准脱贫的有效衔接不仅是一个部门或者一个层级的问题，更多涉及自上而下、各个行政层级和多个相关部门之间的有机衔接。从领域来看政策的实施，乡村振兴包括五个领域，分别是产业、生态、文化、人才、组织方面均实现振兴。同样，脱贫攻坚也需要从产业、生态、文化、人才等多个领域实现扶贫与帮扶目标。因此，精准扶贫、精准脱贫与乡村振兴的有机衔接具体表现在从产业方面的扶贫到振兴的衔接、从文化方面的扶贫到振兴的衔接、从生态方面的扶贫到振兴的衔接、从人才方面的帮扶到振兴的衔接，乡村振兴较精准扶贫与脱贫而言，是转型、提升的过程①。乡村振兴与精准扶贫、精准脱贫有效衔接的基本思路是对衔接内容、方式等的基本设想和规划。

2. 目标与规划衔接

当前，贫困地区的基础设施还比较薄弱，群众还具有较为保守的民风，贫困群体的脱贫能力也比较低，因此，脱贫攻坚在这些方面需要按照总体安排，进行长期、逐步的解决②。所以，2020 年之后的乡村振兴战略的实施过程，首先应在规划中将精准扶贫残留的问题和继续巩固脱贫的成果做具体的安排，而就农村与城市之间的相对贫困问题，也应规划到乡村振兴战略当中。与此同时，乡村振兴与精准扶贫、精准脱贫的有效衔接还需要做好阶段性的安排。整体上乡村振兴战略的阶段性安排如下：以 2020 年为时间节点，在实现消灭绝对贫困之前，在做好农村精准扶贫、精准脱贫与乡村振兴衔接工作的基础上，应该将精准扶贫、精准脱贫战略作为党和政府工作的重心，同时在贫困治理的工作中不断融入乡村振兴的相关举措；而在消灭绝对贫困之后，应该将乡村振兴作为"三农"工作的重心，并考虑上述讨论的脱贫成果、相对贫困问题，同时，将相对贫困的治理问题作为常态化操作，为平稳过渡农村精准扶贫、精

① 张赛群. 精准扶贫与乡村振兴战略：内在关联和有效衔接 [J]. 武汉科技大学学报（社会科学版），2021，23（2）：188 - 193.

② 习近平. 把乡村振兴战略作为新时代"三农"工作总抓手 [J]. 求是，2019（11）：4 - 10.

准脱贫和乡村振兴打好基础。

3. 政策衔接

我国政府围绕精准扶贫、精准脱贫，专门针对贫困地区与人口实施了许多策略与方案，目的就是帮助贫困人口实现可持续发展，走向富裕。在绝对贫困消灭的新阶段，2020 年后的工作仍然要针对个别贫困地区、人口的扶持政策继续予以贯彻落实，但需要注意的是，要将此前特惠性扶持政策转变为普惠性扶持政策，在农村社会保障体系、基础设施等方面继续予以完善，并在与惠农政策方面进一步扩大农业产业方面的扶持，扩大惠及范围。这就需要结合实际需要和各地实际情况全面梳理现有的精准扶贫与精准脱贫政策，并实行分类处置。在发展内容方面，乡村振兴与精准扶贫、精准脱贫之间在有些方面是叠加的、重合的，当前，在乡村振兴阶段需要继续实施乡村基础设施、公共服务、环境整治、基础教育发展、职业培训、产业扶贫等方面的政策与措施，其中有些政策措施可以直接纳入乡村振兴的实施策略。而由于乡村振兴与精准扶贫、精准脱贫的侧重点有所不同，缩小城市与乡村发展方面的差距是乡村振兴的重要工作任务，所以，将当前精准扶贫与精准脱贫工作中的针对农村贫困人口，将已经在实施的在医疗、低保方面的措施划归到城乡社会保障体系之中；或者取消已经完成且取得成效的、临时性的政策措施。

4. 体制机制衔接

首先，外部支持与内生动力对乡村振兴战略与精准扶贫、精准脱贫是十分重要的。因此，乡村振兴战略与精准扶贫、精准脱贫都需要既积极发挥政府、市场、社会力量等外部的支持作用，也需要积极调动贫困人口自身的"造血"能力。但是在主体上，乡村振兴与精准扶贫、精准脱贫存在着明显的差别，前者更加强调政府引导下发挥市场的作用，后者的实施主体是政府。因此，为了实现有效体制机制方面的衔接，除了需要注重政府在各个要素资源的分配衔接作用，还需要注重发挥市场的作用，广泛吸收社会力量。其次，乡村振兴与精准扶贫、精准脱贫的一些保障机制基本是相通的，但存在一些小的差异，比如在完善农村基础设施方面。在精准扶贫、精准脱贫实施的阶段，实施的目的主要是鼓励并调动贫困人口的内生动力，实现消灭贫困的目标；而在乡村振兴实施的阶段，其实施的目的是促进生产、生态保护、文化建设、政治发展等方面的全面发展，使更加多元化，因此在这一阶段，对农村基层组织的要求会更高。最后，在乡村振兴与精准扶贫、精准脱贫的工作机制的衔接方面，需要将脱贫攻坚的工作机制，如扶贫与扶智、"输血"与"造血"相结合，转化为乡村振兴的长效机制。作为解决绝对贫困问题的东西部扶贫协作与对口帮扶措施，在新时期这些帮扶措施同样有助于促进城乡之间的融合发展，进一步促进区域之间的共生发展。在相对贫困问题突出的新时期，需要继续以市场机制为引导、对区域间的扶贫协作模式进行规划和推广。

总之，在战略设计方面，我国农村地区发展的乡村振兴、精准扶贫与精准脱贫战略之间是兼容的关系，相关机制是可以继承的。在全面建成小康社会的关键时期，为更好地实现精准扶贫、精准脱贫与乡村振兴的有效衔接，需要立足它们的不同，将规划、观念、体制机制、政策等方面的衔接问题作为重点，积极推进乡村振兴与精准扶贫、精准脱贫的有效衔接。

三、珠江—西江经济带扶贫开发的模式选择

（一）珠江—西江经济带精准扶贫与精准脱贫的模式选择

1. 产业扶贫模式

20 世纪 80 年代，产业扶贫模式就已经是重要的扶贫手段，有效地促进了贫困地区改善贫困状态，促进贫困农户脱贫致富。产业扶贫是国家扶贫战略由粗放向精准转变的集中体现，该模式将普惠式扶贫与市场资源优化配置结合，有助于提升扶贫资源的配置效率[①]。产业扶贫作为开发式扶贫的重要组成部分，其核心思想都是立足在贫困地区的社会环境和要素资源的基础上，通过要素资源的整合与优化配置，以发展贫困地区特色产业为工作重点的"造血式"扶贫方略[②]。2015 年的《关于打赢脱贫攻坚战的决定》提出，

---

① 郑瑞强，徐瑾，陈燕. 贫困区域产业化扶贫模式理念拓展与机制优化 [J]. 三峡大学学报（人文社会科学版），2016，38（1）：60－63.
② 左停，杨鱼鑫. 精准扶贫：技术靶向、理论解析和现实挑战 [J]. 贵州社会科学，2015（8）：156－162.

为实现精准扶贫、精准脱贫目标，在具体工作中，要根据贫困地区和贫困人口情况实施好发展生产、易地搬迁、生态补偿、发展教育以及社会保障，以实现脱贫。其中，产业扶贫因其涉及对象最广、覆盖面最大成为精准扶贫的重点。

产业扶贫治理模式的实施主体比较多元化，政府、企业甚至农民合作共同推动贫困地区的产业发展。一个地方经济的快速进步离不开产业的发展，产业是精准扶贫的重要保障。我国政府在扶贫攻坚的实践过程中采取了"全援助"和"援助＋自主"这两种模式。第一，政府主导下的"全援助"扶贫模式。"全援助"产业项目扶贫模式是扶持某个产业以解决贫困地区或贫困户的脱贫问题①。在此模式中，政府将扶贫资金注入，辅以项目培训以及专家指导等多种形式为产业项目提供技术服务②。但这种模式并没有把当地的要素资源考虑在内，加之所选产业项目都是由政府选定的，所以在实践中，许多产业发展资金在没有适当监管制度的情况下，没有发挥产业项目在扶贫攻坚中的应有作用③。另外，政府对脱贫要素的不当投入，也会引导这些稀缺要素资源被更加不当地使用。第二，政府主导下的"援助＋自主"扶贫模式。"援助＋自主"产业扶贫新模式的最大特点就是政府不再包揽一切，而是需要激发贫困地区或贫困户的积极性，并由后者"自主"申请产业项目，政府只提供产业项目发展所需的政策、资金或技术等生产要素④。贫困地区也许并不缺乏资源要素，因此产业扶贫的重点是合理地进行资源配置⑤。"援助＋自主"扶贫模式，务必解决项目发展所需的要素资源问题，同时要兼顾贫困地区或贫困户的要素资源状况，如此才会收到应有的效果⑥。首先，对于农村集体经济组织而言，税费制度改革与农村经济社会发展削减了农村集体经济组织的集体要素资产，所以，许多贫困地区集体组织的要素资产能为产业发展提供的要素资源十分有限。其次，贫困户拥有的要素资源有限，在产业项

① 赵凯. 农业产业化经营风险分担优化模型［J］. 江苏农业科学, 2013（4）：400－402.

② 张志新, 张秀丽, 白海洋. 基于要素资源配置视角的贫困地区"产业项目扶贫"模式研究［J］. 农村经济, 2019（1）：88－96.

③ 陈凡, 杨越. 中国扶贫资金投入对缓解贫困的作用［J］. 农业技术经济, 2003（6）：1－5.

④ 梁晨. 产业扶贫项目的运作机制与地方政府的角色［J］. 北京工业大学学报（社会科学版）, 2015（5）：7－15.

⑤ 马九杰, 罗兴, 吴本健. 精准化金融产业扶贫机制创新研究［J］. 当代农村财经, 2016（9）：26－29, 37.

⑥ 肖唐镖, 石海燕. 农村经济增长政策的扶贫效应分析［J］. 新视野, 2009（2）：26－29.

目的扶贫模式下，贫困户除了一定期限的承包地使用权外，能够提供的要素资源主要有简单劳动力、传统的种养技术和些许农村生活的经验。最后，各级帮扶机构在政府的主导下基于自身利益的考量，对贫困地区要素资源缺乏深入的了解，在如何选择产业项目上难以做到可持续，所以很多时候都只是利用资金购买生产资料来帮助贫困地区发展。因而，我国进入扶贫攻坚阶段后不仅要转换到"援助＋自主"模式上来，也要根据产业项目优化升级的需要，输入与之相匹配的、更为高端的要素资源。

产业扶贫的本质是通过扶持发展产业项目提升贫困地区或贫困户的"造血"能力，但产业优化需要合理地配置当地的要素资源。产业升级的过程就是从以初级要素为主要配置结构的产业升级到以资本要素为主要配置结构的产业升级，再到以高级要素为主要配置结构的产业升级[①]。在产业升级的初级阶段，主要以自然资源、简单劳动力为代表的基础要素投入来缓慢驱动产业升级。此时，初级要素在产业升级所需的要素配置结构中占绝大比重，因而只要有适量的资本投入就可以促使产业迅猛发展，即产业升级所带来的价值在一定时期是可以达到较好的脱贫解困效果的。但是，随着产业升级和资本有机构成的变化，初级要素在产业升级中的地位逐渐下降，资本和技术在产业升级中的重要程度均逐步提高，而且资本要素对产业升级的贡献大于初级要素。在这一阶段，虽然具有边际收益递增特性的高级要素可嵌入具有边际收益递减特性的初级要素和资本要素之中，但终究难以改变初级要素和资本要素边际收益递减的趋势。在产业升级过程的高级阶段，产业升级的关键就是技术和知识一类的高等要素。复杂劳动力作为高级要素是该阶段产业项目升级的重要一环，劳动力此时升级成"人力资本"。因此，如果不顾贫困地区要素资源实际状况或可利用要素资源的状况盲目发展产业，肯定会令产业扶贫可持续性降低。因此，在产业扶贫项目的起步时期，应该立足贫困地区的自然资源、劳动力和当地农业生产技术与经验等要素资源状况选择适合该区域发展实际的产业项目。随着贫困地区的发展，无论是自然资源、劳动力等要素资源还是帮扶机构提供的资本、技术等要素资源均会对产业项目发展的要素资源配置结构产生重要影响。在贫困地区要素资源状况向更高端的技术、知识方向转变后，产业项目就得向更高级的产业项目转化。总之，在扶贫的工作中，产业扶贫必须与该地区的要素资源密切联系，并根据产业项目优化升级的一般规律和发展阶段的不同需要

---

① 韩江波，彭仁贤. 产业升级的要素配置机理：亚洲案例 [J]. 学习与实践，2011（10）：12－21.

做好要素资源的合理配置。

产业扶贫的目标是在贫困地区要素资源开发利用的基础上，通过规划发展产业项目的方式从根本上解决贫困群体的问题。因此，无论是产业项目选取、要素资源配置、还是在产业项目的运营上，都要根据市场需求来决定。贫困地区或贫困户的产业项目在要素资源升级的背景下呈向中级、高级演进的趋势，政府必须根据产业项目优化发展的不同阶段，由引导组织者向监督管理者转变；必须发挥市场机制的调控作用，产业项目必须紧跟市场需求，贫困地区或贫困户的贫困问题很大程度上就是其生产经营没有遵循市场经济的基本规律，所以，在贫困地区的产业项目扶贫过程中，必须牢记市场这只"看不见的手"的作用，不仅要通过市场机制来调配产业项目发展所需的要素资源，也要根据市场需求来制定产业项目的发展战略。

为实施产业扶贫治理模式，珠江—西江经济带沿线贫困地区可以构建新型的"多元主体合作产业模式"，通过政府帮扶、企业运作、劳务参与等推动产业发展。全国上下轰轰烈烈开展的精准扶贫工作是一项复杂的系统工程。从实践情况来看，有产业带动，贫困人口就能保障收入稳定，有易地搬迁，贫困人口就能重新获得宜居的生存环境。但无论如何，解决贫困问题都需要发展产业来实现收入的稳定，以产业来实现终极脱贫目标。

2. 生态补偿扶贫治理模式

生态贫困主要是指人们由于没有办法改变或消除自然环境产生的不利影响导致人们不能获得基本的生存与发展资源的贫困[1]。生态贫困的形成包含生态脆弱区和生态富集区。生态脆弱区有先天形成状态与后天形成状态两种[2]。原生态贫困是指极度匮乏且脆弱的原生态环境无法满足居住人口生存以及发展形成的贫困。后生态贫困是指人类在长期过度开发后，由于生态环境无法进行生产活动获得收入导致的贫困。因此，要想实现根本脱贫就只有将生态发展与经济发展融合形成共同体。

生态保护补偿，是以协商谈判、市场交易、财政转移支付等形式进行合理

---

① 龙先琼. 关于生态贫困问题的几点理论思考 [J]. 吉首大学学报（社会科学版），2019，40（3）：108 – 113.

② 张宜红，薛华. 生态补偿扶贫的作用机理、现实困境与政策选择 [J]. 江西社会科学，2020，40（10）：78 – 87.

补偿的行为[①]。生态补偿是用来保护和可持续利用生态系统的制度安排[②]。首先，贫困群体既是生态服务提供者，又是生态利益受损的承受者。生态补偿的任务是补偿生态服务提供者。生态环境问题是经济问题，生态补偿机制能用来弥补外部经济带来的问题，协调个人利益与社会利益。因此，生态补偿机制是协调利益相关者关系的重要手段，无论是在生态富集区还是生态脆弱区，都需要处理好人与自然的关系。其次，生态补偿取得了一定的减贫效果。生态补偿的项目开发能为贫困群体创造就业，对生态服务提供者给予一定的补偿，以达到改善生态环境以及缓解贫困的双重目标。最后，生态保护补偿机制给脱贫攻坚提供物质保障。生态保护补偿是协调区域发展的重要政策，政策倾向型的生态保护补偿从根本上解决了生态工程建设资金不足的问题，并保证了生态屏障功能稳定。

目前，我国有三种生态补偿扶贫模式。第一种模式为现金型生态补偿扶贫，它是一种普惠型方式，但由于不同贫困人口所拥有的资源不同，因此该方式对不同群体的减贫效果不一样。第二种模式为岗位型生态补偿扶贫，它主要是联系生态补偿项目与贫困人口就业的补偿措施。该方式是以重点生态工程作为开始的基础，能够给贫困人群提供生态补偿脱贫工程相关的工作岗位，帮助他们实现就业获得收入。另外，贫困人群的性别、年龄、受教育程度以及身体健康状况等因素都会影响岗位型生态补偿的实施[③]。因此，这种方式仅解决有能力担任生态公益岗位的贫困群体的贫困问题。另外，该方式的收入属于非永久性工资性收入，是一种过渡性工资收入。第三种模式为产业型生态补偿。它是一种利用生态补偿资金帮助贫困地区转变经济发展方式与优化产业结构的"造血式"扶贫手段。该方式既能够保护生态环境，也能解决贫困群体的就业问题。当前，部分地区尝试把贫困群体与生态产业链融合，贫困群体能从产业型生态补偿项目中获得分红。总的来说，贫困人口的异质性在三种类生态扶贫的过程中发挥不同程度的减贫作用，只有根据实际情况综合运用生态补偿扶贫方式，才能实现精准脱贫目标。

---

①　刘春腊，徐美，周克杨，曾凡超，刘子明. 精准扶贫与生态补偿的对接机制及典型途径——基于林业的案例分析 [J]. 自然资源学报，2019，34（5）：989–1002.

②　朱烈夫，殷浩栋，张志涛，柯水发. 生态补偿有利于精准扶贫吗？——以三峡生态屏障建设区为例 [J]. 西北农林科技大学学报（社会科学版），2018，18（2）：42–48.

③　吴乐，覃肖良，靳乐山. 贫困地区农户参与生态管护岗位的影响因素研究——基于云南省两县的调查数据 [J]. 中央民族大学学报（哲学社会科学版），2019（4）：80–87.

珠江—西江经济带的大多数贫困地区是生态环境脆弱以及重点保护区，这些地区普遍面临"富饶的贫困"的尴尬状况。如果只考虑经济的发展与解决贫困忽略生态环境，国家生态与资源安全难以得到保障。或者仅考虑生态环境而不解决贫困群体生存问题，也不能完成脱贫攻坚的艰巨任务。因此，结合生态补偿推进精准扶贫是推进生态保护补偿体制机制创新的重要举措。

3. 易地搬迁扶贫治理模式

易地搬迁扶贫是通过人口转移，进而打破资源型系统的封闭性[①]。易地扶贫的主要任务是改变贫困群体的生存环境，帮助贫困群体摆脱空间资源的贫困。具体而言，易地搬迁是移民重新适应新生活环境，但原有生活方式、社会关系网络的重构，可能会使某些移民因无法适应新环境而重新陷入贫困[②]。从人口迁移的视角出发，易地扶贫搬迁实际上是一种政府主导的人口搬迁行为，不仅为贫困群体提供了有利的生存条件，也满足了区域发展的要求。目前，易地扶贫搬迁主要有以下两个特征。第一，迁移的作用力与迁出地有一定的关系。易地扶贫搬迁由于生存条件的不同会在两地形成迁移的"推力"和"拉力"。在迁移作用力上，贫困群体的迁移行为主要受迁出地推力的作用，迁出地恶劣的生活环境就是人口迁移的主要推力，而迁移的拉力则是迁入地良好的生活环境。迁移是为了改善贫困群体的生活条件，经济发展缓慢以及生活环境恶劣的区域会形成人口迁移的推力，反之，则形成人口流入的拉力。第二，贫困群体易地搬迁后主要被安置在县城。城镇集中安置代表着人口在地理上的迁移，既是迁移群体全方位的变化，也是易地搬迁的主要实施形式。一方面，城镇化集中安置的形式解决了土地资源紧缺的问题，有利于减少迁出地的生态承载压力，有助于迁出地修复生态功能，同时也推进了以县城为中心的城镇化进程。此外，易地搬迁的贫困群体向县城迁移不仅满足了县城发展非农产业的要求，也解决了扶贫产业由于分散而呈现规模效益以及集聚效益不显著的问题。另一方面，在县城集中安置迁移群体，有利于为贫困群体提供教育及医疗等其他公共服务，以让他们更好地分享城镇化和工业化的社会红利。

虽然易地搬迁群体通过迁移实现了城镇化，但贫困群体实现城镇化后仍存

① Howard M, Garnham A, Fimister G, et al. Poverty：the Facts［M］. London：Child Poverty Action Group, 2001.

② 周丽，黎红梅. 社会适应、政治信任与易地扶贫搬迁政策满意度——基于湖南集中连片特困区搬迁农户调查［J］. 财经理论与实践, 2020, 41（6）：86 –93.

在一系列贫困问题。从珠江—西江经济带的脱贫需求看，沿线部分地区环境承载超负荷、交通不通畅以及劳动力短缺等各种问题使贫困形成了恶性循环。珠江—西江经济带在政府政策的扶持下实施了多轮扶贫开发，但沿线部分地区的贫困状况仍难以改善，易地扶贫搬迁势在必行。带域内贫困群体的搬迁欲望虽然强烈，但受收入水平和自身能力限制的约束，搬迁难以顺利实施。珠江—西江经济带沿线很多贫困地区生态环境脆弱、生产生活条件差，难以进行可持续发展，因此，有必要进行移民搬迁工程。移民搬迁工程可以根据当地村民的意愿，让山区贫困人群有序向县城以及附近的中心城镇转移。搬迁移民的贫困群体可以享受政府给予的搬迁移民民政补助，尤其对特别困难的村民，可以提高其建房的补助标准。另外，还可以对贫困群体进行技能以及就业培训，鼓励他们积极就业，并提高他们的收入水平。

目前，珠江—西江经济带搬迁问题已基本得到解决，但搬迁后是否可持续则面临一些挑战。第一，配套设施与搬迁工程不匹配。目前，珠江—西江经济带各地虽然完成了搬迁任务，但配套基础设施建设仍不完善，服务保障也尚未建立健全，以致存在搬迁群体回流的风险。第二，搬迁工程与安置措施未能同步。珠江—西江经济带许多地区在搬迁过的安置过程中没有制定合适的产业支持方案，因此贫困群体搬迁后难以就业。第三，搬迁群体就业能力与就业岗位不适配。珠江—西江经济带部分搬迁群体由于文化素质偏低、工作能力低下等原因，本地难以给他们提供合适的岗位。第四，搬迁群体权利与地区制度不一致。珠江—西江经济带许多地方集体产权没有明确界定，集体经济组织的权利难以得到保障。第五，搬迁工程与安置区管理方式有冲突。珠江—西江经济带部分安置区的组织架构不健全，部分安置点的建制仍未进行调整，安置区域变成了迁出地管不了、迁入地无法管的"真空区"。为此，还需要进一步完善易地搬迁的相关服务配套设施及服务体系建设。

4. 教育扶贫治理模式

贫困的根本问题是教育水平落后。实施教育脱贫既是改变贫困群体的根本出路，也是提高贫困群体素质的根本任务。一个地区的教育水平不但影响人口素质，也会影响经济发展速度[①]。政策帮扶和资金投入在扶贫的过程中，短时

---

① 陈恩伦，陈亮. 教育信息化观照下的贫困地区教育精准扶贫模式探究［J］. 中国电化教育，2017，12（3）：11－12.

间内虽然能解决贫困和资源短缺问题，但是这种做法对贫困问题严重的对象并不能起到显著的作用，教育却可以解决持续性贫困问题。教育这种社会性活动可以保障所有人能够获得一样的发展机会。

教育扶贫是通过教育普及使农民掌握脱贫致富的知识和技能，提高科学文化素质，最终摆脱贫困的一种扶贫方式。教育扶贫具体可以从教育扶贫的主体、对象、方式和目的四个方面进行。第一，主体是指接受教育并起作用的组织或个体；第二，对象是所有的贫困群体；第三，方式有建设教育基础设施以及提供技能培训等，强调通过改善教育体系提升贫困群体素质和水平；第四，目的是通过教育阻断贫困的代际传承。所以，教育扶贫是多元主体综合运用多样教育方式解决贫困群体多维贫困的问题，不仅是打赢脱贫攻坚战，实现全面小康，促进乡村振兴的有效手段，也是阻断贫困代际传承的有效机制。因此，在基础教育普及的基础上对贫困群体进行针对性的职业技能培训，使他们更容易适应社会发展的需求，促使他们更迅速满足劳动力市场的需求。

但在进行精准扶贫前，进行教育扶贫的具体操作是政府找出学龄贫困群体，减免他们的学费以及给他们提供生活补贴等，帮他们上学与生活。这种方式与当前教育精准扶贫相比，主体上忽视了家庭与社会组织的作用，对象上没把学龄前贫困儿童以及学龄后贫困群体包含在内，方式上忽略了教育以外的其他手段的作用。这种模式在深度贫困民族地区，仅针对学龄贫困群体进行教育帮扶并不能有效阻断贫困的代际传承。不同类型的贫困区域与贫困群体的脱贫重点也存在不同，因地制宜地确定教育扶贫的具体内容与精准施策是解决教育贫困的根本办法。因此，深度贫困地区应基于区域贫困群体的特征与不同，充分调动所有扶贫主体的积极性，推动深度贫困地区摆脱贫困。

首先，珠江—西江经济带贫困地区可以提升农村贫困群体的教育水平，建设完善贫困村的义务教育学校并优先发展教育；其次，加大对贫困学生的资助力度，提高贫困家庭学生的生活补助标准，在市（县、区）内设置教育帮扶基金，积极吸引民间慈善组织加入，拓宽贫困学生群体获得奖助学金的渠道；再次，各地区可以开展贫困群体职业技能教育，帮助贫困群体提高就业技能从而实现就业脱贫。最后，以政府财政参与教育帮扶，在政府财政投资扶贫资金的基础上，通过帮助农村贫困劳动力接受职业教育、相关技能培训以及培养贫困村落产业发展负责人等途径，促使贫困群体增加就业发展机会以提高其劳动收入。

5. 社会保障治理模式

社会保障是贫困群体的"兜底"政策，目的是保障贫困群体的基本生活，主要是提供实物或者现金，为贫困群体提供生活保障。社会保障制度可以使贫困群体正常生存和发展，从而使他们逐渐摆脱贫困。目前，社会福利以及社会保险逐步成了缓解社会矛盾的主要工具。一方面，社会福利能为弱势群体提供津贴或实物帮扶，它能显著提高贫困群体的幸福指数，并在一定程度上减少社会矛盾，达到维护社会稳定的目的。另一方面，社会保障制度会采用制度的形式调配社会资源，逐步实现社会公平。社会保险具有较强的风险预防能力，它能综合运用各种基础保险，有针对性地解决因失业、生病以及年老等其他原因形成的贫困问题。

社会保障工作的责任由政府部门承担，而社会保障参与扶贫的社会责任则由社会组织承担。政府与社会组织共同发挥帮扶作用，保障贫困群体的基本生活，使其得到物质层面的扶持。该治理模式通过筹集资金、监督管理、发放保障等共同发挥社会保障"兜底"扶贫的作用。发展脱贫和保障济贫的共同的都是消除贫困，二者互为依托、相互促进①。第一，发展脱贫与社会保障均是反贫困的制度体系。有劳动能力的贫困群体是发展脱贫政策的主要对象，社会保障的作用是营造公平的社会环境以及发展机会，通过消除阻碍个人发展的困难，缓解贫困和减少贫困人口。社会保障政策的目标对象是自身发展条件受限的群体，它的作用是普及医保、社保以及低保等保障体系，是反贫困的调节与保护系统。第二，社会保障是发展脱贫的兜底保护。国家发展过程中逐渐完善最低生活保障制度，有效解决贫困群体的就业问题。目前，社会保障体系越来越完善，帮扶对象也逐步扩大到全体农民，为贫困群体筑起坚实的防护网。

社会保障脱贫是解决贫困问题的重要路径。首先，社会保障要求政府相关部门发挥社会救助的功能，建立完善的低保制度以加大帮扶力度，保障贫困群体的基本生活需求达到助力精准扶贫目的。其次，政府部门需要健全医疗保险体系，建立医疗救助以及诊疗援助体系，以防贫困群体因病致贫、返贫。再次，政府部门应完善养老保险制度建设，把团体养老保险、商业养老保险与社

---

① 燕继荣，王禹澔. 保障济贫与发展脱贫的主题变奏——中国反贫困发展与展望 [J]. 南京农业大学学报（社会科学版），2020，20（4）：22 – 34.

会基本养老保险融为一体，共同发力，将所有贫困群体纳入社会保障体系。最后，政府部门应创立失业保险基金，提高企业的岗位补贴标准，有助于实现精准扶贫与脱贫。

按照"保基本、兜底线、促公平、可持续"的基本原则，珠江—西江经济带沿线贫困地区可以健全社会保障体系，保障贫困群体的基本生存权利。第一，提高低保户的生活补助标准，扩大农村低保的群体覆盖面；第二，推进新型农村社会保险以健全保险体系，确保贫困群体老有所养；第三，落实临时救助资金池，引导爱心企业以及社会慈善组织等社会力量建立帮扶基金会，加大帮扶力度；第四，进行动态管理，加强低保家庭申请救助的检查工作；第五，对农村老弱病残群体进行定期排查，建立动态更新的信息管理系统，并建立跟踪帮扶机制。目前，社会保障"兜底"扶贫制度体系不断完善，珠江—西江经济带各地区也出台了不少相关的社会救助政策，例如，农村低保制度使扶贫开发与社会保障可以较好地进行对接。此外，我国对社会保险扶贫也提出了相应的措施，适当增加贫困群体的社会保险补贴，激励城乡居民积极参保。

（二）推动珠江—西江经济带乡村振兴的模式选择

珠江—西江经济带各农村地区经济发展差距较大，资源差异也较大，各地在乡村振兴过程中可以采取以下几种典型的发展模式。

1. 政府主导型发展模式

政府主导型发展模式主要以政府为主导，发挥基层政府在农村地区招商引资、产业布局、公共基础设施建设等方面的主导作用，通过政府的引导和推动作用促进农村地区资源的优化配置，不断推动农村地区产业发展规模的扩大及其产业结构的调整和优化，有效推动乡村地区经济的快速发展，并进一步促进农村地区居民整体收入水平的提高。在该政府主导型发展模式中，农村基层政府部门主要以完善的公共基础设施服务环境和优惠的财税政策为引力和保障，依托农村地区的特色资源优势，通过合理的特色产业发展空间布局，采取招商引资等措施吸引有条件的大中型企业积极进驻乡镇地区经济园区、产业园区，不断促进农村地区的特色产业发展，同时积极推动农村地区产业的集聚发展，不断促进农村地区经济的发展和壮大。

2. 市场驱动型发展模式

市场驱动型发展模式主要以市场驱动发展为主，同时以基层政府的各项政策支持为辅，突出了市场在农村地区经济社会发展中的决定性作用；并且该模式在自然资源和各种物质和文化资源富饶的地区，其主导作用更明显，突出反映了市场对自然资源和各种物质和文化资源的巨大需求，带动了农村地区特色产业的发展，同时也促进了农村地区相关产业和服务业的发展，形成了农村地区产业发展壮大的条件和基础；与此同时，在城镇地区的辐射和带动作用下，在紧邻城镇地区的有着丰富自然资源和文化资源的农村地区，积极发挥市场的驱动作用以促进其相关产业和特色产业的发展。

3. 产业集聚型发展模式

产业集聚型发展模式的产业集聚特点较为突显，突出表现在某一产业或相关联产业的企业在农村地区的大量集聚，形成了产业集聚的现象；在实现产业集聚发展的同时，基层政府部门也不断完善农村基础设施和公共服务体系，不断推动农村特色产业发展与公共服务体系之间良性互动发展，共同推动农村特色产业的持续发展和壮大。农村地区的产业集聚型发展模式的形成，通常要依托当地的特色资源优势或传统产业优势形成，或者拥有特定的区位优势或邻近城镇地区，使其拥有独特的发展优势，从而使各种大中小型企业能够依托当地的发展优势实现集聚发展、规模化发展，从而不断推动农村地区的经济发展和壮大。

4. 传统农业产业优势型发展模式

传统农业产业优势发展模式主要体现在依托传统的特色农业资源优势或农村剩余劳动力优势，引导农民参与到特色农产品的生产中来，并为企业提供所需的农产品原材料，企业通过发展农产品加工业、推动产供销一体化发展，最终实现和推动农村地区特色农业产业的发展。但是该发展模式的产品附加值相对较低，企业的生产经营成本也较高，因此，企业面临着较大的生存和竞争压力，为更好地适应市场竞争和农业现代化发展需要，需要推进企业的转型升级，通过精深加工等方式开发健康营养农产品，以更好地适应城乡居民的消费升级需要，实现企业和农村地区经济社会的可持续发展。

5. 城乡融合型发展模式

城乡融合型发展模式主要反映了在城乡接合的地区，通过依托其地理位置优势，在城镇地区的辐射和带动作用下，农村地区的经济发展取得了较大的发展成就，突出表现在拥有自然资源优势、文化旅游资源优势、区位优势等的地区，其获得了较大的市场发展机遇，从而能够带动农村地区的经济发展。城乡融合型发展模式可以带动城镇和农村地区之间的资金、人才和技术等资源要素的合理流动，更好地促进农村地区的产业发展及其空间的合理布局，更好地推动农村地区的经济发展。

第七章

多维贫困视阈下推进珠江—西江经济带精准扶贫
与脱贫及与乡村振兴有机衔接的对策建议

前文的研究结果为推进珠江—西江经济带精准扶贫与脱贫及与乡村振兴有机衔接提供了重要的理论依据、实证依据和现实依据。在乡村振兴的背景下，既着眼于乡村振兴工作，也着眼于农民的相对贫困治理，以不断提升农民的自我发展能力，促进农民自身的可持续发展，推动农民实现脱贫致富。为此，本章在探讨珠江—西江经济带多维贫困治理对策的基础上，还基于前文研究结果进一步探讨巩固珠江—西江经济带精准扶贫与精准脱贫成果的长效机制，以及推进珠江—西江经济带乡村振兴与精准脱贫有机衔接的对策建议，以更好地实现农民的脱贫致富目标，提高农民的幸福感、满足感和安全感。

一、珠江—西江经济带多维贫困的治理对策

（一）完善帮扶机制，激发内生动力，实现产业发展脱贫

1. 夯实结对帮扶机制

政府机关与事业单位等帮扶主体在扶贫工作开展中拥有更多的资源和权力，能够给农民提供贷款以及技术指导、就业以及创业的机会。部分农民具有一定的脱贫能力，能充分利用扶贫资源实现产业或就业脱贫。而另外一部分缺乏脱贫能力的贫困群体由于资源禀赋约束，更依赖资金补贴摆脱贫困。因此，

对没有农村收入来源的农户开展结对帮扶工作，并实施一对一帮扶的责任制，保障所有农民群体都能解决贫困问题或避免返贫。紧扣工作要求，抓实环节，倾斜力量，增加投入，重在实效，并且做到"四到位"：帮扶力量、资金投入、政策支持、任务落实。同时，各帮扶单位、驻村工作组要结合乡镇和村级扶贫和发展规划，并充分考虑当地实际，帮助农村精准制定扶贫和发展规划，把资金和具体的帮扶措施精准"滴灌"到帮扶对象上，做到"五帮扶"：帮扶改善条件、发展产业、就业创业、完善保障、提升后劲。通过持续帮扶，使珠江—西江经济带各农村地区所有帮扶对象不仅能够解决"两不愁、三保障"问题，而且能够增强其发展后劲，避免返贫，同时也使各村基本公共服务主要指标达到要求，加快推进基本公共服务均等化进程。

2. 紧密结合实际，实行一村一品

要实现产业扶贫必须因地制宜，根据各地区的产业特色、环境承载力、市场需求以及农民意愿等发展优势产业。扶贫产业选择可从以下四个方面考虑：第一，与市场规律相匹配。产业发展需要以市场为导向，遵循产业发展规律。与此同时，政府要营造良好的市场环境，加强对贫困群体的技能培训以及资金帮扶，帮助贫困群体了解市场需求，让他们从产业发展中获得收入。第二，产业定位要迎合区域特点。产业发展要与邻近区域的产业状况精准协调，制定合适、可行的产业规划。第三，产业建设要以绿色发展为导向。产业扶贫要以当地自然资源为基础，发展环境友好型产业，因地制宜地推进绿色产业减贫。第四，产业发展要强化科技核心建设。注重专业农技人员培养，并加大对农户的技术培训力度，将"互联网＋"、大数据等高新技术与产业发展结合起来。

兴一个产业，可以富一方百姓，这是解决贫困问题的一个重要思路。珠江—西江经济带各地区的政府部门要结合当地的实际情况，宜林则林、宜果则果、宜茶则茶、宜菜则菜、宜粮则粮、宜油则油。结合实际培育支柱产业，并形成加工、商品销售等一体化服务，推动产业链延伸。一个村要突出培育一个支柱产业，实行一村一品。第一，需要增强扶贫产业的综合发展能力。在建设农村服务体系、建立与保护农产品品牌和保障农产品质量安全等方面提升能力，为产业发展创造良好的基础条件。第二，推动农村地区农业产业化。将政策扶持与产业投入、市场信息服务等内容相融合，加快推进农业产业化发展。第三，整合资源实现脱贫目标。整合政策、资金与项目，集中解决农民群体的就业问题，提高产业扶贫绩效。第四，鼓励农民积极参与产业扶贫。在产业的规划、管理、实施和监督等方面为农民创造公平环境，促进农民提升增收能力以及自我发展能力。

与此同时，要进一步打造旅游品牌，通过品牌影响力刺激旅游扶贫。首先，根据各农村地区生态环境的特点，因地制宜地形成具有地方特色的发展模式。农村地区要结合当地习俗和特色，推动文化旅游发展，不仅可以通过推动民俗文化活动以传播历史文化，还能打造一条融合民俗风情与旅游观光的旅游路线。其次，以当地地理环境与自然资源为基础，以市场为导向，创建农业发展基地，实现农业产业集聚形成规模效应。再次，推动特色农业与旅游产业有机融合。以旅游业为依托，推动特色农副产品与纪念品等相关产业链发展；结合电商等其他多渠道产业推进物流产业发展，以互联网形式加速特色农副产品流通。最后，利用自然景观等开发旅游资源，促进旅游与其他产业的融合，而环境恶劣或无法可持续开发的区域要进行易地搬迁，并尽快恢复其生态功能。

3. 激发农民脱贫能力，发展农村产业

促进农户脱贫致富的根本是要培育其可持续脱贫能力。积极调动农户、新型农业经营主体等群体的积极性，踊跃参与乡村发展项目的设计、实施及管理等各关键环节，激发农民的内生发展动力。对农民而言，发展产业实现对农民的帮扶，不仅能够提升他们的收入水平与自我发展能力，还能增强他们参与市场竞争的意识。就农村地区来说，实施产业帮扶能增强农民的脱贫动力以避免返贫。发展扶贫产业能够给农民参与市场经济提供条件以及机会，农民参与形成的经济组织又可以反过来促进当地产业的发展，二者互动协调，可以更好地推动农村地区的经济发展和社会稳定。

在新时代，珠江—西江经济带农村地区要积极推进扶贫产业的发展，培养并提升农民的自我发展能力，优先发展农村产业，如此才是脱贫致富的根本出路，才能真正变"输血"为"造血"。可以做好以下三方面工作。一是做大产业发展基地规模。成立农业产业专业合作社，解决农户就业问题，培育特色主导产业。各地农村形成一两个主导产业，让农户都拥有至少一个增收项目。二是培育产业市场。市场决定出路，市场决定效益。要清醒认识自身问题，既要放眼外部市场，也要注重本地市场，实现市场并联，农超对接，推进产品生产和销售的循环。一方面，注重培育营销队伍，专门从事营销宣传，让农产品和资金真正流通起来，从而延长产业链条，提升附加值；另一方面，全面推广政

策性农业保险，积极探索并建立农产品市场保障机制，有效降低市场风险，增强农民和涉农企业参与农业产业化发展的信心。三是选好经营模式。积极帮助农民构建专业合作社，综合运用多主体经营模式，有针对性地引领农民增强自身"造血"能力，加快脱贫致富速度。

（二）完善制度与管理机制，实现生态补偿脱贫

依托生态建设工程和开发生态产品价值，完善生态补偿制度与管理机制，推动生态产业发展，进一步构建生态服务消费市场的综合扶贫机制[①]。

1. 以生态产业发展推动精准脱贫

生态产业，又称绿色产业，是一个使生产、流通、消费、循环、环保等实现纵向结合，同时横向耦合不同产业的生产和发展过程的生态功能型产业，其将生产基地和周边环境融入整个生态系统统一管理，以求资源高效利用，实现危险废物零排放[②③]。与传统产业不同的是，生态产业是体现绿色发展理念的耦合型产业，具体包含了生态旅游、生态草业、生态农业、循环经济产业等。生态产业扶贫是将发展生态产业与定向扶贫有效结合起来，在产业转型的过程中实现脱贫和环境友好的双重目标。如果说生态补偿和生态建设两种扶贫方式更多的是"输血式扶贫"，那么，生态产业扶贫就是一种"造血式扶贫"，这也是实现精准扶贫与生态保护目标耦合的途径，其主要是在产业转型过程中更加注重"生态＋产业"的耦合，大力发展生态产业，以求实现传统产业的升级改造，以此增强农民的自我发展能力。

2. 构建精准的扶贫对象瞄准制度

生态补偿式扶贫并非适用于所有农户和农村地区，因此，说明这种扶贫方式具有明确的目的性。所以，生态补偿扶贫的前提是帮扶的农民满足或具有相应的生态扶贫的实施条件。在一定的约束条件下，生态补偿式扶贫可分为补偿地区瞄准和补偿人口瞄准，是指如何准确确定贫困地区补偿主体。首先，生态

---

① 沈茂英，杨萍. 生态扶贫内涵及其运行模式研究［J］. 农村经济，2016（7）：3－8.
② 尹琦，肖正扬. 生态产业链的概念与应用［J］. 环境科学，2002（6）：114－118.
③ 史玉成. 生态扶贫：精准扶贫与生态保护的结合路径［J］. 甘肃社会科学，2018（6）：169－176.

补偿扶贫的区域是农村落后地区，这些地区按照一定的标准，选取相关衡量指标来进行界定。其次，实施工程的选择区域应与生态补偿的要求相匹配，即该区域应属于生态保护区。人口的瞄准，即生态补偿式扶贫的对象是因为保护生态环境、维护生态环境功能以及保护环境以减少损害而做出牺牲的农民，而不是农村的全体人口。另外，生态补偿式扶贫会影响较多的农民，为了达到减少交易成本的目的，除了直接对农民进行补偿以外，也可以支付一定的报酬给当地政府或村集体组织①。

从区域层面来看，生态扶贫式补偿对应的既是集中连片的贫困地区，又是需要生态保护的重点生态功能区②。从客体角度来看，主要研究了两方面的内容：一是将为生态保护做出贡献的贫困人口作为生态补偿的对象；二是根据农村人口的异质性和不同的生态补偿贡献程度，按照补偿原因、补偿程度、家庭特点和生态补偿贡献程度，用以规定农户应参与不同的生态补偿项目。比如，对因病致残等内在因素造成的贫困农民实行"输血式"生态补偿；实施让这些农民的耕地参与退耕还林还湖等生态补偿工程，使他们能够享受一定的优惠政策和补贴；对因环境等外部因素造成的贫困农民实行"造血式"补偿等；优先聘用具有一定劳动能力的农民担任生态管理保护岗位、生态建设岗位等，这也是突破农民资源禀赋异质性限制，增强生态补偿针对性的有效手段的补偿方式。

3. 健全并且完善生态资产的产权制度

生态资产的产权制度是生态治理主体含有的生态资源以及生态产品的所有权与使用权等各种权利的综合。企业进行治理后的生态资源并不属于公共物品，产品属性是私有的或是公私混合所有的，而且这些自然资源的使用权与收益权应该归企业所有。只有当生态治理主体明确了生态资产建设及运营以及土地利用的预期收益后，才会吸引企业对周期长并且见效慢的生态治理产业进行投资。

生态资产的内部差异较大且范围较广，需要明确各种生态资产的特点，并以此为基础对应建立各种资产的产权制度。生态资产按照服务类型以及生态系

---

① 耿翔燕，葛颜祥. 生态补偿式扶贫及其运行机制研究［J］. 贵州社会科学，2017（4）：149 - 153.
② 王赞新. 集中连片特困地区的生态补偿式扶贫标准与思路——以大湘西地区为例［J］. 湖湘论坛，2015，28（4）：59 - 63.

统功能可以分为以下两大种类。第一类为资源类资产，包含土地、海洋、森林矿产及生态景观等。资源类的生态资产既有公共属性又有私人财产属性，所以，市场主体只有有限产权。《宪法》规定自然资源产权归全民集体所有，但其他类型的资产需要在用途管制的基础上明确产权，建立产权登记、使用、经营以及收益等相关制度。市场主体可以占有、投资、经营具有市场属性的生态资产并以此获得相应的收益。第二类为环境空间类资产，包括大气、空间及水体等自然资源。环境空间类资产是纯公共物品，具有非竞争性与非排他性。环境空间资产的产权不可能界定给市场主体，但这类资产的部分使用权可以让渡。水体与森林等生态资产既属于资源类资产，又属于环境空间类资产，对这两类资产可以分别建立相应的产权与市场交易体系。生态系统非常复杂，但也必须认识到，明确生态资产的产权非常必要，界定其产权与建立交易市场都是需要时间的过程，需要渐进式地推行以及不断探索①。

4. 设立贫困地区生态补偿基金

对多数生态脆弱的地区而言，由于受经济基础以及自然环境的双重影响，脱贫任务的完成难以完全依赖农村地区的发展力量。因此，农村地区难以顺利实施生态补偿计划，受融资难且渠道单一等因素的影响。在农村地区实施生态补偿项目的过程中应当充分发挥政府和市场"两只手"的作用，兼顾发挥政府与市场的作用。生态补偿资金筹措应该积极利用社会资源，同时在财政资金来源方面，可以以中央财政为主，地方政府补贴为辅。此外，还要进一步健全地方政府生态环境治理的长效机制，设立生态补偿基金，加强生态补偿基金的运市场化运营，实现收支平衡，这是维持地方政府管理支出的重要措施②。为推动农村地区生态产业健康发展，并筹集到农村生态产业所需要的发展资本，政府需要为农村地区设立相应的推动生态产业发展的专项补偿资金，可以在国家与地方政府的专项财政资金的基础上，继续拓宽资金来源。

5. 健全生态补偿式扶贫资金的筹集与管理机制

生态补偿式扶贫，现有条件下主要以资金补偿为主。为维持补偿资金投入

① 陈洪波. 构建生态经济体系的理论认知与实践路径 [J]. 中国特色社会主义研究，2019（4）：55－62.

② 索朗杰措. 缓解贫困视域下生态补偿机制的研究——基于国内外的分析 [J]. 西南金融，2020（7）：47－55.

的可持续性，需要多渠道筹集生态补偿式扶贫资金，其中，补偿资金的筹集一方面来源政府财政支出；另一方面，需要在保持政府财政支出的基础上鼓励和引导社会机构、企业、团体及个人积极参与到生态补偿式扶贫资金的支持中来，拓展生态补偿式扶贫资金的来源渠道。并且，生态补偿式扶贫资金应由涉及生态补偿的专业组织和机构来进行管理，并对资金进行合理分配。与此同时，政府补偿资金在发放对象满足生态补偿式扶贫要求的情况下，可侧重向农村地区人口倾斜，并且可适当提高对保护生态作出突出贡献当地居民的补偿标准，其补偿金额可适当高于一般的补偿金额。农村地区的经济发展水平较低，因此居民的收入水平较低，并且其综合素质和发展能力也有待增强，制约了其可持续生计能力的提升。因此，要达到扶贫减贫的目的，农村地区的生态补偿要投入较大的资金，且其相比经济发达地区来说，需要更多的补偿资金。

生态补偿式扶贫资金要专款专用，提高扶贫资金的使用效率，加强对生态补偿式扶贫资金的管理，建立专门的资金管理账户，加强资金独立核算，保障这些资金能够独立运用于农村地区的生态补偿，确保专款专用，用以居民为保护生态环境所需支付的各种成本。可以根据农村地区生态保护的贡献程度及当地居民的相对贫困程度，采用加权的方式确定最终的生态补偿金额，同时生态补偿资金的使用还应遵循绿色扶贫的发展原则。另外，为提高使用生态补偿式扶贫资金的透明度，要定期公开资金的支出情况以及到位情况并接受社会群体的严格监督，依法追究违规挪用或故意侵占生态补偿式扶贫资金的个人与组织的法律责任。

6. 综合采用"输血"和"造血"的方式进行精准扶贫

"输血式"扶贫帮扶的对象是没有劳动能力或已经失去劳动能力，但是对环保有贡献的农民，资金补偿以农民为生态系统服务提供的价值以及提供良好生态系统服务所付出的保护成本为标准，并通过农民参与生态环境的保护工作从而获得相应的收入。"造血式"扶贫帮扶的对象是具有劳动能力的农民群体，这种生态补偿式扶贫将会是今后大力发展的方向。"造血式"扶贫通过提供劳动就业岗位并创造新的就业机会来进行。如在推进公益林生态效益补偿项目过程中，公益林树木的种植以及管护等工作岗位都需要一定的工作人员，可以优先选用这些农民群体，从而增加他们的工资性收入以实现减贫的目的。

生态补偿在实施过程中，还需要进行相应的基础设施建设与环保工程，以达到保护生态环境的目的，这一定程度上为扶贫开发项目提供了有利的实施条件。生态补偿式扶贫项目的实施，应根据各农村地区的实际情况选择合适的方式，要让农民在生态补偿中获得更多收益。与此同时，生态补偿式扶贫，也可以采取轮换模式进行动态调整，例如，生态补偿项目能提供的工作岗位有一定的时效性限制，已实现脱贫的农民或超过一定工作年限的农民需要按规定离开工作岗位，给其他农民提供轮换和就业的机会。

（三）创新政策机制，实现易地搬迁脱贫

将农户从"一方水土养活不了一方人"的贫瘠地区搬迁到生活生产条件相对更好的地区，也是改善农民贫困生活和居住质量的重要途径，但易地搬迁的做法并不是易地扶贫搬迁的终点，帮助易地搬迁农民改善经济条件并促使他们与社会更好地融合，做好他们的后续扶持工作，如此才能达到实现易地搬迁群体脱贫致富的最终目标。

1. 建立并完善易地搬迁机制

农民群体、农民群体的迁出地和农民群体的迁入地这三个系统形成了合理的易地搬迁机制的内容，同时也需要这三个系统进一步明确其在系统中的功能和作用，相互协调，相互促进，共同推进易地搬迁目标完成。

一是保障生产生活条件艰难的人口顺利从贫瘠地区迁出。首先，对农民加强政策宣传，帮扶人员积极并耐心地与农民沟通，通过典型的搬迁扶贫示范，引导农民贫困群众积极搬迁、主动搬迁，安居可以使人们更好地乐业，住房有保障才是美好生活的保障。农民群众的住房要以能保障安全居住的要求进行建设，合理规划住房的建筑面积，避免农民由于建房负债从而陷入贫困。其次，在安置区为农民群体提供满足基本需要的公共基础设施，循序渐进地改善农民的生活环境从而提升他们的生活水平。确保迁出农民与迁入地居民一样享有相同的基础教育及医疗卫生等基本公共服务。最后，相关的教育机构与社会公益组织首先要充分尊重农民群体的宗教信仰与民族文化，在此前提下，帮助他们适应当地的社会环境和文化环境，让他们更好地融进迁入地的生产生活环境。二是要实事求是、因地制宜地妥善安置农民。安置农民的方式对他们未来的生活生产有重要作用，对农民实施不同的安置方式会获得不同的帮扶效果。不同的农民群体由于生产生活条件及自我发展能力不同，安置他们的方式及其需求也存在不同。安置点的设置应充分尊重农民的意愿与诉求，尽可能满足农民的

需求，妥善并合理地采取合适的安置方式。此外，安置点应充分利用有限的空间与资源，在完善的过程中不断创新安置的方式以满足农民的多样化需求。三是促进农民群体的个人发展能力提升。农民可以根据迁入地的资源特征和产业发展特点，因地制宜地选择进入符合市场化原则、有市场需求的符合自身发展能力和水平的行业。迁入地政府应结合现实，大力发展农民易上手与效益广的现代服务业，积极引导农民加入服务业等行业中来，为其增收创造条件。此外，迁入地应以实现农民就业为主要目标，以就业市场需求为指导依据，以那些有劳动能力的农民为对象，鼓励农民选取不同的方式参与到当地的就业当中。与此同时，迁入地政府要承担起帮助与促进愿意在城镇定居发展的农民有序实现市民化的责任。另外，迁出地要在农民迁出后积极进行土地整改与生态修复，大力发展合适的生态产业。

2. 加大易地搬迁的支撑与扶持力度

加大搬迁资金支持力度。搬迁资金主要来自中央财政预算资金、地方政府的财政资金、搬迁农民自筹资金以及地方政府自筹资金等。[①] 这些资金主要用来建设安置房及配套基础设施、基本公共服务设施、修复迁出区的生态等。目前，搬迁后农民的基本生活需求与生产支持明显不足。这是一些迁出人口又返回迁移地的重要原因。因此，加大财政扶贫支持力度的关键是合理配置有限的资金，加大对迁出人口搬迁后生产发展的财政支持力度。

加大搬迁用地支持力度。除了财政支持外，也要有合适的土地来安置农民并让他们进行生产。第一，新的建设土地规划应优先满足住房、基础设施配套与公共服务设施的用地需求。第二，加强对流动土地的整理，对闲置或不合理的土地进行开发并有效利用，提高土地的使用效率，满足农民建设用地与生产用地的需求。第三，易地搬迁可以采取城乡建设用地"增减挂钩"的政策进行支持。相关政府部门在对建设用地"增减挂钩"指标分配时要向搬迁任务重、难度大的地区适度地倾斜。城乡建设用地方面，政府部门要重视搬迁重点、难点地区，重点支持项目实施的市县将优先安排易地搬迁项目。

加大搬迁技术支持力度。迁入地要加强对有足够资源自力更生的农民进行生产技能培训，使生产技术与技能精准每个农户。用人单位要对在迁入地范围

---

① 国家发展改革委员会. 全国"十三五"易地扶贫搬迁规划 [EB/OL]. https：//www. ndrc. gov. cn/xxgk/zcfb/ghwb/201610/t20161031_962201_ext. html，2016－09－20.

内就业的农民及时开展岗前培训和在岗培训，使其掌握相应的生产技术。迁入地政府应该统筹各类资源，并对有劳动能力的农民进行培训，确保农民至少拥有一项就业技能。

3. 多元主体合作推进易地搬迁

易地搬迁是一项复杂且艰巨的帮扶工程，涉及社会多个领域。而且各方各面都需要注重，不能有所偏颇。如果一方处理不当，就可能会影响整个帮扶系统的有序运行，要对事物有全面、系统的认识，而不是片面、分散的认识。因此，要加强对易地搬迁工作的协调，全面、系统地处理好易地搬迁帮扶工作涉及的各方面问题。

由于易地搬迁工作具有复杂性、艰巨性和紧迫性，仅靠一个或几个部门是很难完成这一系统工程的。因此，推动搬迁扶贫，需要多部门相互配合、相互促进。一是有关国土资源管理的部门为搬迁提供基本用地支持，住房、水电、卫生、教育等部门安排住房、配套生活基础设施和基本公共服务，确保农民能够且愿意迁出搬迁地。二是农业农村、教育、农业、旅游等部门要对迁出人员迁出后的后续可持续生计进行合理安排，确保他们能够改变生产生活困难状况，不断改善和提升他们的生活质量。司法部门应在农民的生产和就业中维护农民的权利和利益。三是林业、国土资源、环保等部门要做好后续土地管理、生态恢复和保护工作。因此，农民迁出地、迁入地的各相关部门需要加强协作，共同推进易地搬迁工作。

4. 创新政策机制，推动城乡一体发展

打破城乡二元结构，树立"大扶贫"理念，统筹规划乡村整体搬迁的有关基础设施建设、相关产业发展升级、环境的保护以及公共服务等相关布局，并打造城乡协调发展的局面。第一，突出规划布局，从新型城镇化的大局出发，紧跟国家易地扶贫政策方向，注重项目的契合性和集聚性，在深入调研摸底的基础上科学制定搬迁工作方案，出台帮扶、基础设施、公共服务、土地、财政等支持搬迁的综合配套政策，引导居住条件简陋、生活成本高的农户向城区、乡镇和公路沿线搬迁，实现搬迁规划具体到农村、细化到项目，最大限度地发挥搬迁扶贫资源的作用。第二，坚持融合发展，围绕珠江—西江经济带的发展布局，依托实施易地扶贫搬迁工程，统筹协调、整合各种生产要素以及资源，推动美丽乡村建设；推动产业发展方式转型，大力推动基础设施和基本公

共服务建设，引导乡村积极推进农村生态环境治理，进而推动美丽乡村建设。第三，创新建设形式，要立足珠江—西江经济带农村发展实际，积极探索，分类试点，通过搬迁有序推进新型城镇化，加快培育小城镇集群，集聚城乡一体化发展新优势，打造一批具有产业集聚、功能完善以及特色鲜明的有带头作用的小城镇。

5. 严格制度管理，提升项目质量效益

珠江—西江经济带要抓住政策机遇，严格监督管理，精心组织，使农民都能从搬迁中受益。首先，精准识别搬迁对象。要充分遵从群众意愿，依托大数据管理平台，优先搬迁建档建卡农户，并将非建档农户和建档农户同时搬迁并确定为同一居住地的人群。与此同时，要得到上级管理部门的确认，并充分体现搬迁需求与政策要求相一致的原则。其次，严格管理项目建设。在易地扶贫搬迁的项目中，严格把好搬迁的"六关"，即对象识别、规划选址、户型设计、资金管理、工程质量、监督验收等，积极组织并做好地质灾害风险评估、社会稳定风险评估、安全现状评价和防洪安全评估等工作，严格执行工程建设制度，实行工程质量责任终身追究制，确保工程建设质量和程序规范。与此同时，严格资金管理和使用，实行集中支付和报账制度，专户存储，专款专用，实行逐级审核，确保资金拨付及时、高效、安全。最后，推进压实工程责任。要建立搬迁工作指挥部，严格落实"五个一"工作机制，要保障部门领导和乡镇领导落实乡、县领导的责任。党政领导要亲自抓工作，分管领导要具体抓工作，业务部门要长期抓工作。此外，对确定的搬迁建设项目，制定路线图和进度计划，开展常态化的评比活动，确保项目进度、搬迁人口数据和帮扶效果达到预期要求。

6. 同步谋划产业，确保群众改善就业和收入

在搬迁的过程中，要精准落实各项政策，以"致富"为工作重点，加强特色农业产业培育，拓宽农民收入的渠道，增强农民的"造血"功能。第一，不断扩大优势产业。要依托移民安置区的优势资源，科学界定区域经济的发展功能，做到精心布局和规划，精心培育特色产业、精细管理生产制造，构建一个安置区多套产业支撑的新型格局，着力引导搬迁农户大力发展林果、畜牧、蔬菜、中药、劳务等产业，巩固搬迁成果，加快脱贫致富的步伐。第二，培育新兴产业。因地制宜地探索"乡村旅游＋特色产业""就业培训＋公益性岗

位""土地流转+劳务输出""合作社+电子商务"等产业发展方式，鼓励易地搬迁农民进行自主创业，发展第三产业服务业，以实现增收增效。对搬迁中完全或者部分丧失劳动能力的农民，要给予更多的帮扶。第三，加快土地流转。要充分发挥土地在易地搬迁中的纽带作用；要积极探索和推广人才回流、打造"企业+基地+农户"的发展模式，探索新经营主体、实施土地托管以及股份合作制等流转方式，激励和指导新经营主体的多种经营方式，提高农业规模化和产业化水平，推进农民增收增益。

7. 创新工作机制，实现项目效益最大化

在易地搬迁的工作中，要创新措施，多渠道筹集资金，切实解决"钱从哪里来"的问题。首先，积极搭建融资平台。搭建平台时坚持由政府主导、政企分开、鼓励社会参与、规范市场化运作的投融资机制，加强银行与生产企业的合作，努力盘活土地资源，解决"融资难"的问题，有效解决群众搬迁资金短缺的难题。其次，科学地对项目资金进行整合。在保持各类支农资金投资方向相对稳定的前提下，坚持以扶贫搬迁项目为平台，按照用途不变、渠道不受干扰、各得其所的原则，对经营投资相近、目标相近、可用于帮扶的涉农资金进行筹集整合，实行项目清单管理制度，加大易地搬迁项目建设力度。最后，让群众广泛参与。始终把人民群众放在第一位，尊重群众的主体地位，让群众参与到帮扶的全过程；对于涉及群众实际利益的搬迁工程要坚持按照如何选择房型、如何选择施工企业、如何管理建设资金、如何做好工程监理、如何富民产业等原则，同时也要尊重农民的参与、监督以及知情权，调动群众的积极性，共同建设美好家园，切实提高项目建设质量、群众满意度，并加快建设进度。

（四）加快推进农村基础教育与职业教育发展，加强教育精准扶贫

1. 加强教育帮扶对象的识别和管理

提高教育扶贫的精准度，找准切入点是有效提升教育扶贫效果的核心措施。第一，要明确教育扶贫的具体对象，精准识别教育扶贫对象，然后加强对其进行登记备案等，力求做到"全面""细化"以及"真实"，提高教育扶贫的精准度。第二，针对教育扶贫对象进行有关帮扶工作的教育，可以从基础教

育、职业教育、高等教育等需求进行登记，确保农民获得精准的教育帮扶；而且通过对农户进行教育培训，促进农户精准就业，实现教育意义上的"真扶贫"；然而，不同居民采取的扶贫模式不是固定、统一的，要因人制宜、因地制宜，根据不同情况制定相应的政策，构建适合的脱贫路径，提高工作的有效性以及准确性。第三，要确保对教育扶贫对象管理的精准性。既要明确相应的教育准入和退出机制，又要通过教育提升农户自身的发展能力，并帮助其通过自己的教育技能提升实现脱贫致富，实现内生增长，进而提高教育扶贫的效率，并避免农户一直依赖政策而不注重自身发展的现象。

2. 加强推进农村地区基础教育发展

第一，进一步推动农村义务教育发展，保留村小学及其教学点，完善学校布局并保障学生就近上学的需求，改善学校的办学条件。进一步完善农村地区比较落后的教学设施及其配套教学设备，如多媒体教学设备、教学仪器、教学器材、图书配置、住宿条件等设施和条件。第二，对幼儿园、中小学的安全管理要进一步加强，同时也需要加强上课课程的编排管理，进一步强化学校的管理，确保素质教育全面和深入实施。第三，针对发展和偏远落后的农村地区，还要保障其教学的正常运转，确保学生有学上、学有所教。提高和保障农村偏远地区教学点的学校经费，对于人数不足的教学点要以标准人数以补贴经费，确保学校正常运作。第四，做好学前教育的发展工作。针对农村地区适龄读书人口以及相关就学环境等做好相应的学前教育规划，以"政府主导、社会参与、公办民办并举"为主导，充分优化教学资源布置。在农村的人口密集的村落建设普惠性幼儿园，在边远地区配置专门的指导老师，引导大学生在偏远地区支教，打造学前教学网络。第五，打造农村普通高中发展多样化。对于教育落后的县级教育单位，创建相关普通高中项目以及改造计划等支持农村地区高中教育普及的改善；与此同时，普通高中的教学设施和条件也要加强，鼓励开办特色普通高中，以支持农村地区推进人才培养模式的多元化，促进学生实现全面、个性化发展。第六，完善普惠与特惠政策相融合的体系。保障所有残疾孩子不会因为家庭困难出现不能上学的现象。第七，解决搬迁家庭的子女上学问题。与搬迁政策相配合，实施地质灾害搬迁以及生态移民搬迁，设立安置点保障其住所以及保障迁入地所在学校的正常运转。第八，重视双语以及民族团结教育。尊重并保障少数民族使用本民族语言和文字并接受教育的权利，大力推广国家通用语言文字。加强双语幼儿园、寄宿制学校的支持，加强各民族地区相关语言的培训，扩大专岗教师团队规模并增加编制等扩大拥有双语技能的教师队伍；学习党和国家的民族理论知识培育双语教师，在各级各类学校深入开展多元化的民族团结教育活动。第九，鼓励教师到农村支教。对到农村偏远地区支教的老师给予奖金及相关生活补助的支持；完善农村地区的教师住宿条件；选派优秀教师到农村进行支教，确保边疆地区、边远地区与革命老区的人才教师计划得到实施，推动地方开展城乡教师交流并形成制度化机制。

3. 加快推进现代职业教育发展

加快推进具有农村当地特色的优势产业与公共服务的现代职业教育发展进程。第一，政府应根据农村的人员和产业发展特点，在经济开发区、工业园区以及产业集聚区等建设高等职业技术学院，把重心放在有利于就业、保障办学质量以及满足社会需求的具有优势的专业建设上，为农村地区的产业发展输送技术性人才，更好地保障和推动农村地区特色优势产业的发展。第二，加大提高职业学校的教师素质计划的扶持力度，大力支持民族传统技艺和文化的传承，并将其纳入教育体系。第三，在学校创立一批带有产业化前景与体现地区民族文化特色的技艺专业，鼓励民间技艺大师与文化传承人参与教学，更好地把文化技艺一代代传承下去。与此同时，鼓励学校与旅游部门、民族贸易企业进行合作，在教育、贸易、旅游等方面对民族技艺与文化职业教育给予支持。第四，注重职业技能培训课程的开展。如有关教育、农业农村、社会保障等的相关政府部门可联合参与培训计划的制订，为未能参与普通高中的农村学生以及其他需要提升自身技能的农村青年和毕业生提供技能培训的机会，努力提升其专业技能。

4. 增强高等教育对农村地区的服务能力

提升高等教育对农村地区的教育服务能力和水平。第一，因地制宜，针对农村地区的城镇化、工业化、信息化、农业现代化等发展情况进行总体布局，优化珠江—西江经济带各地区高等教育的布局，优化学科结构，增强高等教育对农村地区的影响、帮扶和支持能力。第二，根据农村地区的发展特色和需要，进一步明确高等学校服务珠江—西江经济带的发展定位，大力发展能够促进当地特色产业的专业。第三，实施面向农村地区的特殊招生政策，为农村的学生接受高等教育提供有利的条件。第四，加大对农村地区的教育帮扶力度，发挥高校在农村地区的信息、人才、科技、智力等方面的积极作用。

5. 加大对农村学生的资助力度和幅度

第一，对在农村地区接受义务教育的学生开展伙食营养提升计划。要不断完善农村青少年学生的营养标准，制订相应的学生营养提升计划，提高学生整体的营养水平；与此同时，还要健全农村学校饭堂的管理以及注重营养均衡的伙食的供应。第二，对于经济困难的学生，不断完善资助政策。对于残障幼儿、孤儿、以及经济困难的学生，要加大经济补贴力度，并完善其生活补助政策等。学校要从制度上保障每个学生能够顺利入学且不受经济因素的影响，适当提供相应的资助。第三，健全职业教育的优惠政策。推行农村地区的学生或在国家最低标准上符合条件的中等职业学校学生进一步免除学费与发放奖助学金等各项优惠政策。第四，给未进一步升学的农村初中、高中毕业生提供免费的农业技能技术培训。按国家规定发放"阳光工程"与"农村劳动力转移培训计划"等相关资助资金，优先对进城的农民及农村青年提供职业技能培训补贴，在国家相应政策的基础上，对职业院校中涉农、经济发展条件艰苦、出现专业缺口地区的经济困难学生给予一定的政策支持。

6. 优化信息化教育资源

进一步完善农村学校的信息基础设施建设。第一，对农村地区的所有学校的网络问题（如宽带网络接入）都要加紧解决，加快农村学校信息基础设施建设，加快农村教育资源的信息化建设。加快农村信息基础设施建设，实现教育资源的互联互通和优质资源的共享。第二，高等院校和教育机构要深入挖掘教育资源使其能够更好地与农村地区的教育相衔接、相匹配。第三，要加强农村地区应用教育信息技术的能力，优先给予农村地区学校适当的优质教育资源支持。第四，完善农村地区信息化队伍建设。对相关管理人员、领导干部进行信息化管理的相关培训，加速农村地区信息规范化与管理水平标准化的发展进程。

7. 推进农民发展技能再开发

紧随"扶贫先扶智"的政策导向，不仅要实现产业开发、物质扶持以及基础设施建设等看得见、摸得着的"硬扶贫"，也要建设好智力扶贫、文化扶贫、教育扶贫等打基础、利长远的"软扶贫"。第一，建立健全农民子女读书的资助体系，严格落实义务教育经费保障政策，避免因贫辍学等。加大教育投入力度，注重对农户内生发展能力的培养，促进农户自主就业、创业能力提升。第二，受教育程度一定程度上决定一个人的能力和水平。农村经济发展落后地区的教育资源普遍匮乏，为此，要从根本上实现农户脱贫致富，必须提高农户的整体素质和能力，增加教育资源投入。第三，通过开展教育培训、实施"雨露计划"等，把"智力"扶持作为农村地区帮扶的重要切入点，实现由"输血式"帮扶向"造血式"帮扶的转变。一方面，要积极开展继续教育、职业教育，结合农户发展需求和人力资源市场劳动力的需求，开展技术培训，提高农户的职业技术水平，实现转移就业，增强农户自我发展能力；另一方面，要完善当地的基础教育设施，保障居民的受教育权利，营造良好的学习氛围。第四，对参加技能培训和外出务工技术培训的农户按培训项目进行资助，并为在校就读的家庭经济困难的学生提供入学补助，更好地实现"扶贫先扶智"的目标，提升农户自我发展能力，从而减轻农户家庭子女受教育的经济压力①。

（五）健全基层多元化社会保障体系

2020年，中国绝对贫困消灭后，仍将长期存在相对贫困。因此，完善基层多元化社会保障体系是一个长期的工作。②

1. 强化农村低保、"五保"等社会保障工作

珠江—西江经济带各地区的经济发展水平具有较大差距，贫困类型以及致贫的原因繁多。所以，既要致力于发挥保险的保障作用，减少贫困人口的增加，又要运用社会救助的办法来减少贫困户，并且建立能够对贫困变量产生正向影响的市场项目，以此打造多元化的社会保障体系。第一，加快构建和完善一个覆盖面广、多层次、多支柱、保障水平高的社会保险体系，并创建贫困预警机制，避免农民陷入贫困。第二，重点关注"脱贫"失业"等群体，采取短期救助与长期救助相结合的办法，提高政府救助和补助水平。第三，激活经济社会发展落后地区的就业市场活力，以完善的、灵活的激励制度，提高经济

---

① 凌经球. 可持续脱贫：新时代中国农村贫困治理的一个分析框架 [J]. 广西师范学院学报（哲学社会科学版），2018，39（2）：97-111.

② 左停，李世雄，武晋. 国际社会保障减贫：模式比较与政策启示 [J]. 国外社会科学，2020（6）：35-45.

生活困难群体的工作能力及其收入水平。第四，结合实际情况，采取先进的管理理念和信息管理技术，不断创新社会帮扶的保障体系，打造多元化的社会保障体系。

实现农民的脱贫致富需要构建一个长期、有效的政策保障机制，确保农民脱贫的稳定性及其发展的可持续性。为此，要致力于推动农村地区教育发展、农民就业、完善社会保障体系等，构建推动农村农民自我发展的政策保障机制，提升农民自我发展能力和增强应对各种突发事件的能力，避免再次陷入贫困及有效阻隔和应对贫困的代际传承，提高生活保障能力和水平。

2. 完善农村社会保险、医疗卫生和社会管理等保障体系

（1）社会保险体系。加强社会保险体系建设，完善农村居民社会保险制度，让农村居民减少各种经济压力和生活压力。建立统一的社会保险保障服务平台，采集农村居民信息，进一步完善农村居民的基本医疗保险制度和重大疾病保险制度等各类保障制度。推进社会保险制度全面覆盖的同时，加大纵向转移支付的力度，提高农村居民的社会保障水平，并从农村居民的实际利益出发，建立与城乡经济发展相适应的社会保障机制，建立城乡统一的社会保险制度。

（2）医疗卫生服务体系。构建一个便捷和完善的医疗卫生服务体系是完善农村居民社会保障体系的重要组成部分。农村居民的"看病难"问题切实关系农村居民的幸福生活，而与城市相比，农村医疗卫生资源匮乏，因此，要建立起覆盖全民的中国农村特色医疗保障制度，增加农民基本医疗保险的报销比例，尤其是重大疾病的报销比例，缩小城乡居民在"看病贵"问题上的差距，促进社会公平、正义。制定适用于农村居民的、具有统一标准的医疗保障制度，遵循公平、公正的原则，使参加医疗保险的城乡居民都可以享受同等待遇的医疗服务。

（3）社会管理服务体系。建立农村社会保障管理服务体系，吸引社会志愿者、公益性组织加入农村社会保障服务队伍的建设，充分发挥人民群众的力量，做到发展为了人民、发展依靠人民、发展成果由人民共享。在县、乡、村三级行政单位建立专门的管理服务队伍，分别负责所在区域各种社会保障服务的管理、规划、组织等工作。加强农村的社会保障服务机构的建设，增强社会保障服务机构的保障能力和基础设施建设，切实解决人民关心的社会保障问题。[①]

3. 完善农民就业及失业保护政策体系

就业是农民实现脱贫致富的重要途径，政府应该因地制宜，根据各地区的实际情况完善农民就业政策。珠江—西江经济带面临农民数量多、技术能力低下、就业稳定性差等问题，一旦遇上天灾人祸，失业就在所难免，从而导致家庭陷入贫困。所以，政府可以进一步加强收入保障与综合保障，建立相应的职业培训补贴机制；打破正规与非正规就业壁垒，为各种不同工作的农民提供有针对性的就业保障，确保每一个农民在遭受失业、工伤时都能够获得保险救助，维持日常开销。与此同时，政府制定高校扩招政策，缓解就业压力的同时，努力提高村民的高等教育水平，提高劳动者的劳动和就业技能。政府应该发挥好带头作用，重新思考保险的价值取向，并引领相关机构、部门的改革，立足保障生活与提高就业率，激发全社会的就业动力。

4. 精准核定社会保障对象

规范核查程序，细化核查内容，落实农村最低生活保障综合评价办法，将符合保障条件的农户纳入最低生活保障救助范围，加强最低生活保障对象与定向帮扶对象的信息对接，做到目标准确、保障范围覆盖与补助水平科学、合理。根据农民人均纯收入与人均消费支出水平状况，科学、合理地测算与确定农村居民最低生活保障标准，确保农村地区最低生活保障和"五保"户标准月人均补助水平接近或达到全国平均水平。严格落实并执行入户调查与家庭经济状况核实等相关工作，实现有效衔接农村最低生活保障与扶贫开发工程的最终目标，将符合条件的农民纳入最低生活保障范围并进行动态管理。落实农村最低生活保障的期限管理办法，定期跟踪核实已参保和计划参保家庭的收入和财产，及时增减或停止发放最低生活保障金，确保救助资金真正发挥应有的作用。

5. 加大农民医疗救助力度

首先，加强农民的医疗救助资金整合。政府要合理增加对农村"五保"

---

① 廉超，刘慧，林春逸. 以人民为中心的中国城乡居民养老服务均等化研究 [J]. 改革与战略，2018, 34（8）: 13 – 19.

户与农村低保户的新型农村合作医疗缴费补助。这包括第一类农村低保对象与第二类低收入保险对象，以不低于个人缴费30%的标准进行补贴。其次，需要完善医疗救助资金的补贴模式。全面有效衔接医疗救助与新型农村合作医疗保险，实施医疗救助即时结算服务，简化救助程序并扩大救助范围，并在此基础上将低收入家庭的老弱病残纳入救助范围。

6. 规范临时救助工作

准确认定救助对象。要先解决"急难险重"的问题，解决因必要支出突然增加而导致基本生活陷入的困难，要应救助尽救助那些符合条件的帮扶对象。根据突发事件的严重程度与帮扶对象的类型，科学采取受理与审批方式。一般情况下，按照乡镇受理、审核，县级人民政府民政部门审批的工作流程办理；情况紧急的，按照先救助后补手续的程序办理，真正做到及时有效救助。增加救助资金投入，临时救助资金应该纳入政府的财政预算，逐渐提高救助水平标准，有效发挥救助资金救急解难的作用。充分发挥"受理窗口"绿色通道的功能，建立"一门受理、协同办理"的规范机制，畅通申请受理渠道，优化工作程序，及时受理和移交救助申请，确保困难群众及时得到帮助。

7. 加大低保资金整合力度

整合低保指标，加大整合低保资金的力度，将农村低保动态调整指标重点向农村和农户倾斜，优先解决生活保障问题（重残、重病、单亲和极端困难扶贫对象），整合救助资金，提高资金的救助效率。在救灾、临时救助和医疗救助资金方面，优先安排低收入农户的救助资金和支持，及时发放救济金，帮助农户早日实现脱贫致富。

8. 建设并完善基层医疗卫生体系

完善农村地区教育、交通、电力、医疗等公共服务设施，紧随乡村振兴的建设要求，改善农户的生存、发展环境，加强招商引资，解决农村地区资金匮乏的问题。避免农户因病致贫、因病返贫，"因病致贫、因病返贫"是阻碍各地区帮扶工作开展的重要因素。完善农村地区医疗卫生体系，落实医疗救助、医疗保险等政策，加大对重大疾病和地方疾病的防控力度，确保每个农户都享受医疗保险服务。第一，降低大病救助补助的门槛，提高保险补助标准，改善农户"看病难、看病贵"的问题。第二，采取"帮扶式、互惠式、造血式"

帮扶模式，针对农村地区医护人员数量少、医疗设施条件差的现状，从技术支持、人员培训、经营管理等对试点乡镇卫生院给予全方位帮扶，定期对各乡镇卫生院卫生人员进行培训。实施市级医师晋升前下基层服务的制度，实施"乡人县用，县人乡用"政策，解决农村卫生人才不足的问题，以晋升、薪资等优越条件吸引高素质的医护人员返乡工作，推行城市医务人员"走下去"。也可与一些大型医疗单位合作，实现医护人员的双向流转，定期下派医护人员下乡入村，让农户享有优质的医疗服务。第三，鼓励和引进社会资本参与到医疗卫生等公共服务领域的技术、设备、设施、人才等的投资和建设中，积极引入PPP模式创新医疗卫生服务的供给。第四，积极扩大"互联网＋大病互助"等平台的覆盖面，集众人力量减轻因病致贫农户的压力，与此同时，促进城乡医务人才能上能下、双向流动，积极缓解乡镇卫生院人才引进困难。

（六）构建多元主体共同治理格局

1. 加强扶贫资金和项目的监管与监督

下发帮扶资金时，容易发生违法违规之事，要解决挪用资金的问题，应加强对帮扶资金的监管与监督。首先，尽量减少资金下发的中间经手人，例如将资金下拨工作交予第三方单位，减少政府部门参与的经办程序。其次，在帮扶资金的使用时期，上级政府应不定时地随机检查，地方部门也应将资金的使用情况及时公开，让广大农民清楚资金的使用情况，使帮扶工作透明化。再次，政府应该加强对帮扶资金和扶贫项目的审计，不仅内部要进行政府审计，还应该从外部聘请专业的审计团队，加强对政府内部审计结果的复审，提高帮扶资金的实际帮扶效果。最后，政府要进一步完善问责机制，找出存在问题的资金与项目的形成原因，对人为因素造成不良后果的，需要加大问责力度。

2. 解决农村社会问题，改善社会保障与社会风气

农村偏远地区拥有的资源较少，就业岗位也较少，因此年轻劳动力大量外流，农村也面临着劳动力老龄化问题、"空巢"老人和留守儿童等社会问题，需要增加农村地区的社会保障支出；与此同时，农村的财政资金来源较少，社会保障支出也多为最基本的社会保障支出，而且受众多为经济条件较困难的群体；受周边社会环境的影响，农村还存在一些过度性消费等不良现象。总体而

言，农村地区的社会保障的惠及程度仍然比较低，农民的满足感、安全感仍有待进一步增强。为此，需要从以下几方面入手。第一，政府部门需要进一步完善社会保障体系，增加财政资金投入，让广大农民都能享有社会保障服务，减轻农民的家庭经济压力。第二，农村地区的基层政府部门应该进一步完善政策环境和条件，引进企业参与推动农村特色产业发展，为本地居民提供创业和就业的条件，鼓励农民就地就近就业，以留住本地年轻劳动力，解决"空巢"老人等社会问题。第三，引导百姓摒弃不良习惯，改变不良的消费习惯，杜绝铺张浪费与透支消费，树立健康的消费观念。

3. 转变思想观念，增强脱贫致富意识

观念是影响农民脱贫致富的关键，只有摒弃落后的观念，接受先进观念，才能真正实现脱贫致富，帮扶效益也才能得到充分发挥。首先，采取措施解放农民的思想，增强农民脱贫致富的主体意识，让农民主动接受新的思想观念，从而加深对自己所处环境、条件、资源优势的了解，增强脱贫致富的主动性。其次，基层政府可以组织帮扶人员参与帮扶的相关培训，到取得突出发展成果的地区考察、学习，学习和借鉴它们的典型发展经验；对帮扶干部和农民开展思想教育活动，提高帮扶干部及农民的思想觉悟。最后，加强思想监督。完善相关工作机制，加大广大农民群众对干部的监管力度，努力增强干部的工作能力。

4. 构建帮扶信息多元反馈网络

第一，部分帮扶干部由于工作不够细致、认真而导致帮扶对象的识别工作存在偏差的问题，对此，除了要明确帮扶干部的责任意识和增强责任外，还需要制定相关的绩效奖励制度，激励干部全身心投入工作。第二，积极发挥农村基层群众组织对帮扶工作的带头作用，使其成为信息传播的媒介，减少信息不对称现象，解决农户脱贫致富积极性不高、参与不积极等问题。政府应该积极宣传帮扶工作，可以通过广播、板报以及微信等让群众了解帮扶工作的相关资讯，让农民积极参与工作，从认知的层面改变农民群体对帮扶工作的看法，起到调动农民参与帮扶工作积极性的作用。第三，明确农民在帮扶工作中所起的监督作用及其应履行的义务，使农民获得足够的话语权，有利于帮扶落实情况的监督以及获得真实的信息反馈。第四，完善帮扶信息管理系统。农户的信息获取在调研的过程中难免会存在缺失错漏的情况，导致信息不准确，因此，基

于建档立卡信息，全面优化信息管理系统，既从程序上进一步规范农户的帮扶识别工作，又严格制定不同类别和帮扶层次的帮扶对象。第五，加强帮扶信息的公开透明。群众发现问题可以及时反映，干部要及时对情况进行了解，更正错误并解决问题，保证帮扶工作的公平、公正。

5. 打造多元主体共同治理体系

打造多元主体协同治理的格局，有利于充分发挥各帮扶主体的协同作用，更好地推动农民脱贫致富。打造以政府为主导，农户为核心，农村与社会各级组织、相关企业相互合作的多元帮扶治理格局，有利于充分发挥各政府部门、社会力量与农户之间的协同作用，提高帮扶效果。一是政府可以组建专项帮扶小组，在帮扶工作中充分发挥协调作用，充分调动农户的能动作用，调动其积极性，致力于脱贫致富工作；二是创新以及改善组织参与机制，充分调动社会资源的配置，引导社会第三方组织积极参与帮扶工作，以更好地帮助农民脱贫致富；三是加强农村基层组织的党建引领作用，发挥基层干部在扶贫工作中的带头帮扶作用；四是加强产业发展帮扶，推动多元主体积极与农村的特色产业发展相对接，实现多元主体共同帮扶和推动农村特色产业发展。

6. 分配和落实多元主体各自的帮扶责任

落实各帮扶主体的责任是推进农户脱贫致富的关键。一是各级政府部门都要给予其下一级一定的帮扶压力，让帮扶责任落实到每一个人身上，落实各扶贫主体的责任制，并明确绩效激励制，形成完善的监管和激励体系。二是建设好农村基层党组织，有必要加强党建工作并强化组织凝聚力，发挥好基层组织在扶贫工作中的带头作用。三是挖掘以及充分利用合作经济组织的中介作用与教育引导作用，衔接市场，提供一个合理、高效的平台让农民参与市场竞争。合作经济组织把分散的农户集聚在一起并形成合力，有效地规避了原先的市场风险类型，有利于创造特色产业项目，吸引大部分农户参与进来，有效推进产业脱贫的工作进程。四是加强对帮扶资金的整合，为农村经济组织注入新的活力，有利于资金管理与发挥集聚效应的最大化。五是充分利用市场的竞争优势协调推动帮扶产业的发展；市场可以起到监督的作用，合理、充分地对绩效进行全面的评估，保障其科学性。六是建立一个动态的信息管理数据库，以便更好地对帮扶信息进行管理，及时更新帮扶资讯并保障帮扶农户能及时进入以及退出帮扶对象，提高工作效率。七是帮扶资金的使用需要进一步规范化，每一笔资金的使用，从申报到审核都要明确记录并实时更新资金使用进度，使资金使用更加透明化，有效减少管理成本。八是要注重技术创新，加快先进科技的引入，既要通过培训提升管理人员的技能，又要运用高科技对信息实现精准把控，实现有效的跟踪管理，确保资金的有效使用，不造成资源的浪费。

二、巩固珠江—西江经济带精准扶贫与精准脱贫成果的长效机制

（一）完善扶贫产业发展机制，增强产业减贫效果

作为"五个一批"的重要内容，产业扶贫的三个最基本、最有效的方式是发展特色产业，促进就业和资产收益分红。为了提高产业扶贫质量，重点要提高市场竞争性、完善就业机制以及保障收益的合理分配。扶贫产业的规划要合理，切勿盲目，否则会形成产能相对过剩及导致资源配置的浪费。与此同时，产业发展还要与人口的就业及收入相联系，保障群众都参加到扶贫工作中，否则可能导致脱贫成果巩固和产业发展效益不能达到预期。因此，珠江—西江经济带提升产业减贫效果可以从以下三方面入手：首先，以供给侧结构性改革为契机，结合农村资源优势，推动农村特色产业发展；其次，注重农村劳动人口的培训，提供就业机会，实现农民就近就地就业；最后，创新产业发展利益的共享和分配机制对于重点需要照顾的农户要重点给予支持，增强和保障产业发展具有一定的公益性以及推动农村家庭的收入增长[①]。

（二）完善相对贫困治理机制，提升贫困治理能力和水平

2020 年，我国全面建成小康社会，与此同时，我国减贫工作也同时进入相对贫困治理的阶段。在该阶段，珠江—西江经济带的扶贫要结合其贫困治理现状，侧重从两方面加强相对贫困问题的治理，并巩固脱贫攻坚成果。首先，

---

① 张梦娣，张涛，张玉秋. 2020 年后巩固脱贫成果的路径和重点 [J]. 农业经济，2020（12）：69－70.

对于随时可能返贫或者致贫的群体，要创建预警观察机制。尽管他们已不是贫困人员，但是他们收入较低且不稳定，易受外在因素的影响，从而出现返贫。因此，可以通过专门的保险等方式探索最适合的方法机制，以保障这些低收入群体。对于已经脱贫的贫困边缘户要加强监督监测，他们的收入水平并不高，刚达到脱贫标准，需要加强对这个群体的返贫监测并建立专门的帮扶机制；根据家庭收入等致贫因素，适当对其进行帮扶，避免其返贫。其次，重视农户的内生发展能力建设，加强其专业能力培训，提高其可持续发展能力。可以先加大宣传力度达到教育的目的，激发贫困户的自我发展意识，激励其为了生活奋斗的理想信念，避免"等、靠、要"的思想行为。最后，培养农村群体的实际就业技能，增强其就业能力，拓宽就业渠道，从根本上改变其因为能力不足而无法找到工作的情况；培养与就业岗位和就业意愿相符的就业技能，合理满足农户的就业需求，实现劳动力的高质量匹配。

（三）完善公共服务供给机制，提高乡村公共服务水平

自开展精准扶贫、精准脱贫工作以来，农村的基础设施和公共服务体系建设不断加强，村容村貌也发生了较大的变化。不过，我们仍然要看到，有些公共服务体系仍有待完善，如医疗卫生、教育等基本公共服务仍需进一步加强。因此，在脱贫攻坚成果的巩固时期，珠江—西江经济带需要重点提升农村的公共服务水平，弥补现存短板，增强农村的基本公共服务能力。推进农村的公共服务均等化，关键在于提高公共服务的供给能力。第一，教育是国家之基，也是乡村发展之本，教育水平的落后是制约贫困治理的一大因素，因此要强化农村的教育发展，提高农村的教育水平，保障农村适龄学子有书读、有学上，同时注重农民的职业技能培养，提高农村学子的就业技能和就业竞争力。第二，医疗服务卫生水平不高是农村发展的又一大"痛点"，政府可以拨款，加大农村医疗卫生的投入力度，提升农村卫生所及乡镇医院的基础设施服务水平，合理布局医疗卫生机构和资源，扩大医疗救助范围，吸引医生到农村义诊，重视农村医务人员的技能培训，提高农村的医疗卫生保障水平。第三，解决农村地区的养老问题，也是促进农村发展的重要工作。随着我国步入老龄化社会，农村的孤寡老人养老问题十分棘手，要增加对农村养老服务的投入，建设农村养老机构和培养专门的养老服务工作人员，缓解老年服务领域的供需结构性矛盾，优化农村地区的养老服务体系，推动农村地区养老事业的发展。

（四）完善乡村治理机制，助力贫困乡村振兴

乡村振兴战略是党的十九大报告提出的又一个重大农村发展战略，其核心要义是解决"三农"问题，加快推进我国农业农村的现代化进程。党的二十大报告再次强调，要全面推进乡村振兴。从现在到未来一段时期，都需要着重解决农村的发展短板，加强农村的社会治理。推动脱贫攻坚成果巩固与乡村振兴有效衔接，为国家农村工作重心的转换指明了发展方向，未来一段时间也将更加注重农村的产业发展、生态环境治理、社会治理、乡风文明建设等问题。2020 年，我国建成全面小康之后，要推动乡村振兴，还要进一步加强乡村治理，完善乡村治理机制。第一，注重乡村治理人才的培养。要根据乡村振兴的发展需要，加强对现代化职业农民的培养，推动他们积极参与乡村治理，加强农村的社会治理，培养乡村治理所需要的各种人才，增强乡村可持续发展能力。第二，完善乡村治理机制和治理制度体系。增强村民的内生发展动力，增强村民自治以及加强村民的自我管理，就需要构建与完善乡村自治、法治、德治相结合的社会治理体系。第三，解决农村"脏乱差"等问题，营造乡村文明乡风。良好的农村生态环境是农村居民赖以生存的环境，要加大农村生态环境的整治力度，不断改善乡村村容村貌，改善农村生态环境，打造生态宜居的农村环境，努力提高村民的生态文明素养。

（五）注重生态文明建设，打造绿色减贫新机制

把推进生态文明建设与农村地区的经济、社会、文化、政治等因素融合在一起，推动农村生态文明建设仍将是乡村振兴的一大难点。探索新的绿色减贫模式，是提高扶贫质量以及实现乡村可持续发展的重要途径。当前，打造绿色减贫新机制已成为乡村工作的一个重点内容。各级部门正积极统筹规划各类要素资源禀赋，积极贯彻新发展理念，把生态文明建设与脱贫攻坚、乡村振兴相结合起来，走一条绿色发展之路，如推进乡村生态旅游发展、推动数字化产业发展等。

为此，珠江—西江经济带可以根据不同区域的资源禀赋情况，实施不同的生态文明政策，构建绿色减贫新机制。第一，处于限制开发的区域，这些地区要依托生态环境资源为发展点，以生态环境建设支持和推动扶贫脱贫工作，通

过保护天然林资源、退耕还林、公益林补贴、设置岗位等，既能有效保护生态环境，又能利用农林资源优势，增加农户的收入。第二，拥有资源禀赋优势的地区，可以充分利用其资源优势发展绿色产业，如发展生态旅游、乡村旅游，走出一条具有自身特色的、独特的旅游业发展道路。第三，缺乏资源禀赋的地区，其生态环境相对脆弱，可以通过易地搬迁等，帮助其迁移到新的适宜生活和居住的地方，同时还要综合考虑后续的脱贫巩固工作，使其在新的居住地区有稳定的工作岗位，保障其在新地区能够谋生，从而实现脱贫致富。

（六）完善"扶智"和"扶志"的激励与约束机制

加强"扶智"和"扶志"，是实现全面脱贫和巩固脱贫攻坚成果的重要内容，两者相辅相成，缺一不可。"扶智"与"扶志"是脱贫的内在决定因素，一味地依靠外部条件进行帮扶，无法从根本上解决问题，一旦失去外力的帮助就会造成返贫。所以，应该将两者紧密结合起来，加强"扶智"和"扶志"，强化农户脱贫的内生动力及基础。加强"扶智"与"扶志"，提高农户的生存能力、自我发展能力，强化其脱贫的主观能动性，更好地实现脱贫和避免返贫。[①]

实现全面小康，不仅要"富口袋"，还要"富脑袋"，如果村民的脱贫意识不强，就会因为好吃懒做导致返贫。所以，建成全面小康社会，要求农户要从思想层面转变自身的思想观念，提升自身的综合素质，将脱贫与自我奋斗、自我发展能力提升结合起来，打造农户的长效脱贫机制。为此，要将"扶志"与"扶智"结合起来，从根本上改变这些地区农户的"等、靠、要"思想[②]，迫切需要政府、社会组织等多元主体发挥其积极性，统筹兼顾，帮助农户进一步解放思想，加大农村地区的支持和帮扶力度，改变农户缺乏主观能动性、消极脱贫等情况；与此同时，积极推进体制机制创新，注重人才技能培训，提升农村地区的教育水平[③]。

1. 加强乡村地区脱贫舆论宣传

加强脱贫攻坚的舆论宣传，是践行社会主义核心价值观，加深群众对扶贫

① 刘合光. 精准扶贫与扶志、扶智的关联 [J]. 改革，2017（12）：36 – 38.
② 陈心颖. 脱贫动力培育与扶志、扶智的协同 [J]. 改革，2017（12）：38 – 41.
③ 张蓓. 以扶志、扶智推进精准扶贫的内生动力与实践路径 [J]. 改革，2017（12）：41 – 44.

的理解，激发群众脱贫的热情和激发群众爱国情怀与民族自豪感的重要方式，既可以让世界更好地了解我国脱贫事业的伟大成就，又更加坚定了群众脱贫致富的意识。为此，一要保障正确的舆论宣传导向。媒体的舆论宣传要践行社会主义核心价值观，无论是电视、报纸还是互联网等新兴媒体都应该准确宣传脱贫致富的正确方向及具体举措，对于一些典型的扶贫成效以及现实案例要予以适当报道。二要对扶贫攻坚战中表现优异的个人、团队以及地区给予工作肯定和表扬，这样对其他农户也会起到较大的激励作用。三要加大脱贫成果的国际宣传力度，向世界展现中国脱贫攻坚的坚定信念及优秀成果，并为其他国家开展扶贫工作提供典型示范。

2. 加强乡村地区乡风文明建设

贫困文化和群众内生动力不足，一直是"扶智"和"扶志"的重点和难点，也是贫困群众对美好生活向往的不利因素。为此，一是弘扬中国民族扶贫济困的传统美德，激励农户通过自己的努力和奋斗实现脱贫致富，同时也激发扶贫干部的工作积极性。二是在农村地区避免过度消费，避免因物质追求而导致返贫的，要树立合理的财富积累观念。三是避免奢靡和不健康的生活，如赌博、酗酒以及吸毒等不良习性。四是养成良好的生活习惯，保持生活和居住环境的卫生和干净，从根本上改变农村"脏乱差"的现象，营造干净、生态、宜居的农村生活环境①。加强对农民群众的思想引导，完善基础设施服务体系，尽可能地满足群众多样化的精神需求，给予农民群众更多的精神关怀，提升农户对改变现状、追求美好生活的决心，激发其工作动力。

3. 加强乡村地区惠民教育

脱贫攻坚战的一个难点是教育问题，农村偏远地区的农民子女的教育往往得不到充分的保障，存在教育资源不足、教育质量和水平不高等现象。需要进一步保障农村教育发展的可持续性以及提升农村地区的整体教育水平，使农民的子女都能拥有良好的教育条件和机会。为此，首先，加大农村地区的教育经费支持和补贴力度，尽可能减免各种教育费用，增加生活费补贴，增设学业奖学金等，鼓励农村学生努力读书。其次，增加对农村地区的教育支持，保留或

---

① 汪三贵，胡骏，徐伍达．民族地区脱贫攻坚"志智双扶"问题研究［J］．华南师范大学学报（社会科学版），2019（6）：5-11，191.

增加农村地区的学校分布点，改善农村地区学校的基础设施条件，保障教学的软硬件条件需要。最后，加大乡村教师的人才引进力度，打造高水平的乡村教师队伍，落实以及完善来农村支教教师的生活补助以及安居工程等计划，扩大乡村教育的福利制度保障对优秀教师的吸引力，引导更多的优秀教师支援乡村地区的教育事业。

4. 加强乡村地区农户技能培训

就农村地区而言，注重农民的职业技能培训，帮助农户提升专业技能和增强自我发展能力，可以更好地适应市场竞争需要和自身可持续发展的需要，有助于更好地解决农村的农民职业技能培训和教育问题。针对不同农户的不同情况，有的放矢地开展农民职业技能培训以及实用技术培训，提高他们培训的效果和效率。一是在指定地点建立培训基地，定期组织农村基层干部和农民进行专门培训，提升农村基层干部和农民的职业技能水平并改变其传统观念，改善农民就业状况以及增加农民收入。二是注重科技人才的培养，加大农村地区的科技人才引进力度，依靠科学技术推动农业劳动生产效率的提高，降低农村劳动生产成本，并且出台鼓励专业技术人员在农村创业等政策，推动农村经济的发展。三是通过引进专业技术人员或提供指导，依托当地的特色农业发展，形成农民"干中学"等实践培养模式，在实践中提升农民的农业生产技能，既推动了农民生产技能水平的提高，又增加了农民的收入。

5. 加强乡村地区的各类人才培养

农村的经济社会发展离不开各类人才，技术人才与管理人才可以最大限度地发挥农村的资源禀赋优势，进一步推动精准扶贫、精准脱贫成果的巩固。在农村偏远地区，居民的工资和收入水平不高，因此其对人才的吸引力明显不足，为此，应创新农村地区人才建设和支持计划。一方面，基于农村地区的经济社会发展需要，制订全面的人才培养计划，打造适合农村发展需要的复合型人才梯队，以便更好地满足农村人才需要以及服务于各个农村的发展。另一方面，适当提高农村人才薪酬以及绩效奖励，优化农村的职称评定制度，破格提拔，给予物质奖励、精神奖励等引进和留住优秀人才，激励各类人才投身农村经济社会发展事业，为农村的发展贡献自己的力量。

三、推进珠江—西江经济带乡村振兴
与精准脱贫有机衔接的对策建议

深入推进扶贫工作，不仅要帮贫困人口走出贫困，还要预防其再次返贫。精准扶贫、精准脱贫不仅要求我们了解贫困的外在表象，还要了解贫困的内在本质，只有把握其本质才能"对症下药"，从根本上治理贫困以及防止其"症状复发"。与此同时，在精准扶贫、精准脱贫过程中，贫困者不应只是接受扶贫的客体，还是脱贫攻坚工作的中坚力量。贫困问题不只是社会民生问题，还涉及法律、公平以及经济发展等问题。所以，虽然脱贫的目标是让每个人都能实现脱贫致富，但是，其更深的目的是消灭社会不平等、不公正，从而充分发挥社会主义制度的优越性，构建人人平等的和谐社会①。

脱贫攻坚与乡村振兴是相辅相成的，两者在目标和价值上具有统一性，都统一于满足人民的美好生活意愿和追求，都推动"三农"问题的解决和农业农村的现代化，都服务于实现中华民族伟大复兴的"中国梦"，都体现了以人民为中心的思想。2018 年，习近平总书记在主持召开中共中央政治局第八次集体学习时强调"打好脱贫攻坚战是实施乡村振兴战略的优先任务"②，由此可见，打赢扶贫攻坚战是推动乡村振兴优先解决的问题，没有脱贫攻坚，就不能完全实现乡村振兴，乡村振兴是对脱贫攻坚成果的进一步巩固。因此，如何保障脱贫攻坚与乡村振兴的有效衔接，合理配置资源要素，全面实现乡村振兴是乡村振兴需要考虑的问题③。虽然乡村振兴比脱贫攻坚要耗费的时间更长，涉及的内容和战略也更加广泛，但是由于乡村振兴战略具有特殊性，不能将其与脱贫攻坚的成果割裂开来，也不能把其视为对立的两个战略，两者是相辅相成、相互联系的。为此，在推进乡村振兴的过程中，要把脱贫攻坚的成果作为乡村振兴的基础，将其纳入考虑范围，考虑如何巩固脱贫攻坚成果，避免返贫或者有新的贫困问题出现；要整合现有的

---

① 马虞崇胜，余扬."扶"与"脱"的分野：从精准扶贫到精准脱贫的战略转换 [J]. 中共福建省委党校学报，2017（1）：41 – 48.

② 习近平. 习近平谈治国理政：第三卷 [M]. 北京：外文出版社，2020：260.

③ 王介勇，戴纯，刘正佳等. 巩固脱贫攻坚成果，推动乡村振兴的政策思考及建议 [J]. 中国科学院院刊，2020，35（10）：1273 – 1281.

资源，完善激励考核制度，实现多元化的投入渠道①。与此同时，还要优化扶贫政策及考虑相关政策退出问题，使脱贫攻坚成果巩固的同时，更好地推进乡村振兴战略的实施。

（一）推进脱贫成果巩固与乡村振兴工作衔接

为进一步推进脱贫成果巩固与乡村振兴工作的有机衔接，要从责任衔接、政策衔接、行动衔接等方面推动两者的有机衔接。

1. 责任衔接

根据脱贫巩固与乡村振兴工作衔接的需要，要充分发挥我国的政治优势和制度优势，以进一步明确政府部门的工作责任，明晰工作内容和责任要求，加强统筹规划，完善脱贫巩固与乡村振兴衔接的工作运行机制。乡村振兴和脱贫巩固的相关机构可以联合办公或合并办公，成立统一决策的领导小组，统一规划工作内容，统一管理，促使扶贫和乡村振兴资金合理分配和合理使用，更好地推进脱贫巩固与乡村振兴工作的有机衔接。

2. 政策衔接

科学、合理的财政政策支持、金融服务政策支持、土地流转政策支持、人才政策支持以及自然资源政策支持等，都是脱贫巩固和乡村振兴的重要支持因素；与此同时，建立合理的要素配置体系，以保障各个资源要素的合理配置，不断优化要素投入机制及完善脱贫攻坚巩固办法，为协同推进脱贫巩固与乡村振兴提供保障，这既巩固了脱贫攻坚成果，又增强了乡村发展实力。

3. 行动衔接

如何避免脱贫户返贫是脱贫攻坚的一个重点，巩固脱贫成果如何更好地保障和推进乡村振兴战略的深入实施；如何推动农业农村现代化，充分发挥农村的资源优势是乡村振兴战略的重点。因此，推进脱贫成果巩固与乡村振兴的行

---

① 刘潜润，曾雪婷．巩固脱贫成果与推进乡村振兴面临的挑战［J］. 人民论坛，2020（31）：85－87.

动衔接，推进乡村振兴和脱贫攻坚的目标和成果融合，发挥各自优势，推动两个战略相互促进及深入实施，有利于推动乡村振兴。

（二）巩固脱贫攻坚成果，促进乡村振兴

1. 推动乡村产业发展，促进乡村产业振兴

根据珠江—西江经济带乡村产业的发展现状和特点，要从破除体制机制藩篱，统筹城乡要素资源，打造特色农业全产业链，加强企业与农户之间的利益联结，加强基础设施和公共服务体系建设等方面加快推进乡村产业的现代化发展。

（1）破除体制机制藩篱，完善乡村产业发展的体制机制及政策体系。

推进乡村农业发展，要破除传统体制机制障碍，创新乡村产业发展体制机制，并完善其基础设施、产业发展、公共服务等政策支持体系，为乡村产业发展营造良好的制度和政策环境。第一，要创新乡村建设用地管理制度。为了适应和满足乡村产业发展需要，要探索和创新土地征收、建设用地"增减挂钩"、集体经营性建设用地、土地经营权流转、宅基地等土地管理制度，并充分保障农户的土地承包权、流转土地经营权、土地收益分配权，进一步健全乡村土地使用和管理制度。第二，完善财税政策和金融政策支持体系。既要从财政奖补资金、税收优惠等方面加大对乡村产业发展的财税政策支持力度，引导社会资本积极参与乡村产业发展，并有效推动乡村主导产业和特色农业的关键技术、关键环节实现创新突破和发展；又要深化乡村金融体制改革，完善乡村金融内设机构和网点的设置和乡村农业经营主体信用体系和信贷担保体系，推广乡村数字普惠金融，加大对企业和农户生产经营活动的小额信贷支持以及对乡村基础设施建设的中长期信贷支持力度，以更好地满足乡村产业发展的大量和多元化资金需求。第三，完善政府管理职能。推进简政放权、依法行政、标准化和规范化服务、政务公开、监督检查等，加强基层政府的治理能力和治理效能建设，推进基层政府职能转变，不断完善基层政府部门的管理职能，并提高基层政府管理和服务的科学化水平。

（2）以乡镇为联结点，统筹城乡资源，促进城乡要素资源的合理流动。

充分发挥乡镇城市和乡村的桥梁作用，以乡镇为联结点，加强对城乡产业空间布局和资金、技术和劳动力等资源的统筹规划，推动城乡要素资源依托乡

镇实现合理流动，进而促进乡村产业发展。第一，统筹做好城乡产业空间布局，推动乡村特色产业快速发展。根据县域产业布局和各乡镇的特色资源优势，统筹做好各乡村的产业空间布局，各乡村依托自身的特色资源优势积极发展特色产业；与此同时，加快推进特色小镇的城镇化进程，统筹推动城镇化与工业化、农业现代化之间的协调发展，促进乡镇特色资源和要素的合理流动与优化配置。第二，深入推动以城带乡，以乡促城，不断提升乡村资源要素的配置效率。将乡镇作为乡村振兴的重要支点，在乡镇积极打造特色农业产业园区、现代农业产业园区、生态园区、农业科技园区等，将乡镇打造成城乡要素融合的重要平台，充分发挥城镇产业发展的辐射作用和带动作用，同时积极发挥乡村特色资源优势，深入推动城乡资源要素有效融合，积极提高乡村资源要素的配置效率。第三，依托乡镇这个平台，加强城乡交通、教育、医疗卫生等公共基础设施和公共服务平台的一体化建设，为统筹推进城乡要素资源的合理流动奠定基础及提供服务平台。

（3）打造乡村特色农业全产业链，培育和形成乡村特色农业发展新业态。

特色农业全产业链，是发挥乡村特色农业资源优势，依托企业集团，将农业生产活动、产业加工、物流配送、产品分销、技术研发等融为一体并集群成链，形成企业完整的产业链系统的一种新业态、新模式，并应用于企业的生产经营全过程，也是增强企业整体核心竞争力的重要模式。[①] 农村应发挥依托乡村地区的特色资源优势和地理优势，既充分发挥乡村地区的特色资源优势积极推动特色农业发展，又积极融入社会资本、技术、人才、管理经验等资源要素，推动乡村特色农业全产业链发展，培育和形成乡村特色产业发展新业态。第一，积极打造一批规模化、标准化、专业化的农业生产基地。结合各乡村的生产环境和条件，确定特色农业主导产业，引导企业围绕产业发展方向，积极建设规模化、标准化、专业化的农业生产基地；与此同时，让农户通过土地流转、入股、就业等积极参与到农业生产基地的生产活动中，共同推进农业生产基地的建设。第二，引进大型企业、龙头企业，推进农产品精深加工，推进特色农业全产业链的构建。发挥大型企业、龙头企业的资金、技术、人才、管理经验等资源要素的优势，推进企业实现农业生产活动与产业加工、物流配送、产品分销、技术研发等环节的深度融合，打造特色农业全产业链，推动形成乡村特色农业发展新业态，更深入地促进

---

① 曾衍德. 促进农业全产业链融合　助力质量兴农［N］. 农民日报，2019－03－23（02）.

乡村特色农业发展。

（4）加强企业与农户的利益联结，让广大农户分享乡镇改革成果。

加强企业与农户的利益联结，促进农户增收致富，进而缩小城乡收入差距，让广大农户能够分享乡村改革的发展成果，推进乡村产业可持续发展。第一，通过企业订单合作、保底收购、合作分红、吸纳就业等方式促进企业与农户形成利益联合体，加强企业与农户的利益联结。鼓励和支持农户通过土地入股、投资、参与农业生产、就业等方式参与家庭农场、农民合作社、农村经济合作组织等新型农业经营，并强化企业与新型农业经营主体的经济联系与合作，形成利益联合体。第二，加强农户与现代农业发展的有机衔接，采取公司＋农户、公司＋农民合作社＋农户等方式，鼓励农户积极参与现代农业产业园、特色农业产业园区、农业科技园区等农业园区和经济园区的建设和发展，并增加农户参与现代农业生产经营活动的财政补贴、税收优惠和风险补偿等，加快推动现代农业发展，以让农户获得更多的发展收益。第三，加强对农民创新创业带头人的职业能力培训，鼓励农民就地就近创业就业，鼓励外出农民返乡创业，让农民分享乡村产业发展带来的红利。

（5）增加财政支出投入，加快完善乡村的基础设施和公共服务体系。

应进一步增加财政支出投入，加快推进乡村基础设施建设和公共服务体系建设，为推进乡村产业发展夯实基础。第一，加强向乡村产业发展的政策倾斜，加大对乡村公共基础设施建设和财政支农资金的投入力度，加快完善乡村公共交通、供水、供电、网络、生态环境治理等基础设施服务体系建设，加快推进乡村产业发展。第二，创新政府财政支持方式。发行政府债券，设立政府融资平台拓宽乡村基础设施建设的资金渠道，促进财政支持和融资渠道多元化。第三，采取政府和社会资本合作模式，发挥政府投资资金对社会资本在乡村基础设施和公共服务体系建设中的引导作用，引导社会资本积极参与乡村基础设施和公共服务体系建设，加快完善乡村的基础设施和公共服务体系，以弥补政府投资的不足，提高项目建设率和资金使用率，以更好地满足产业发展的大规模资金需求。

2. 建立健全法律法规，促进乡村生态振兴

良好生态是乡村振兴保障，在实施乡村振兴的过程中，良好生态环境是乡村的优势和宝贵财富。推进精准脱贫与乡村振兴有机衔接，要求协同推进生态脱贫与乡村振兴，这可以更好地保护农村生态环境，推进绿色发展方式转化以及推动发展新动能转换，实现生态扶贫与乡村振兴的协调发展。实施扶贫开发与生态保护策略，完善生态补偿机制并加大生态补偿力度，使脱贫致富与绿色高质量发展形成融合发展的良好态势。将农村危房改造、通村道路建设以及易地扶贫搬迁等纳入乡村振兴发展规划，按照农村人居环境保护要求，改善易地扶贫搬迁区域的配套设施，提高危房改造以及通村道路的标准，构建生态宜居的新乡村。政府应致力于建立健全生态补偿扶贫工作的联防共治机制以及问题处理机制。第一，统筹规划脱贫攻坚成果巩固与生态补偿的相关政策。横向联合有关"三农"、金融、财政、扶贫等相关工作的业务部门。第二，对脱贫攻坚以及生态补偿的资金等进行整合并与相关部门联合完善补偿制度，保障工作的正常开展。第三，建立健全生态补偿的相关法律制度。珠江—西江经济带域内的生态补偿不是一个短期完成的项目，要在一段政策实施时间中保持政策稳定，不断地深化、完善生态补偿政策。并且，生态补偿政策涉及许多其他内容，所以要充分考虑到在政策实施过程中涉及的各个行为主体、标准、奖惩等法律效益问题以及适用边界，以更好地保护农村的生态环境。第四，建立完善的各方主体协商制度，确保政策实施过程中各方权利义务不受侵犯。政府应该权衡利弊，充分聆听群众关于开发生态旅游区的意见和建议，进一步明确生态补偿范围、标准、金额等；不仅要建立健全法律体系，还要赋予群众更多的话语权，调动群体的参与积极性，积极完善生态补偿与脱贫的对接机制①。具体来说，要推进乡村的生态振兴，需要从以下方面着手。

（1）加快完善农村生态环境治理的制度体系。

为进一步加强农村生态环境治理，结合农村生态环境的实际和需要，构建一套完善的农村生态环境治理制度体系。一是完善资源利用和管理制度。对当前不符合农村生态环境资源管理需要的措施及制度体系进行改革和创新，进一步加强对农村自然资源的有偿管理，并完善农村生态环境补偿制度，夯实农村生态环境资源的制度基础。二是加强对农村森林资源破坏、水土流失、生态环境破坏的治理，设定生态环境保护红线，禁止在生态环境保护红线内进行生态环境破坏活动，防止生态环境遭到人为破坏，加大对农村生态环境的保护力度。三是完善农村生态环境管理制度体系，尤其要进一步健全生态环境管理的

---

① 刘格格，葛颜祥，张化楠. 生态补偿助力脱贫攻坚：协同、拮抗与对接［J］. 中国环境管理，2020，12（5）：95－101.

执法机构设置及其人员设置，确保满足生态环境管理所需的执法力量。四是完善农业农村的生产安全管理制度体系，尤其是加强对农药、涉农化学用品的监督和管理，打造一个绿色健康安全的农业生产环境。五是改革政府部门绩效考核机制，在政府官员的绩效考核评价体系中加入生态环境考核内容，强化生态环境管理责任，推动农村生态环境保护工作常态化管理。[①] 六是建立村规民约，使村规民约在农村生态环境治理中发挥作用，发挥村民的相互监督作用，推动农村生态环境保护有序发展[②]。

（2）调整和优化农村经济结构，推动农村生态环境健康有序发展。

加快推动农村经济发展，更好地为农村生态环境治理提供充足和稳定的资金保障，这是实现农村生态环境治理有序发展的重要途径；推动农村经济发展，还有助于引入社会资本积极参与农村生态环境的治理，更好地满足农村生态环境治理的资金需求[③]。与此同时，为进一步调整和优化农村的经济结构，发展乡村现代农业、绿色农业和生态农业，推动农村生态环境健康、有序发展，需要从以下方面着手。一是提高种植业的技术水平，推动种植业的绿色发展，同时促进养殖业的健康有序发展，推动有机养殖，减少养殖业对生态环境的不利影响。二是推动农产品加工业的发展，尤其要积极推广新技术，提高农产品的科技含量、产品附加值，推出绿色、健康的生态农产品，提高农产品的品质。三是推动农村生态旅游服务业的发展，提高农村生态旅游服务产品的质量和水平，这不仅有利于推动农村经济社会发展和居民生活质量提高，也有利于推动农村生态环境的治理和实现可持续发展[④]。

（3）加强对农村生活污水、垃圾及农业污染源的综合治理。

一是加大农村生活污水治理设施服务体系的建设力度，加强对农村生活污水的治理，尤其是强化对黑水沟的治理，并且要加大对各农村地区生活污水排放和治理的监督和管理力度；二是加强对农村生活垃圾、农业废弃物的统筹管理，根据农村的实际情况，不断完善收集、转运、处置设施服务体系，构建统一的农村生活垃圾和农业废弃物处置机制；三是强化对农业污染

① 田春艳，吴佩芬. 现代化视阈下农村生态环境问题探析［J］. 农业经济，2015（10）：86 – 88.

② 陈秋云，姚俊智. 通过村规民约的农村生态环境治理——来自海南黎区的探索与实践［J］. 原生态民族文化学刊，2020，12（5）：85 – 92.

③ 蒋翠侠，许启发，李亚琴. 中国家庭多维贫困的统计测度［J］. 统计与决策，2011（22）：92 – 95.

④ 张静. 补齐农村生态环境治理"短板"［J］. 人民论坛，2017（25）：76 – 77.

源的管理，严格控制农药、化肥等的使用，推广有机化肥的使用、生物技术的应用，推动绿色生态农业的发展；四是加大对畜禽养殖业的粪污处理力度，打造清洁生产模式，减少对生态环境的破坏；五是加大对农业污染源的专项治理力度，建立重点监测清单，完善监督和管理体系，推动农业生态环境的可持续发展①。

（4）增强农民环保意识和大局观念，提高村民生态环境治理能力。

要让村民积极、主动地参与农村生态环境治理事务，首先要在思想上做好村民的工作，让村民意识到保护生态环境的重要性和破坏生态环境所带来的严重后果，使大家自觉地形成大局观念。通过宣传栏宣传、广播循环宣讲、到家入户走访、评选文明卫生家庭等多种方式，潜移默化地让村民改掉不良的生活习惯，提升自我素养和自身素质，增强环保意识，并让村民充分意识到生态环境的好坏产生的不同影响。其次，要积极提高农民的各种技术能力，更好地为生态环境保护服务，提高村民生态环境的治理能力。加强对农民培训生态环境保护基本知识和科技文化知识，大力推广有机食品、绿色食品生产技术的培训，引导农民探索科学化、合理化、生态化的农业生产方式，积极推广农村废弃物资源重复循环使用的农村清洁模式。通过与高校科研院所进行产学研合作的方式，使农村居民能够更好地与农业科技人才进行深度合作，从而提升村民生态环境治理能力。最后，鼓励村民积极参与农村生态环境治理工作。通过组织各种村级团体活动，让村民感受到集体荣誉感，培养村民的主人翁精神，让村民自发地参与到乡村治理中来，成为农村生态环境治理的主力军②。

3. 挖掘乡村人才发展潜力，促进乡村人才振兴

推动脱贫以及乡村振兴实施的关键是人才，要共同推进打好精准脱贫攻坚战以及实施乡村振兴就必须做好人才协同保障，推进人才振兴以及人才脱贫。人才协同保障有助于充分发挥人才在乡村振兴战略实施以及打好脱贫攻坚战的关键作用，以及推动发展农业农村的现代化事业，也有助于稳定发展乡村人才的工作部队。做好人才协同就是不仅要考虑脱贫攻坚中的人才结构、人才数量

① 李志涛，刘伟江，陈盛，李娇，朱岗辉，李松，费杨. 关于"十四五"土壤、地下水与农业农村生态环境保护的思考［J］. 中国环境管理，2020，12（4）：45 – 50.

② 运迪. 新时代农村生态环境治理的多样化探索、比较与思考——以上海郊区、云南大理和福建龙岩的治理实践为例［J］. 同济大学学报（社会科学版），2020，31（2）：116 – 124.

以及人才"瓶颈"等相关问题，也要考虑乡村振兴战略的人才培养、人才素质、人才需求等其他问题。不但要形成处处要才、人人爱才以及事事为才的爱才与惜才的良好氛围，同样也要打造好人尽其才、能尽其才、天生有才的优良创业干事环境。在实施乡村振兴的战略中，要将脱贫攻坚中产生的大量人才无缝衔接至乡村振兴战略的实施中去，积极激励各种人才上山下乡。打造一支真正爱农村、爱农民、善经营、懂农业的"三农"人才队伍①。

特色扶贫的重要经验是为脱贫攻坚提供强大的人才保障。既注重把脱贫攻坚当作干部成长的工作历练，又注重培育坚守在工作前线的人才。第一，在干部的历练方面，可以把绩效考核作为升职加薪的标准，这样有利于防止岗位频繁变动。第二，选拔优秀基层人才，可加大对优秀基层干部的提拔力度。第三，既要注重外来人才的输送，也要注重培养本地的应用型人才。落实并加强农村地区的相关培训工作，吸收在基层服务的优秀大学生为公务员，鼓励表现出色的人员都能投身到乡村振兴中，打造一批优秀的乡村人才队伍。第四，借鉴先进的管理经验，引入绩效考核来调动工作人员的积极性，注重人才培养，在不断的实践中培育更多出色人才。

建立健全长期的帮扶激励机制，稳定现有的帮扶人才部队，将愿意留在农村地方工作以及创业的帮扶人才留在农村，继续在推进乡村振兴战略中贡献力量，以达到巩固脱贫攻坚成果的目的。在持续推进家庭劳动力的职业教育以及各类技能培训的基础上，培养农村产业发展的带头人。建立健全农村的优秀人才引进机制，积极引导更多优秀大学毕业生到农村工作和创业，吸引乡贤返乡发展特色产业。

4. 充分挖掘乡村文化影响力，促进乡村文化振兴

乡村文化经历了几千年的发展，积淀了深厚的历史以及丰富的内涵，既是乡村灵魂的寄托，也是农村人与物的直接体现。文化对人们有潜移默化的作用。文化在实施精准脱贫攻坚以及推动乡村振兴的任务中极其重要。在推进精准扶贫、精准脱贫任务进程过程中，文化扶贫能提高贫困群体的思想觉悟，同时对贫困群体的文化素质与科学认知有极大的帮助。振兴文化在乡村振兴中是核心工程，具有较强的价值引领与导向作用。

---

① 廖彩荣，郭如良，尹琴，胡春晓. 协同推进脱贫攻坚与乡村振兴：保障措施与实施路径 [J]. 农林经济管理学报，2019，18（2）：273－282.

要发挥乡村文化扶贫的影响力，坚持扶贫、扶志以及扶智相融合的原则，激发农户的内在动力。第一，大力宣传脱贫攻坚优秀事迹，吸引农民群体积极参与脱贫攻坚。第二，通过以工代赈的创新机制推广自助购买商品的模式，激发农户脱贫的动力。第三，创办农民宣讲讲习所，不断弘扬传统美德，提高农民的思想素质。第四，不断完善乡村振兴项目以及资源分配制度，将项目控制权分散到社区层面，激发农民群体的参与意识以及创作精神，提高农民群体作为乡村振兴的责任意识和主体地位[①]。第五，加大农民的扶志以及扶智力度，激发农民群体开阔眼界和视野，增强农民群体创新创业的思维能力，提升农民群体的文化水平与精神风貌，为乡风文明新风貌的建设奠定基础。第六，充分挖掘优秀的传统特色文化，通过开展公共文化活动增强群众凝聚力和文化认同感，充分发挥文化对乡村振兴发展的作用力和带动力。

5. 发展乡村组织，促进乡村组织振兴

精准扶贫主要采用相关手段精准识别贫困群体，并了解其致贫原因，因地制宜地对贫困群体进行动态管理，并定期对帮扶效果进行考核。从政府权力的视角出发，实施精准扶贫任务不仅需要地方事权的下移，还要求驻村干部直接参与乡村扶贫治理。从国家与社会关系的视角出发，精准扶贫要求建立以党的领导为基础，多元主体参与扶贫的运作机制。在精准扶贫的模式下，国家将社会公共服务与民生问题相结合，对贫困人群的真实需求予以考虑。将脱贫攻坚与乡村振兴战略进行有效对接需要组织协同保障，充分发挥基层党组织的动能与力量。其一，可以将扶贫开发以及乡村振兴战略结合起来，建立一支实力强的工作队伍，真正发挥党组织的作用；其二，在加大组织协同力度的同时，协同推进乡村振兴中的组织振兴和脱贫组织建设，实现脱贫攻坚与乡村振兴协同发展的目标。

政府与村民自治组织共同协作形成了农村治理系统。村民自治组织与精准扶贫相互配合，有助于激发村民脱贫的动力。实施精准扶贫任务时，政府通过财政转移支付的方式对贫困群体进行帮扶。这种专项拨款在使用中受到一些限制及存在不足。第一，拨款资金是公共财政预算，并且专款专用。第二，专款下拨容易滋生腐败。政府拨款资金被无故挪用、挤占的情况仍存在，由于管理专项资金的部门很多且缺乏统一的监督监管，非常容易出现腐

---

① 豆书龙，叶敬忠. 乡村振兴与脱贫攻坚的有机衔接及其机制构建 [J]. 改革，2019（1）：19–29.

败问题。乡村基层组织是脱贫攻坚任务和乡村振兴的坚强堡垒与中坚领导力量。以贫困村基层组织为着力点，促进脱贫攻坚与乡村振兴有效衔接，继续完善驻村书记的筛选机制以及驻村管理制度，健全选派干部的长期正负的激励制度，建立健全乡村基层组织负责人的退出机制，加强驻村部队的队伍建设。积极发展农民合作组织，促进大市场与小农户有机对接，充分发挥合作组织的纽带衔接作用①。

---

① 李丹，李双奎. 公共资源治理下的精准扶贫政策执行困境与优化策略 [J]. 资源开发与市场，2017，33（2）：179－183.

参 考 文 献

专著类：

[1] 盖尔·约翰逊. 经济发展中的农业、农村、农民问题 [M]. 北京：商务印书馆，2004.

[2] 赫尔曼·哈肯. 协同学：大自然成功的奥秘 [M]. 上海：上海译文出版社，2005.

[3] 康晓光. 中国贫困与反贫困理论 [M]. 南宁：广西人民出版社，1995.

[4] 孔繁斌. 公共性的再生产：多中心治理的合作机制建构 [M]. 南京：凤凰出版传媒集团，2008.

[5] 联合国教科文组织亚太地区办事处. 基础教育促进扶贫 [M]. 联合国儿童基金会资助，1999.

[6] 汤森. 英国的贫困：关于家庭经济来源和生活标准的调查 [M]. 伦敦：阿伦莱恩和培根图书公司，1997.

[7] 习近平. 高举中国特色社会主义伟大旗帜　为全面建设社会主义现代化国家而团结奋斗——在中国共产党第二十次全国代表大会上的报告（2022年10月16日）[M]. 北京：人民出版社，2022.

[8] 叶普万. 贫困经济学研究 [M]. 北京：中国社会科学出版社，2004.

[9] 中共中央马克思恩格斯列宁斯大林著作编译局. 马克思恩格斯全集：第四十七卷 [M]. 北京：人民出版社，1979.

[10] 中共中央马克思恩格斯列宁斯大林著作编译局. 马克思恩格斯全集：第四十三卷 [M]. 北京：人民出版社，2016.

[11] 中国国家统计局农调总队. 中国农村统计年鉴 [M]. 北京：中国统计出版社，1993.

[12] 庄巨忠. 亚洲的贫困、收入差距与包容性增长 [M]. 北京：中国财

政经济出版社，2012.

［13］ Gunnar Myrdal. Economic Theory and Under-developedregions ［M］.
Harper & Row, 1957: 168.

［14］ Haughton J H, Khandker S R, Handbook on Poverty and Inequality ［M］.
World Bank Publications, 2009.

［15］ Howard M, Garnham A, Fimister G, et al. Poverty: The Facts ［M］.
London: Child Poverty Action Group, 2001.

［16］ United Nations Development Program. Human Development Report 2010.
The Real Wealth of Nations: Pathways to Human Development ［M］. New York:
Plagrave Macmillan, 2010.

外文期刊文献类:

［1］ Adger, W. N. Socialand Ecological Resilience: Are They Related?. Pro-
gressin Human Geography, 2000, No. 3.

［2］ Alkire Sabina, Foster James. Understandings and Misunderstandings of
Multidimensional Poverty Measurement ［J］. *Journal of Economic Inequality*, 2011,
9 (2): 289 – 314.

［3］ Alkire Sabina, Seth Suman. Multidimensional Poverty Reduction in India
Between 1999 and 2006: Where and How? ［J］. *OPHI Working* Paper No. 60, 2013.

［4］ Bourguignon F., Chakravarty S R., The Measurement of Multidimension-
al Poverty ［J］. Journal of Economic Inequality, 2003, 1 (1), 25 – 49.

［5］ Chambers R, Conway G. Sustainable Rural Livelihoods: Practical Con-
cepts for The 21st Century. IDS Discussion Paper 296. Brighton: IDS, 1992.

［6］ DFID. Sustainable Live Lihoods Guidance Sheets. London: Department for
International Development, 2000, 68 – 125.

［7］ Dhongde S., Haveman R., Multi – Dimensional Deprivation in the U. S.
［J］. *Social Indicators Research*, 2017, 133 (2), 477 – 500.

［8］ Gordon, D. et al. Poverty and Social Exclusion in Britain. York: Joseph
Rowntree, 2000, 54.

［9］ M D Thomas. Growth Pole Theory, Technological Change, and Regional
Economic Growth ［J］. *Papers of the Regional Science Association*, 1975, 34 (1): 3 –
25.

[10] Nelson R. A Theory of the Low-level Equilibrium Trap in Underdeveloped Economies [J]. *The American Economic Review*, 1956, 46 (5): 894 – 908.

[11] Novignon J., Nonvignon J., Mussa R., et al. Health and Vulnerability to Poverty in Ghana: Evidence from the Ghana Living Standards Survey Round 5 [J]. *Health Economics Review*, 2012, 2 (11): 1 – 9.

[12] Perroux F. The Theory of Monopolistic Competition: A General Theory of Economic Activity [J]. *Indian Economic Review*, 1955, 2 (3): 134 – 143.

[13] P J Tichenor, G A Donohue, C N Olien. Mass Media Flow and Differential Growth in Knowledge. Public Opinion Quarterly, 1970, 34 (2): 159 – 170.

[14] Sen A., A Decade of Human Development [J]. *Journal of Human Development*, 2000, 1 (1), 17 – 23.

[15] Sen A K. Issues in Measurement of Poverty [J]. *Scandinavian Journal of Economics*, 1979, 81 (2): 285 – 307.

[16] Tarabini A, Jacovkis J., The Poverty Reduction Strategy Papers: An Analysis of a Hegemonic Link Between Education and Poverty [J]. *International Journal of Educational Development*, 2012, 32 (4): 507 – 516.

[17] Zhou Y, Guo Y Z, Liu Y S et al. Targeted Poverty Alleviation and Land Policy Innovation: Some Practice and Policy Implica-tions from China [J]. *Land Use Policy*, 2018 (74): 53 – 65.

中文期刊文献类:

[1] 安虎森. 增长极理论评述 [J]. 南开经济研究, 1997 (1): 31 – 37.

[2] 白维军. 论精准扶贫的理论来源、实践基础与创新发展 [J]. 内蒙古社会科学 (汉文版), 2019, 40 (1): 13 – 18.

[3] 白永秀, 刘盼. 全面建成小康社会后我国城乡反贫困的特点、难点与重点 [J]. 改革, 2019 (5): 29 – 37.

[4] 曹大宇, 翁贞林, 张天乐. 同步小康视角下精准脱贫模式选择 [J]. 农林经济管理学报, 2017, 16 (3): 399 – 407.

[5] 曹立, 王声啸. 精准扶贫与乡村振兴衔接的理论逻辑与实践逻辑 [J]. 南京农业大学学报 (社会科学版), 2020, 20 (4): 42 – 48.

[6] 陈安平. 收入高会更健康吗? ——来自中国的新证据 [J]. 财贸经济, 2011 (1): 26 – 33.

[7] 陈成文. 对贫困类型划分的再认识及其政策意义 [J]. 社会科学家，2017 (6)：8 - 14.

[8] 陈恩伦，陈亮. 教育信息化观照下的贫困地区教育精准扶贫模式探究 [J]. 中国电化教育，2017，12 (3)：11 - 12.

[9] 陈凡，杨越. 中国扶贫资金投入对缓解贫困的作用 [J]. 农业技术经济，2003 (6)：1 - 5.

[10] 陈国强，罗楚亮，吴世艳. 公共转移支付的减贫效应估计——收入贫困还是多维贫困？[J]. 数量经济技术经济研究，2018，35 (5)：59 - 76.

[11] 陈洪波. 构建生态经济体系的理论认知与实践路径 [J]. 中国特色社会主义研究，2019 (4)：55 - 62.

[12] 陈辉，张全红. 基于多维贫困测度的贫困精准识别及精准扶贫对策——以粤北山区为例 [J]. 广东财经大学学报，2016，31 (3)：64 - 71.

[13] 陈辉，张全红. Alkire - Foster 模型测度城市多维贫困的研究——以广东省中山市为例 [J]. 五邑大学学报 (自然科学版)，2013，27 (2)：32 - 36.

[14] 陈静，王名. 教育扶贫与留守儿童关爱体系建设——基于 D 县 T 村"图书导读试验"的研究 [J]. 西北农林科技大学学报 (社会科学版)，2018，18 (2)：24 - 34.

[15] 陈凯. 经济发展与国有商业银行利润效率 [J]. 上海经济研究，2011 (10)：77 - 88.

[16] 陈蕾，古洋洋，任文达. 社会资金视角的扶贫效率问题研究 [J]. 东南学术，2020 (6)：96 - 105.

[17] 陈立中. 转型时期我国多维度贫困测算及其分解 [J]. 经济评论，2008 (5)：5 - 10，25.

[18] 陈利丹. 西江流域经济走廊建设前瞻 [J]. 中央民族大学学报，2003 (2)：17 - 21.

[19] 陈强. 浅谈乡村振兴与脱贫攻坚的有效衔接 [J]. 农村实用技术，2020 (10)：130 - 131.

[20] 陈秋云，姚俊智. 通过村规民约的农村生态环境治理——来自海南黎区的探索与实践 [J]. 原生态民族文化学刊，2020，12 (5)：85 - 92.

[21] 陈文捷，闫孝茹. 区域城市旅游生态位测评及发展策略研究——以珠江—西江经济带为例 [J]. 生态经济，2019，35 (9)：145 - 150，163.

[22] 陈文胜. 脱贫攻坚与乡村振兴有效衔接的实现途径 [J]. 贵州社会科学, 2020 (1): 11 - 14.

[23] 陈闻鹤, 常志朋, 宫晓虹. 多维视角下农村家庭致贫深层机理研究——基于安徽省大别山区 682 户调查数据 [J]. 湖南农业大学学报 (社会科学版), 2020, 21 (1): 25 - 34.

[24] 陈心颖. 脱贫动力培育与扶志、扶智的协同 [J]. 改革, 2017 (12): 38 - 41.

[25] 陈烨烽, 王艳慧, 赵文吉, 等. 中国贫困村致贫因素分析及贫困类型划分 [J]. 地理学报, 2017, 72 (10): 1827 - 1844.

[26] 陈志钢, 毕洁颖, 吴国宝, 等. 中国扶贫现状与演进以及 2020 年后的扶贫愿景和战略重点 [J]. 中国农村经济, 2019 (1): 2 - 16.

[27] 陈宗胜, 黄云, 周云波. 多维贫困理论及测度方法在中国的应用研究与治理实践 [J]. 国外社会科学, 2020 (6): 15 - 34.

[28] 陈宗胜, 杨思飞, 张伟. "精准扶贫" 的精髓是 "多维扶贫" 和彻底脱贫——建议尽快明确公布中国的 "多维扶贫" 标准和思路 [J]. 全球化, 2018 (2): 20 - 30.

[29] 代明, 覃剑. 西江流域经济发展不平衡测度与分析 [J]. 地域研究与开发, 2009, 28 (2): 11 - 14, 34.

[30] 戴小文, 曾维忠, 庄天慧. 循证实践框架下的精准扶贫: 一种方法论的探讨 [J]. 农村经济, 2017 (1): 17 - 23.

[31] 党国英. 贫困类型与减贫战略选择 [J]. 改革, 2016 (8): 68 - 70.

[32] 邓辉, 郭碧君. 民族旅游村寨精准扶贫的产业形态与经营模式——基于湖北武陵山片区两个典型民族旅游村寨的调查 [J]. 中南民族大学学报 (人文社会科学版), 2020, 40 (6): 135 - 142.

[33] 豆书龙, 叶敬忠. 乡村振兴与脱贫攻坚的有机衔接及其机制构建 [J]. 改革, 2019 (1): 19 - 29.

[34] 杜本峰, 李碧清. 农村计划生育家庭生计状况与发展能力分析——基于可持续性分析框架 [J]. 人口研究, 2014, 38 (4): 50 - 62.

[35] 杜为公, 王静. 转型期的中国城市贫困问题及治理 [J]. 当代经济管理, 2017, 39 (6): 23 - 30.

[36] 范和生, 唐惠敏. 农村贫困治理与精准扶贫的政策改进 [J]. 中国特色社会主义研究, 2017 (1): 45 - 52.

[37] 方创琳，周成虎，王振波. 长江经济带城市群可持续发展战略问题与分级梯度发展重点 [J]. 地理科学进展，2015，34 (11)：1398 – 1408.

[38] 方黎明，刘贺邦. 生活能源、农村居民的健康风险和能源扶贫 [J]. 农业技术经济，2019 (7)：115 – 125.

[39] 冯梦茹，金哲娇. 我国精准扶贫多元主体协同脱贫问题研究 [J]. 现代商贸工业，2020，41 (15)：4 – 5.

[40] 傅安国，吴娜，黄希庭. 面向乡村振兴的心理精准扶贫：内生动力的视角 [J]. 苏州大学学报 (教育科学版)，2019，7 (4)：25 – 33.

[41] 傅顺，胡浩，卢华. 江苏省新型农业经营主体的科技需求影响因素实证分析 [J]. 江苏农业科学，2017，45 (5)：332 – 336.

[42] 高飞，向德平. 社会治理视角下精准扶贫的政策启示 [J]. 南京农业大学学报 (社会科学版)，2017，17 (4)：21 – 27.

[43] 高鸣，马铃. 贫困视角下粮食生产技术效率及其影响因素——基于 EBM – Goprobit 二步法模型的实证分析 [J]. 中国农村观察，2015 (4)：49 – 60.

[44] 高鸣，宋洪远，Michael Carter. 补贴减少了粮食生产效率损失吗？——基于动态资产贫困理论的分析 [J]. 管理世界，2017 (9)：85 – 100.

[45] 高鸣，宋洪远. 粮食生产技术效率的空间收敛及功能区差异——兼论技术扩散的空间涟漪效应 [J]. 管理世界，2014 (7)：83 – 92.

[46] 高强，孔祥智. 论相对贫困的内涵、特点难点及应对之策 [J]. 新疆师范大学学报 (哲学社会科学版)，2020，41 (3)：2，120 – 128.

[47] 高帅，毕洁颖. 农村人口动态多维贫困：状态持续与转变 [J]. 中国人口·资源与环境，2016，26 (2)：76 – 83.

[48] 高松，杜发春. 民族地区深度贫困的多维成因及治理对策——基于对德钦县羊拉乡的调查 [J]. 中国藏学，2018 (4)：91 – 97.

[49] 高艳云，马瑜. 多维贫困测度方法比较及其展望 [J]. 兰州商学院学报，2014，30 (4)：108 – 113.

[50] 高艳云. 中国城乡多维贫困的测度及比较 [J]. 统计研究，2012，29 (11)：61 – 66.

[51] 耿翔燕，葛颜祥. 生态补偿式扶贫及其运行机制研究 [J]. 贵州社会科学，2017 (4)：149 – 153.

[52] 龚榆. 农民合作社在精准扶贫中的作用机制研究 [J]. 农村经济与科技，2018，29 (7)：57 – 58.

[53] 关畅. 精准扶贫与乡村振兴的衔接研究 [J]. 农村经济与科技, 2020, 31 (23)：148 – 150.

[54] 郭建宇, 吴国宝. 基于不同指标及权重选择的多维贫困测量——以山西省贫困县为例 [J]. 中国农村经济, 2012 (2)：12 – 20.

[55] 郭佩霞. 民族地区扶贫效益评价体系的构建 [J]. 西南民族大学学报 (人文社科版), 2009, 30 (9)：52 – 55.

[56] 郭儒鹏, 王建华, 罗兴奇. 从"嵌入"到"互嵌"：民族地区贫困治理研究的视角转换——基于贵州省 T 县调研 [J]. 贵州社会科学, 2019 (11)：160 – 168.

[57] 郭尚武, 张全红.1990 年代以来湖北省贫困指数的测算分析与政策建议——基于多维贫困视角 [J]. 湖北经济学院学报, 2015, 13 (1)：65 – 70.

[58] 郭熙保, 周强. 长期多维贫困、不平等与致贫因素 [J]. 经济研究, 2016, 51 (6)：143 – 156.

[59] 国家卫生健康委员会扶贫办. 深入实施健康扶贫工程, 努力实现贫困人口基本医疗有保障 [J]. 中国医学科学院学报, 2020, 42 (5)：667 – 668.

[60] 韩江波, 彭仁贤. 产业升级的要素配置机理：亚洲案例 [J]. 学习与实践, 2011 (10)：12 – 21.

[61] 韩兆柱, 于均环. 整体性治理、合作治理与合同制治理理论比较研究 [J]. 天津行政学院学报, 2018, 20 (5)：45 – 52.

[62] 郝晓薇, 黄念兵, 庄颖. 乡村振兴视角下公共服务对农村多维贫困减贫效应研究 [J]. 中国软科学, 2019 (1)：72 – 81.

[63] 何仁伟, 李光勤, 刘邵权, 等. 可持续生计视角下中国农村贫困治理研究综述 [J]. 中国人口·资源与环境, 2017, 27 (11)：69 – 85.

[64] 何植民, 陈齐铭. 精准扶贫的"碎片化"及其整合：整体性治理的视角 [J]. 中国行政管理, 2017 (10)：87 – 91.

[65] 贺志武, 胡伦. 社会资本异质性与农村家庭多维贫困 [J]. 华南农业大学学报 (社会科学版), 2018 (3)：20 – 31.

[66] 洪炜杰, 罗必良. 地权稳定能激励农户对农地的长期投资吗 [J]. 学术研究, 2018 (9)：78 – 86.

[67] 洪业应, 张学立, 陈景信. 公共价值视角下精准脱贫绩效评价与脱贫机制建构 [J]. 农村经济, 2019 (2)：54 – 61.

[68] 侯斌. 精准扶贫背景下家庭支持、社会支持对城乡贫困老年人口脱

贫的影响 [J]. 四川理工学院学报（社会科学版），2019, 34（2）：38 – 55.

[69] 侯卉，王娜，王丹青. 中国城镇多维贫困的测度 [J]. 城市发展研究，2012, 19（12）：123 – 128.

[70] 侯军岐，郑盼盼. 基于多维贫困测度的我国高质量脱贫研究 [J]. 北方园艺，2020（17）：160 – 165.

[71] 胡鞍钢. 从贫困大国到小康社会：中国如何消除四类贫困——中科院 – 清华大学国情研究中心主任胡鞍钢谈 21 世纪多维贫困 [J]. 中国老区建设，2008（12）：14 – 15.

[72] 胡原，卢冲，曾维忠. 四省藏区多维贫困空间分异及基层能力建设 [J]. 经济地理，2020, 40（2）：171 – 180.

[73] 黄安胜，许佳贤，刘振滨，等. 中国绿色农业技术效率及其省际差异分析——基于 1998—2012 年的面板数据 [J]. 湖南农业大学学报（社会科学版），2014, 15（4）：68 – 75.

[74] 黄承伟. 论中国新时代扶贫理论实践研究 [J]. 华中农业大学学报（社会科学版），2019（1）：1 – 7.

[75] 黄承伟，覃志敏. 统筹城乡发展：农业产业扶贫机制创新的契机——基于重庆市涪陵区产业扶贫实践分析 [J]. 农村经济，2013（2）：67 – 71.

[76] 黄承伟，王猛. "五个一批" 精准扶贫思想视阈下多维贫困治理研究 [J]. 河海大学学报（哲学社会科学版），2017, 19（5）：1 – 5, 47, 89.

[77] 黄方方. 加快珠江—西江经济带建设 打造西南中南地区开放发展新的战略支点 [J]. 中国经贸导刊，2014（31）：27 – 29.

[78] 黄国英，谢宇. 认知能力与非认知能力对青年劳动收入回报的影响 [J]. 中国青年研究，2017（2）：56 – 64.

[79] 黄海燕，陈杏梅. 产业分工视角下西江经济带产业定位与发展对策——以广西贵港为例 [J]. 玉林师范学院学报，2013, 34（4）：61 – 65.

[80] 黄开腾，张丽芬. 从贫困类型划分看精准扶贫分类扶持的政策调整 [J]. 山东社会科学，2018（3）：74 – 80.

[81] 黄少安，张苏. 人类的合作及其演进研究 [J]. 中国社会科学，2013（7）：77 – 89.

[82] 黄永斌，董锁成. 生态脆弱贫困区县域循环经济发展评价研究——以定西市为例 [J]. 农业现代化研究，2015, 36（6）：927 – 933.

[83] 黄祖辉. 准确把握中国乡村振兴战略 [J]. 中国农村经济，2018

（4）：2 – 12.

[84] 霍萱. 多维贫困理论及其测量研究综述 [J]. 社会福利（理论版），2017（12）：5 – 9.

[85] 贾海彦，王晶晶. 后精准扶贫时期农村隐性贫困的精准识别与治理——基于异质性视角的贫困农户微观数据分析 [J]. 河北经贸大学学报，2019，40（4）：65 – 76.

[86] 贾俊雪，秦聪，刘勇政. "自上而下"与"自下而上"融合的政策设计——基于农村发展扶贫项目的经验分析 [J]. 中国社会科学，2017（9）：68 – 89.

[87] 姜长云. 实施乡村振兴战略需努力规避几种倾向 [J]. 农业经济问题，2018（1）：8 – 13.

[88] 蒋翠侠，许启发，李亚琴. 中国家庭多维贫困的统计测度 [J]. 统计与决策，2011（22）：92 – 95.

[89] 蒋和胜，李小瑜，田永. 阻断返贫的长效机制研究 [J]. 吉林大学社会科学学报，2020，60（6）：24 – 34.

[90] 蒋谨慎. 健康贫困与分配正义——基于黔东南农村居民健康问题考量 [J]. 医学与哲学（A），2015，36（10）：58 – 60.

[91] 蒋团标，常玲. 珠江—西江经济带产业联动的实证分析 [J]. 改革与战略，2016，32（2）：76 – 83.

[92] 蒋团标，赵础昊. 珠江—西江经济带城镇化协调度分析 [J]. 广西师范大学学报（哲学社会科学版），2016，52（2）：1 – 7.

[93] 揭子平，丁士军. 农户多维贫困测度及反贫困对策研究——基于湖北省恩施市的农户调研数据 [J]. 农村经济，2016（4）：40 – 44.

[94] 解垩. 公共转移支付与老年人的多维贫困 [J]. 中国工业经济，2015（11）：32 – 46.

[95] 金凤君，牛树海，刘毅. 长江流域交通发展问题探析 [J]. 长江流域资源与环境，2005（2）：155 – 158.

[96] 乐小兵，幸伟. 区域物流与经济发展关系的实证研究——以广西为例 [J]. 梧州学院学报，2013，23（2）：15 – 21.

[97] 雷望红. 论精准扶贫政策的不精准执行 [J]. 西北农林科技大学学报（社会科学版），2017，17（1）：1 – 8.

[98] 李波平，何雄. 计划生育家庭贫困与能力损失分析——基于可持续

生计理念与森的多维贫困理论 [J]. 湖北行政学院学报，2014（4）：40 - 44.

[99] 李博，张全红，周强，等. 中国收入贫困和多维贫困的静态与动态比较分析 [J]. 数量经济技术经济研究，2018，35（8）：39 - 55.

[100] 李博，左停. 谁是贫困户？精准扶贫中精准识别的国家逻辑与乡土困境 [J]. 西北农林科技大学学报（社会科学版），2017，17（4）：1 - 7.

[101] 李春根，陈文美，邹亚东. 深度贫困地区的深度贫困：致贫机理与治理路径 [J]. 山东社会科学，2019（4）：69 - 73.

[102] 李春明. 精准扶贫的经济学思考 [J]. 理论月刊，2015（11）：5 - 8.

[103] 李丹，李双奎. 公共资源治理下的精准扶贫政策执行困境与优化策略 [J]. 资源开发与市场，2017，33（2）：179 - 183.

[104] 李海红，张剑. 西藏自我发展能力评价体系构建分析 [J]. 黑龙江民族丛刊，2013（6）：16 - 22.

[105] 李海鹏，杨海晨. 贫困山区农户茶叶生产技术效率及影响因素研究 [J]. 林业经济问题，2020，40（1）：88 - 95.

[106] 李华红. 民生语域中民族村寨旅游业开发检思与居民自我发展能力研究——贵阳市镇山村案例 [J]. 湖北社会科学，2011（10）：89 - 92.

[107] 李佳. 中国连片特困地区反贫困研究进展 [J]. 贵州社会科学，2013（12）：87 - 91.

[108] 李景堂. 实施珠江流域规划　促进西江经济走廊繁荣 [J]. 人民珠江，1998（2）：4 - 7

[109] 李军，龚锐，向轼. 乡村振兴视域下西南民族村寨多元协同反贫困治理机制研究——基于第一书记驻村的分析 [J]. 西南民族大学学报（人文社科版），2020，41（1）：194 - 202.

[110] 李立清，龚君. 农村贫困人口健康问题研究 [J]. 湖南社会科学，2020（2）：166 - 172.

[111] 李宁波. 着力打造西江流域核心港口城市 [J]. 当代广西，2013（2）：25.

[112] 李平星，樊杰. 区域尺度城镇扩张的情景模拟与生态效应——以珠江西江经济带为例 [J]. 生态学报，2014，34（24）：7376 - 7384.

[113] 李萍，田世野. 习近平精准扶贫脱贫重要论述的内在逻辑与实现机制 [J]. 教学与研究，2019（2）：5 - 14.

[114] 李仁贵. 增长极理论的形成与演进评述 [J]. 经济思想史评论，

2006（1）：209－234.

[115] 李如春，陈绍军. 农民合作社在精准扶贫中的作用机制研究 [J]. 河南大学学报（哲学社会科学版），2017，19（2）：53－59.

[116] 李珊，王晓东. 基于人力资本视角的贵州农村反贫困研究综述 [J]. 知识经济，2013，15（18）：108－128.

[117] 李素玲. 鱼渔并授　山海同行——对厦门－临夏东西扶贫协作的调查与思考 [J]. 中国党政干部论坛，2017（10）：101－104.

[118] 李涛，朱俊兵，伏霖. 聪明人更愿意创业吗？——来自中国的经验发现 [J]. 经济研究，2017，52（3）：91－105.

[119] 李文静，帅传敏，帅竞，等. 基于资产指数的联合国 IFAD 农村扶贫项目精准脱贫效果评价 [J]. 中国软科学，2016（7）：66－77.

[120] 李小云，唐丽霞，许汉泽. 论我国的扶贫治理：基于扶贫资源瞄准和传递的分析 [J]. 吉林大学社会科学学报，2015，55（4）：90－98.

[121] 李小云，吴一凡，武晋. 精准脱贫：中国治国理政的新实践 [J]. 华中农业大学学报（社会科学版），2019（5）：12－20，164.

[122] 李小云，徐进，于乐荣. 中国减贫四十年：基于历史与社会学的尝试性解释 [J]. 社会学研究，2018，33（6）：35－61.

[123] 李晓明. 贫困代际传递理论述评 [J]. 广西青年干部学院学报，2006（2）：75－78，84.

[124] 李兴洲. 公平正义：教育扶贫的价值追求 [J]. 教育研究，2017，38（3）：31－37.

[125] 李鹍、叶兴建. 农村精准扶贫：理论基础与实践情势探析——兼论复合型扶贫治理体系的建构 [J]. 福建行政学院学报，2015（02）.

[126] 李毅，孙焕良，范焕. 深度贫困区弱势群体自我发展能力评价研究——基于武陵山片区花垣、保靖两县的实证分析 [J]. 林业经济，2019，41（9）：123－128.

[127] 李迎生，徐向文. 社会工作助力精准扶贫：功能定位与实践探索 [J]. 学海，2016（4）：114－123.

[128] 李永友，沈坤荣. 财政支出结构、相对贫困与经济增长 [J]. 管理世界，2007（11）：14－26.

[129] 李志涛，刘伟江，陈盛，等. 关于“十四五”土壤、地下水与农业农村生态环境保护的思考 [J]. 中国环境管理，2020，12（4）：45－50.

[130] 廉超,刘慧,林春逸.以人民为中心的中国城乡居民养老服务均等化研究 [J]. 改革与战略,2018,34 (8):13-19.

[131] 梁晨.产业扶贫项目的运作机制与地方政府的角色 [J]. 北京工业大学学报 (社会科学版),2015 (5):7-15.

[132] 梁土坤.反贫困政策、家庭结构与家庭消费能力——基于六省城乡低收入家庭调查微观数据的实证分析 [J]. 贵州社会科学,2019 (6):158-168.

[133] 梁伟军,谢若扬.能力贫困视阈下的扶贫移民可持续脱贫能力建设研究 [J]. 华中农业大学学报 (社会科学版),2019 (4):105-114.

[134] 梁栩丞,刘娟,胡秋韵.产业发展导向的扶贫与贫弱农户的脱贫门槛:基于农政分析框架的反思 [J]. 中国农村观察,2020 (6):68-82.

[135] 廖彩荣,郭如良,尹琴,等.协同推进脱贫攻坚与乡村振兴:保障措施与实施路径 [J]. 农林经济管理学报,2019,18 (2):273-282.

[136] 林万龙,钟玲,陆汉文.合作型反贫困理论与仪陇的实践 [J]. 农业经济问题,2008 (11).

[137] 林移刚,杨文华.我国乡村旅游精准扶贫困境与破解研究:基于生产要素视角 [J]. 云南民族大学学报 (哲学社会科学版),2017,34 (2):121-127.

[138] 凌经球.可持续脱贫:新时代中国农村贫困治理的一个分析框架 [J]. 广西师范学院学报 (哲学社会科学版),2018,39 (2):97-111.

[139] 凌经球.乡村振兴战略背景下中国贫困治理战略转型探析 [J]. 中央民族大学学报 (哲学社会科学版),2019,46 (3):5-14.

[140] 刘春腊,徐美,周克杨,等.精准扶贫与生态补偿的对接机制及典型途径——基于林业的案例分析 [J]. 自然资源学报,2019,34 (5):989-1002.

[141] 刘格格,葛颜祥,张化楠.生态补偿助力脱贫攻坚:协同、拮抗与对接 [J]. 中国环境管理,2020,12 (5):95-101.

[142] 刘合光.精准扶贫与扶志、扶智的关联 [J]. 改革,2017 (12):36-38.

[143] 刘佳.公共转移支付的减贫效应:文献述评与研究展望 [J]. 内蒙古社会科学 (汉文版),2019,40 (5):203-212.

[144] 刘建生,陈鑫,曹佳慧.产业精准扶贫作用机制研究 [J]. 中国人

口·资源与环境，2017，27（6）：127-135.

[145] 刘杰，李杨，甫玉龙. 论多维贫困视角下我国农村多元化社会救助体系的建构 [J]. 北京化工大学学报（社会科学版），2014（1）：1-6.

[146] 刘解龙. 精准扶贫精准脱贫中期阶段的理论思考 [J]. 湖南社会科学，2018（1）：49-55.

[147] 刘俊生，何炜. 从参与式扶贫到协同式扶贫：中国扶贫的演进逻辑——兼论协同式精准扶贫的实现机制 [J]. 西南民族大学学报（人文社科版），2017，38（12）：205-210.

[148] 刘七军，李昭楠. 精准扶贫视角下连片特困区贫困农户自我发展能力提升研究 [J]. 北方民族大学学报（哲学社会科学版），2016（4）：107-110.

[149] 刘潜润，曾雪婷. 巩固脱贫成果与推进乡村振兴面临的挑战 [J]. 人民论坛，2020（31）：85-87.

[150] 刘强，胡旭，李晓. 贫困地区农业科技需求影响因素分析——基于四川省贫困地区农户的调查数据 [J]. 中国农业资源与区划，2020，41（9）：112-118.

[151] 刘胜林，王雨林，庄天慧. 基于文献研究法的精准扶贫综述 [J]. 江西农业学报，2015，27（12）：132-136.

[152] 刘守威，张玉玲. 内生性因素的多维贫困测度及因素变动分析——基于南疆四地州农村调查问卷 [J]. 新疆大学学报（哲学·人文社会科学版），2020，48（1）：11-19.

[153] 刘伟，黎洁. 西部山区农户多维贫困测量——基于陕西安康市1404份问卷的调查 [J]. 农村经济，2014（5）：14-18.

[154] 刘文婧，侯江红. 城乡居民医疗卫生公共服务满意度现状研究 [J]. 中国社会医学杂志，2018，35（6）：629-633.

[155] 刘文烈，魏学文. 城市农民工多维贫困及治理路径研究 [J]. 齐鲁学刊，2016（6）：90-99.

[156] 刘彦随，曹智. 精准扶贫供给侧结构及其改革策略 [J]. 中国科学院院刊，2017，32（10）：1066-1073.

[157] 刘彦随，周扬，刘继来. 中国农村贫困化地域分异特征及其精准扶贫策略 [J]. 中国科学院院刊，2016，31（3）：269-278.

[158] 刘一伟. 社会保障支出对居民多维贫困的影响及其机制分析 [J].

中央财经大学学报，2017（7）：7 – 18.

[159] 刘永富. 以习近平总书记扶贫重要论述为指导坚决打赢脱贫攻坚战 [J]. 行政管理改革，2019（5）：4 – 11.

[160] 刘裕，王璇. 贫困地区贫困人口对精准扶贫满意度及影响因素实证研究 [J]. 经济问题，2018（8）：98 – 103.

[161] 龙静云. 农民的发展能力与乡村美好生活——以乡村振兴为视角 [J]. 湖南师范大学社会科学学报，2019，48（6）：46 – 55.

[162] 龙先琼. 关于生态贫困问题的几点理论思考 [J]. 吉首大学学报（社会科学版），2019，40（3）：108 – 113.

[163] 陆大道. 关于国土（整治）规划的类型及基本职能 [J]. 经济地理，1984（1）：3 – 9.

[164] 陆心贤. 分工协作，发挥区域总体优势——长江流域经济协调发展对策研究 [J]. 经济地理，1993（2）：21 – 26.

[165] 罗刚，廖和平，李涛，等. 地理资本视角下村级多维贫困测度及贫困类型划分：基于重庆市1919个市级贫困村调研数据 [J]. 中国农业资源与区划，2018，39（8）：244 – 254.

[166] 骆行，王志章. 民族地区精准脱贫与乡村振兴融合路径探索——以贵州道真自治县为例 [J]. 贵州民族研究，2018，39（10）：145 – 151.

[167] 马建富，吕莉敏. 乡村振兴背景下贫困治理的职业教育价值和策略 [J]. 苏州大学学报（教育科学版），2019，7（1）：70 – 77.

[168] 马九杰，罗兴，吴本健. 精准化金融产业扶贫机制创新研究 [J]. 当代农村财经，2016（9）：26 – 29，37.

[169] 马明，高宇璇. 县域经济自我发展能力评价指标体系构建——以山西省为例 [J]. 经济问题，2016（3）：112 – 117.

[170] 马绍东，万仁泽. 多维贫困视角下民族地区返贫成因及对策研究 [J]. 贵州民族研究，2018，39（11）：45 – 50.

[171] 马婷，唐贤兴. "健康中国"战略下的健康权利平等：一个健康扶贫政策的分析框架 [J]. 河南大学学报（社会科学版），2020，60（6）：36 – 43.

[172] 马延吉. 区域产业集聚理论初步研究 [J]. 地理科学，2007（6）：756 – 760.

[173] 梅兰. 努力提高自我发展能力　促进贫困地区快速发展 [J]. 贵州农业科学，2008（5）：180 – 182.

[174] 孟志华，李晓冬 . 精准扶贫绩效的第三方评估：理论溯源、作用机理与优化路径 [J] . 当代经济管理，2018，40（3）：46 – 52 .

[175] 莫光辉 . 五大发展理念视域下的少数民族地区多维精准脱贫路径——精准扶贫绩效提升机制系列研究之十一 [J] . 西南民族大学学报（人文社科版），2017，38（2）：18 – 23 .

[176] 莫光辉，张玉雪 . 大数据背景下的精准扶贫模式创新路径——精准扶贫绩效提升机制系列研究之十 [J] . 理论与改革，2017（1）：119 – 124 .

[177] 聂铭，王旭，邱守明，杜靖川 . 自然保护区生态旅游发展对贫困农户生产经营能力的影响研究 [J] . 林业经济问题，2020，40（2）：113 – 121 .

[178] 宁亚芳 . 从道德化贫困到能力贫困：论西方贫困观的演变与发展 [J] . 学习与实践，2014（7）：112 – 120 .

[179] 宁泽逵 . 农户可持续生计资本与精准扶贫 [J] . 华南农业大学学报（社会科学版），2017，16（1）：86 – 94 .

[180] 牛胜强 . 多维视角下深度贫困地区脱贫攻坚困境及战略路径选择 [J] . 理论月刊，2017（12）：146 – 150 .

[181] 欧阳静 . 论基层运动型治理——兼与周雪光等商榷 [J] . 开放时代，2014（6）：180 – 190 .

[182] 潘经富 . 西江经济带建设与金融资源配置研究 [J] . 区域金融研究，2014（4）：61 – 65 .

[183] 彭继权，吴海涛，汪为 . 家庭生命周期视角下农户多维贫困测度及分解 [J] . 统计与决策，2019，35（12）：45 – 49 .

[184] 尚静，张和清 . 贫困、环境退化与绿色减贫——一个华南村庄的社会工作实践案例研究 [J] . 开放时代，2020（6）：61 – 76 .

[185] 尚卫平，姚智谋 . 多维贫困测度方法研究 [J] . 财经研究，2005（12）：88 – 94 .

[186] 邵志忠 . 从人力资源因素看红水河流域少数民族地区的贫困——红水河流域少数民族地区贫困原因研究之三 [J] . 广西民族研究，2011（2）：170 – 177 .

[187] 申云，李京蓉，杨晶 . 乡村振兴背景下农业供应链金融信贷减贫机制研究——基于社员农户脱贫能力的视角 [J] . 西南大学学报（社会科学版），2019，45（2）：50 – 60 .

[188] 沈费伟 . 教育信息化：实现农村教育精准扶贫的战略选择 [J] . 中

国电化教育，2018（12）：54 – 60.

［189］沈菊. 农村精准扶贫多元主体协同机制研究［J］. 沈阳农业大学学报（社会科学版），2017，19（03）：264 – 468.

［190］沈茂英，杨萍. 生态扶贫内涵及其运行模式研究［J］. 农村经济，2016（7）：3 – 8.

［191］沈扬扬，詹鹏. 扶贫政策演进下的中国农村多维贫困［J］. 经济学动态，2018，59（7）：53 – 66.

［192］沈扬扬，Sabina Alkire，詹鹏. 中国多维贫困的测度与分解［J］. 南开经济研究，2018（5）：3 – 18.

［193］史玉成. 生态扶贫：精准扶贫与生态保护的结合路径［J］. 甘肃社会科学，2018（6）：169 – 176.

［194］宋宸刚，丛雅静. 我国精准扶贫的最优模式与关键路径分析［J］. 调研世界，2018（3）：58 – 61.

［195］宋静怡，廉超. 珠江—西江经济带贫困县精准扶贫的实践困境与对策研究［J］. 柳州职业技术学院学报，2019，19（3）：30 – 38.

［196］宋俊秀，钱力，倪修凤. 动态三支决策视角下连片特困地区多维贫困治理研究［J］. 软科学，2019，33（10）：131 – 138.

［197］孙晗霖，王志章，刘新智，等. 生计策略对精准脱贫户可持续生计的影响有多大？——基于 2660 个脱贫家庭的数据分析［J］. 中国软科学，2020（2）：59 – 72.

［198］孙林，王艳慧，柯文俊，等. 内蒙古自治区农村人口多维贫困特征测算与分析［J］. 人文地理，2016，31（1）：108 – 115，146.

［199］孙林，王艳慧，王强，等. 基于生活水平维度的县级贫困度量研究——以武陵片区北部为例［J］. 中国农业资源与区划，2015，36（2）：102 – 110.

［200］孙鲁云，谭斌. 自我发展能力剥夺视角下贫困地区多维贫困的测度与分析——以新疆和田地区为例［J］. 干旱区资源与环境，2018，32（2）：23 – 29.

［201］孙淑云，任雪娇. 中国农村合作医疗制度变迁［J］. 农业经济问题，2018（9）：24 – 32.

［202］孙咏梅，方庆. 消费视角下的贫困测度及精准扶贫探索——基于我国农村地区消费型贫困的调研［J］. 教学与研究，2017（4）：23 – 32.

[203] 索朗杰措. 缓解贫困视域下生态补偿机制的研究——基于国内外的分析 [J]. 西南金融, 2020 (7): 47 - 55.

[204] 覃成林, 李敏纳. 区域经济空间分异机制研究——一个理论分析模型及其在黄河流域的应用 [J]. 地理研究, 2010, 29 (10): 1780 - 1792.

[205] 覃剑, 冯邦彦. 流域经济增长空间分异研究——基于 2001 ~ 2009 年长江流域数据的面板计量分析 [J]. 长江流域资源与环境, 2012, 21 (11): 1308 - 1313.

[206] 谭贤楚, 朱力. 贫困类型与政策含义: 西部民族山区农村的贫困人口——基于恩施州的实证研究 [J]. 未来与发展, 2012, 35 (1): 109 - 113.

[207] 唐丽霞, 罗江月, 李小云. 精准扶贫机制实施的政策和实践困境 [J]. 贵州社会科学, 2015 (5): 151 - 156.

[208] 唐萍萍, 胡仪元. 贫困县多维贫困特征及其对策 [J]. 人民论坛, 2020 (25): 66 - 67.

[209] 唐任伍, 肖彦博, 唐常. 后精准扶贫时代的贫困治理——制度安排和路径选择 [J]. 北京师范大学学报 (社会科学版), 2020 (1): 133 - 139.

[210] 田春艳, 吴佩芬. 现代化视阈下农村生态环境问题探析 [J]. 农业经济, 2015 (10): 86 - 88.

[211] 田宇, 许建, 麻学锋. 武陵山片区多维贫困度量及其空间表征 [J]. 经济地理, 2017, 37 (1): 162 - 169.

[212] 万君, 张琦. 区域发展视角下我国连片特困地区精准扶贫及脱贫的思考 [J]. 中国农业大学学报 (社会科学版), 2016, 33 (5): 36 - 45.

[213] 汪三贵, 郭子豪. 论中国的精准扶贫 [J]. 贵州社会科学, 2015 (5): 147 - 150.

[214] 汪三贵, 胡骏, 徐伍达. 民族地区脱贫攻坚 "志智双扶" 问题研究 [J]. 华南师范大学学报 (社会科学版), 2019 (6): 5 - 11, 191.

[215] 汪三贵, 刘未. "六个精准" 是精准扶贫的本质要求——习近平精准扶贫系列论述探析 [J]. 毛泽东邓小平理论研究, 2016 (1): 40 - 43.

[216] 汪三贵, 曾小溪. 从区域扶贫开发到精准扶贫——改革开放 40 年中国扶贫政策的演进及脱贫攻坚的难点和对策 [J]. 农业经济问题, 2018 (8): 40 - 50.

[217] 汪小勤, 姜涛. 基于农业公共投资视角的中国农业技术效率分析 [J]. 中国农村经济, 2009 (5): 79 - 86.

［218］王保雪，王荣党．农村贫困与县域环境的灰色关联分析［J］．经济研究导刊，2014（6）：36－38．

［219］王朝明，张海浪．精准扶贫、精准脱贫战略思想的理论价值［J］．理论与改革，2019（1）：28－34．

［220］王春超，叶琴．中国农民工多维贫困的演进——基于收入与教育维度的考察［J］．经济研究，2014，49（12）：159－174．

［221］王春光．农村贫困治理的实践张力和可持续研究［J］．江苏行政学院学报，2019（1）：60－68．

［222］王国勇，邢溦．我国精准扶贫工作机制问题探析［J］．农村经济，2015（9）：46－50．

［223］王恒，王博，朱玉春．乡村振兴视阈下农户多维贫困测度及扶贫策略［J］．西北农林科技大学学报（社会科学版），2019，19（4）：131－141．

［224］王嘉毅，封清云，张金．教育与精准扶贫精准脱贫［J］．教育研究，2016，37（7）：12－21．

［225］王剑利，庄孔韶，宋雷鸣．农村扶贫工作中的弱势群体识别问题［J］．中国农业大学学报（社会科学版），2015，32（2）：91－97．

［226］王介勇，戴纯，刘正佳，李裕瑞．巩固脱贫攻坚成果，推动乡村振兴的政策思考及建议［J］．中国科学院院刊，2020，35（10）：1273－1281．

［227］王磊，李聪．陕西易地扶贫搬迁安置区多维贫困测度与致贫因素分析［J］．统计与信息论坛，2019，34（3）：119－128．

［228］王磊，张冲．能力扶贫：精准扶贫的发展型视角［J］．理论月刊，2017（4）：157－161．

［229］王琳．制度供给视角下的健康精准扶贫研究［J］．卫生经济研究，2019，36（11）：6－9．

［230］王美英．凉山连片特困地区弱势群体的精准脱贫现实困境与对策研究［J］．西南民族大学学报（人文社科版），2017，38（11）：53－59．

［231］王蒙蒙．基于农户的农业科技需求影响因素重要性实证分析及政策研究——以山东省为例［J］．山东农业大学学报（社会科学版），2018，20（2）：79－84．

［232］王荣党，段云龙，王强波．贫困县政府绩效评估的第二阶梯：理论尺度·指标体系［J］．经济问题探索，2011（10）：186－190．

［233］王瑞华．后精准脱贫时期社会工作参与乡村贫困治理的视角、场

景与路径 [J]. 深圳大学学报（人文社会科学版），2020，37（4）：131 – 138.

[234] 王瑞军，马国旗，晁君杰，等. 从"扶农"到"扶贫"定西为百姓脱贫精准发力 [J]. 老区建设，2014（19）：52 – 54.

[235] 王三秀，高翔. 民族地区农村居民多维贫困的分层逻辑、耦合机理及精准脱贫——基于2013年中国社会状况综合调查的分析 [J]. 中央民族大学学报（哲学社会科学版），2019，46（1）：19 – 30.

[236] 王曙光. 构建真正的合作金融：合作社信用合作模式与风险控制 [J]. 农村经营管理，2014（5）.

[237] 王思铁. 精准扶贫：改"漫灌"为"滴灌" [J]. 四川党的建设（农村版），2014（04）：14 – 15.

[238] 王素霞，王小林. 中国多维贫困测量 [J]. 中国农业大学学报（社会科学版），2013，30（2）：129 – 136.

[239] 王曦璟，高艳云. 地区公共服务供给与转移支付减贫效应研究——基于多维贫困分析框架 [J]. 财经理论与实践，2017，38（2）：92 – 98.

[240] 王小林. 改革开放40年：全球贫困治理视角下的中国实践 [J]. 社会科学战线，2018（5）：17 – 26.

[241] 王小林. 建立贫困退出机制　确保贫困人口稳定脱贫 [J]. 中国财政，2016（12）：6 – 9.

[242] 王小林. 贫困标准及全球贫困状况 [J]. 经济研究参考，2012（55）：41 – 50.

[243] 王小林，Sabina Alkire. 中国多维贫困测量：估计和政策含义 [J]. 中国农村经济，2009（12）：4 – 10，23.

[244] 王晓毅. 反思的发展与少数民族地区反贫困——基于滇西北和贵州的案例研究 [J]. 中国农业大学学报（社会科学版），2015，32（4）：5 – 14.

[245] 王亚华，舒全峰. 中国精准扶贫的政策过程与实践经验 [J]. 清华大学学报（哲学社会科学版），2021，36（1）：141 – 155.

[246] 王艳慧，钱乐毅，段福洲. 县级多维贫困度量及其空间分布格局研究——以连片特困区扶贫重点县为例 [J]. 地理科学，2013，33（12）：1489 – 1497.

[247] 王雨磊. 数字下乡：农村精准扶贫中的技术治理 [J]. 社会学研究，2016，31（6）：119 – 142.

[248] 王赞新. 集中连片特困地区的生态补偿式扶贫标准与思路——以

大湘西地区为例 [J]. 湖湘论坛, 2015, 28 (4): 59 – 63.

[249] 王志凌, 邹林杰. 国家级贫困县"精准"扶贫效率评价——以广西 27 个县为例 [J]. 贵州大学学报 (社会科学版), 2016, 34 (4): 102 – 106.

[250] 韦璞. 贫困、贫困风险与社会保障的关联性 [J]. 广西社会科学, 2015 (2): 134 – 141.

[251] 卫武军. 农民合作社在精准扶贫中的作用机制研究 [J]. 农家参谋, 2019 (18): 7.

[252] 魏程琳, 赵晓峰. 常规治理、运动式治理与中国扶贫实践 [J]. 中国农业大学学报 (社会科学版), 2018, 35 (5): 58 – 69.

[253] 魏后凯. 长江经济带发展潜力与两岸合作机会 [J]. 江海学刊, 2016 (1): 56 – 64.

[254] 温兴祥, 郑子媛. 农村流动人口基本公共服务的多维贫困 [J]. 华南农业大学学报 (社会科学版), 2020, 19 (5): 56 – 69.

[255] 文丰安. 新时代精准扶贫的实践困境及治理路径 [J]. 西北农林科技大学学报 (社会科学版), 2019, 19 (1): 23 – 28.

[256] 文余源. 建设长江经济带的现实价值 [J]. 改革, 2014 (6): 26 – 28.

[257] 吴本健, 葛宇航, 马九杰. 精准扶贫时期财政扶贫与金融扶贫的绩效比较——基于扶贫对象贫困程度差异和多维贫困的视角 [J]. 中国农村经济, 2019 (7): 21 – 36.

[258] 吴本健, 罗玲, 王蕾. 深度贫困民族地区的教育扶贫: 机理与路径 [J]. 西北民族研究, 2019 (3): 97 – 108.

[259] 吴靖南. 乡村旅游精准扶贫实现路径研究 [J]. 农村经济, 2017 (3): 99 – 103.

[260] 吴乐. 深度贫困地区脱贫机制构建与路径选择 [J]. 中国软科学, 2018 (7): 63 – 70.

[261] 吴乐, 覃肖良, 靳乐山. 贫困地区农户参与生态管护岗位的影响因素研究——基于云南省两县的调查数据 [J]. 中央民族大学学报 (哲学社会科学版), 2019 (4): 80 – 87.

[262] 吴胜泽. 能力贫困理论与广西国定贫困县多维贫困估计 [J]. 经济研究参考, 2012 (65): 80 – 83, 100.

[263] 伍中信, 彭屹松, 陈放, 等. 少数民族地区农民家庭资产贫困的精准测度与脱贫对策 [J]. 经济地理, 2020, 40 (10): 171 – 175, 239.

[264] 武汉大学易地扶贫搬迁后续扶持研究课题组. 易地扶贫搬迁的基本特征与后续扶持的路径选择 [J]. 中国农村经济, 2020 (12): 88-102.

[265] 习近平. 把乡村振兴战略作为新时代"三农"工作总抓手 [J]. 求是, 2019 (11): 4-10.

[266] 夏一璞. 论精准扶贫中多元主体协同运行机制 [J]. 经济研究参考, 2018 (37): 72-77.

[267] 肖唐镖, 石海燕. 农村经济增长政策的扶贫效应分析 [J]. 新视野, 2009 (2): 26-29.

[268] 肖曾艳. 区域边缘地区新型工业化发展的主要问题及其突破 [J]. 经济纵横, 2014 (12): 93-96.

[269] 谢志鹏. 澜沧江——湄公河流域经济合作区若干特点 [J]. 亚太经济, 1994 (6): 11-14.

[270] 邢成举, 李小云. 相对贫困与新时代贫困治理机制的构建 [J]. 改革, 2019 (12): 16-25.

[271] 徐莉. 反贫困的性别分析: 基于少数民族山区贫困女性生计资源的调查 [J]. 广西师范大学学报 (哲学社会科学版), 2016, 52 (6): 111-116.

[272] 徐宁, 张香. 西藏边境旅游扶贫多元主体协同机制研究 [J]. 延安大学学报 (社会科学版), 2019, 41 (4): 65-71.

[273] 徐涛, 史雨星, Chien Hsiaoping, 等. 多维贫困与农户杂粮生产技术效率——基于凉山彝族自治州的微观数据分析 [J]. 重庆大学学报 (社会科学版), 2019, 25 (2): 14-27.

[274] 徐小言, 钟仁耀. 农村健康贫困的演变逻辑与治理路径的优化 [J]. 西南民族大学学报 (人文社科版), 2019, 40 (7): 199-206.

[275] 徐孝勇, 曾恒源. 中国14个集中连片特困地区县域自我发展能力测度与乡村振兴战略瞄准研究 [J]. 农林经济管理学报, 2019, 18 (5): 684-692.

[276] 许汉泽, 李小云. 深度贫困地区产业扶贫的实践困境及其对策——基于可行能力理论的分析 [J]. 甘肃社会科学, 2019 (3): 130-136.

[277] 许剑峰, 黄瓴, 杨钛伟. 城乡统筹视野下的流域经济与贫困地区流域发展战略研究 [J]. 重庆大学学报 (社会科学版), 2009, 15 (5): 11-15.

[278] 许启发, 王侠英. 安徽省城乡居民贫困脆弱性因子分析 [J]. 山东工商学院学报, 2017, 31 (2): 31-37.

［279］许源源，彭馨瑶．基于系统思维的精准脱贫实施机制：一个分析框架［J］．行政论坛，2016，23（3）：14-18．

［280］许月卿，李双成，蔡运龙．基于 GIS 和人工神经网络的区域贫困化空间模拟分析——以贵州省猫跳河流域为例［J］．地理科学进展，2006（3）：79-85，140．

［281］燕继荣，王禹澔．保障济贫与发展脱贫的主题变奏——中国反贫困发展与展望［J］．南京农业大学学报（社会科学版），2020，20（4）：22-34．

［282］杨安队．新形势下精准扶贫精准脱贫的路径选择［J］．中国党政干部论坛，2019（1）：84-86．

［283］杨浩，汪三贵，池文强．少数民族地区精准脱贫进程评价及对策研究［J］．贵州民族研究，2016，37（7）：148-152．

［284］杨慧敏，罗庆，李小建，高更和．生态敏感区农户多维贫困测度及影响因素分析——以河南省淅川县 3 个村为例［J］．经济地理，2016，36（10）：137-144．

［285］杨龙，汪三贵．贫困地区农户的多维贫困测量与分解——基于 2010年中国农村贫困监测的农户数据［J］．人口学刊，2015，37（2）：15-25．

［286］杨龙，徐伍达，张伟宾，刘天平．西藏作为特殊集中连片贫困区域的多维贫困测量——基于"一江两河"地区农户家计调查［J］．西藏研究，2014（1）：69-77．

［287］杨树燕．流动儿童发展性贫困与家庭互动机制关系研究［J］．新西部，2018（15）：23-25．

［288］杨朔，李博，李世平．新型农业经营主体带动贫困户脱贫作用研究——基于六盘山区 7 县耕地生产效率的实证分析［J］．统计与信息论坛，2019，34（2）：78-84．

［289］杨艳琳，袁安．精准扶贫中的产业精准选择机制［J］．华南农业大学学报（社会科学版），2019，18（2）：1-14．

［290］杨宜勇，吴香雪．中国扶贫问题的过去、现在和未来［J］．中国人口科学，2016（5）：2-12．

［291］杨振，江琪，刘会敏，等．中国农村居民多维贫困测度与空间格局［J］．经济地理，2015，35（12）：148-153．

［292］姚玉祥．农村老年贫困治理的现实困境及其破解之道［J］．现代经济探讨，2019（6）：122-127．

[293] 姚云云，邱心凯，曹隽．资本的培育：我国农村社区多维贫困治理路径 [J]．江汉学术，2015，34（4）：39 – 48．

[294] 尹琦，肖正扬．生态产业链的概念与应用 [J]．环境科学，2002（6）：114 – 118．

[295] 于涛．中国城市贫困的多维测度及治理 [J]．河北经贸大学学报，2019，40（3）：23 – 30．

[296] 虞崇胜，余扬．"扶"与"脱"的分野：从精准扶贫到精准脱贫的战略转换 [J]．中共福建省委党校学报，2017（1）：41 – 48．

[297] 袁小平．贫困群体能力建设中的文化共鸣及其反贫效应——基于符号互动的视角 [J]．探索，2019（1）：127 – 138．

[298] 运迪．新时代农村生态环境治理的多样化探索、比较与思考——以上海郊区、云南大理和福建龙岩的治理实践为例 [J]．同济大学学报（社会科学版），2020，31（2）：116 – 124．

[299] 曾静．精准扶贫视角下农村弱势群体的增收路径 [J]．农业经济，2017（9）：56 – 57．

[300] 曾艳华．农民发展能力的问题与对策 [J]．改革与战略，2006（6）：29 – 33．

[301] 查茂和．精准扶贫与乡村振兴有效衔接的探索 [J]．安庆师范大学学报（社会科学版），2020，39（5）：99 – 102．

[302] 翟绍果．健康贫困的协同治理：逻辑、经验与路径 [J]．治理研究，2018，34（5）：53 – 60．

[303] 张蓓．以扶志、扶智推进精准扶贫的内生动力与实践路径 [J]．改革，2017（12）：41 – 44．

[304] 张长立．产业集聚理论探究综述 [J]．现代管理科学，2004（12）：32 – 33，44．

[305] 张红．农业技术在乡村社会的运作机制 [J]．农村经济，2013（7）．

[306] 张杰平．南水北调中线工程调水补偿制度研究 [J]．生态经济，2012（4）：82 – 86．

[307] 张静．补齐农村生态环境治理"短板" [J]．人民论坛，2017（25）：76 – 77．

[308] 张可云，张文彬．非对称外部性、EKC 和环境保护区域合作——对我国流域内部区域环境保护合作的经济学分析 [J]．南开经济研究，2009

（3）：25 - 45.

[309] 张克俊，付宗平，李雪．全面脱贫与乡村振兴的有效衔接——基于政策关系二重性的分析 [J]．广西师范大学学报（哲学社会科学版），2020，56（6）：7 - 20.

[310] 张立东．收入导向型农村多维贫困与精准扶贫——基于江苏省农村低收入家庭的分析 [J]．现代经济探讨，2017，36（12）：102 - 108.

[311] 张立冬．中国农村多维贫困与精准扶贫 [J]．华南农业大学学报（社会科学版），2017，16（4）：65 - 74.

[312] 张梦娣，张涛，张玉秋．2020 年后巩固脱贫成果的路径和重点 [J]．农业经济，2020（12）：69 - 70.

[313] 张鹏，徐志刚．公共转移支付的城乡减贫效应差异分析——基于多维贫困视角 [J]．地方财政研究，2020（1）：78 - 84.

[314] 张琦．通过精准扶贫完成扶贫脱贫任务 [J]．中国党政干部论坛，2015（12）：24 - 27.

[315] 张秋．从"制度贫困"到"制度统筹"：城乡统筹发展的路径选择 [J]．中州学刊，2013，35（6）：36 - 40.

[316] 张全红，李博，周强．精准扶贫贵在精准识别：收入和多维视角的对比分析 [J]．财经智库，2018，3（5）：74 - 89.

[317] 张全红．中国多维贫困的动态变化：1991—2011 [J]．财经研究，2015，41（4）：31 - 41.

[318] 张全红，周强，蒋赟．中国省份多维贫困的动态测度——以中国健康与营养调查中的9省为例 [J]．贵州财经大学学报，2014（1）：98 - 105.

[319] 张全红，周强．中国农村多维贫困的动态变化：1991—2011 [J]．财贸研究，2015，26（6）：22 - 29.

[320] 张蕊，麻宝斌．可持续生计模型下精准脱贫的逻辑困境及其长效机制研究 [J]．领导科学，2020（16）：97 - 101.

[321] 张赛群．精准扶贫与乡村振兴战略：内在关联和有效衔接 [J]．武汉科技大学学报（社会科学版），2021，23（2）：188 - 193.

[322] 张蔚文，石敏俊，黄祖辉．控制非点源污染的政策情景模拟：以太湖流域的平湖市为例 [J]．中国农村经济，2006（3）：40 - 47.

[323] 张鲜华．甘肃省精准扶贫的现实困境与可行路径选择 [J]．兰州财经大学学报，2017，33（1）：103 - 109.

[324] 张晓山. 探索具有中国特色的精准脱贫之路 [J]. 人民论坛，2017 (30)：50 - 53.

[325] 张雪梅，李晶，李小云. 妇女贫困：从农村到城乡，从收入贫困到多维贫困——2000 年以来中国"妇女贫困"研究评述与展望 [J]. 妇女研究论丛，2011 (5)：99 - 105.

[326] 张亚军. 恩施州产业结构问题研究 [J]. 贵州民族研究，2019，40 (1)：148 - 151.

[327] 张彦琛. 当代资本主义的福利治理与多维贫困 [J]. 国外理论动态，2018 (5)：67 - 76.

[328] 张一鸣. 城市化进程中的反贫困：制度创新与法律保障 [J]. 理论与改革，2020 (3)：107 - 117.

[329] 张宜红，薛华. 生态补偿扶贫的作用机理、现实困境与政策选择 [J]. 江西社会科学，2020，40 (10)：78 - 87.

[330] 张永丽，刘卫兵. "教育致贫"悖论解析及相关精准扶贫策略研究——以甘肃 14 个贫困村为例 [J]. 经济地理，2017，37 (9)：167 - 176.

[331] 张永丽，卢晓. 贫困性质转变下多维贫困及原因的识别——以甘肃省皋兰县六合村为例 [J]. 湖北社会科学，2016 (6)：71 - 79.

[332] 张永亮. 论贫困农户自我发展能力提升 [J]. 湖南社会科学，2018 (1)：56 - 61.

[333] 张玉强，张雷. 乡村振兴内源式发展的动力机制研究——基于上海市 Y 村的案例考察 [J]. 东北大学学报（社会科学版），2019，21 (5)：497 - 504.

[334] 张原. 农民工就业能力能否促进就业质量？——基于代际和城乡比较的实证研究 [J]. 当代经济科学，2020，42 (2)：16 - 31.

[335] 张志胜. 精准扶贫领域贫困农民主体性的缺失与重塑——基于精神扶贫视角 [J]. 西北农林科技大学学报（社会科学版），2018，18 (3)：72 - 81.

[336] 张志新，张秀丽，白海洋. 基于要素资源配置视角的贫困地区"产业项目扶贫"模式研究 [J]. 农村经济，2019 (1)：88 - 96.

[337] 张仲芳. 精准扶贫政策背景下医疗保障反贫困研究 [J]. 探索，2017 (2)：81 - 85.

[338] 张子豪，谭燕芝. 认知能力、信贷与农户多维贫困 [J]. 农业技术

经济，2020（8）：54－68.

［339］章文光. 精准扶贫与乡村振兴战略如何有效衔接［J］. 人民论坛，2019（4）：106－107.

［340］赵凯. 农业产业化经营风险分担优化模型［J］. 江苏农业科学，2013（4）：400－402.

［341］赵柳，李东科. 西部贫困地区妇女就业问题浅析［J］. 贵州工业大学学报（社会科学版），2006（6）：75－77，82.

［342］赵晓峰. 农民专业合作社制度演变中的"会员制"困境及其超越［J］. 农业经济问题. 2015（2）.

［343］赵晓峰，邢成举. 农民合作社与精准扶贫协同发展机制构建：理论逻辑与实践路径［J］. 农业经济问题. 2016，37（4）：23－29.

［344］赵振然. 我国农村居民医疗保健消费影响因素的区域差异研究［J］. 消费经济，2014，30（3）：24－29.

［345］郑长德，单德朋. 集中连片特困地区多维贫困测度与时空演进［J］. 南开学报（哲学社会科学版），2016（3）：135－146.

［346］郑长德. 深度贫困民族地区提高脱贫质量的路径研究［J］. 西南民族大学学报（人文社科版），2018，39（12）：103－112.

［347］郑健雄. 精准扶贫与乡村振兴战略如何有效衔接［J］. 农业开发与装备，2020（9）：9－10.

［348］郑瑞强，王英. 精准扶贫政策初探［J］. 财政研究，2016（2）：17－24.

［349］郑瑞强. 新型城乡关系益贫机理与连片特困区精准扶贫机制优化研究［J］. 现代经济探讨，2018（5）：101－110.

［350］郑瑞强，徐瑾，陈燕. 贫困区域产业化扶贫模式理念拓展与机制优化［J］. 三峡大学学报（人文社会科学版），2016，38（1）：60－63.

［351］郑烨，王春萍，张顺翔，李子恒. 精准扶贫提升农户满意度的作用机制研究——基于西部某省三贫困县的实证调查［J］. 软科学，2018，32（11）：15－19.

［352］钟钢，陈雯. 从世界大河流域开发实践构想长江开发模式［J］. 长江流域资源与环境，1997（2）：27－31.

［353］周丽，黎红梅. 社会适应、政治信任与易地扶贫搬迁政策满意度——基于湖南集中连片特困区搬迁农户调查［J］. 财经理论与实践，

2020，41（6）：86–93.

[354] 周明星，隋梦园，王子成. 十八大以来中国教育扶贫研究的演变及进展——基于 CNKI 文献的知识图谱分析 [J]. 湖南农业大学学报（社会科学版），2020，21（6）：84–90.

[355] 周淑芳. 创新生态开发模式下的精准扶贫——基于对湖北省郧西县精准扶贫实践的实证调研 [J]. 湖北文理学院学报，2016，37（12）：41–44.

[356] 周雪光. 中国国家治理的制度逻辑——一个组织学研究 [J]. 读书，2017（2）：61.

[357] 周玉龙，孙久文. 经济带增长理论的宏观框架与微观基础 [J]. 中州学刊，2015（9）：23–29.

[358] 朱烈夫，殷浩栋，张志涛，柯水发. 生态补偿有利于精准扶贫吗？——以三峡生态屏障建设区为例 [J]. 西北农林科技大学学报（社会科学版），2018，18（2）：42–48.

[359] 庄天慧，陈光燕，蓝红星. 精准扶贫主体行为逻辑与作用机制研究 [J]. 广西民族研究，2015（6）：138–146.

[360] 邹薇，方迎风. 关于中国贫困的动态多维度研究 [J]. 中国人口科学，2011（6）：49–59，111.

[361] 左停，李世雄，武晋. 国际社会保障减贫：模式比较与政策启示 [J]. 国外社会科学，2020（6）：35–45.

[362] 左停，徐加玉，李卓. 摆脱贫困之"困"：深度贫困地区基本公共服务减贫路径 [J]. 南京农业大学学报（社会科学版），2018，18（2）：35–44，158.

[363] 左停，徐小言. 农村"贫困–疾病"恶性循环与精准扶贫中链式健康保障体系建设 [J]. 西南民族大学学报（人文社科版），2017，38（1）：1–8.

[364] 左停，杨鱼鑫. 精准扶贫：技术靶向、理论解析和现实挑战 [J]. 贵州社会科学，2015（8）：156–162.

学位论文类：

[1] 侯凤涛. 中国农村多维贫困测度研究 [D]. 大连：东北财经大学硕士学位论文，2013.

[2] 李娜娜. 中国农村多维贫困研究 [D]. 太原：山西财经大学硕士学

位论文，2012.

［3］李雨婷．多维视角下民族地区贫困特征、分异及其治理研究［D］．银川：北方民族大学硕士学位论文，2018.

［4］刘密斯．基于多维贫困视角的我国城镇贫困线标准的研究［D］．沈阳：东北大学硕士学位论文，2013.

［5］孙菁菁．灵寿县金融扶贫长效可持续性研究［D］．石家庄：河北经贸大学硕士学位论文，2019.

［6］覃杰．湖北武陵山区农村贫困测度与治理研究［D］．恩施：湖北民族学院硕士学位论文，2017.

［7］王洪涛．中国西部地区农村反贫困问题研究［D］．北京：中央民族大学博士学位论文，2013.

［8］杨莉玲．乡镇政府公共服务能力研究［D］．南宁：广西大学硕士学位论文，2019.

［9］杨玉锋．宁夏六盘山集中连片特困地区绿色扶贫路径研究［D］．银川：宁夏大学硕士学位论文，2015.

［10］姚晓艳．高新区建设和关中经济带产业转型与空间重组［D］．西安：西北大学硕士学位论文，2004.

［11］张建华．大同市农村科技扶贫问题及对策研究［D］．晋中：山西农业大学硕士学位论文，2016.

［12］周静茹．六盘山回族地区反贫困研究［D］．兰州：兰州大学博士学位论文，2014.

报纸类：

［1］卢林．构建"反哺式"扶贫新格局［N］．人民日报，2016 – 08 – 17（005）.

［2］习近平．携手消除贫困，促进共同发展［N］．人民日报，2015 – 10 – 17（002）.

［3］曾衍德．促进农业全产业链融合　助力质量兴农［N］．农民日报，2019 – 03 – 23（02）.

网上电子公告类：

［1］光明网．中央扶贫开发工作会议在北京召开［EB/OL］．https：//epaper. gmw. cn/gmrb，2011 – 11 – 30.

[2] 广东省扶贫信息网. 广东省地级以上市党委和政府扶贫开发工作成效考核办法 [EB/OL]. http：//www. lufengshi. gov. cn/swlufeng/zdly/fpgzxxgk/tpcxjkh/content/post_190817. html，2018 – 05 – 04.

[3] 广东省扶贫信息网. 肇庆市地税部门精准扶贫 推进"创业帮扶"取得积极实效 [EB/OL]. http：//www. gdfp. gov. cn/gzdt/fpjb/201610/t20161025_800226. htm，2016 – 10 – 25.

[4] 广西扶贫信息网. 柳州市柳北区：考核驻村工作队员 强化思想认识 [EB/OL]. http：//fpb. gxzf. gov. cn/gzzc/sxfpdt/t4336637. shtml，2019 – 05 – 14.

[5] 广西科学技术厅. 为脱贫攻坚插上科技翅膀——自治区科技厅扶贫工作稳打稳扎善作善成 [EB/OL]. http：//kjt. gxzf. gov. cn/zthd/kjfp/t6730964. shtml，2020 – 10 – 19.

[6] 广西柳州市人民政府网. 我县召开脱贫攻坚精准帮扶工作推进会 [EB/OL]. http：//www. liuzhou. gov. cn/zjlz/xwzx/qxdt/lcx/202007/t20200727_1810140. shtml，2016 – 03 – 28.

[7] 广西县域经济网. 田阳县精准实施易地扶贫搬迁工程 [EB/OL]. http：//www. gxcounty. com/news/xyjjbd/20160823/128592. html，2016 – 08 – 23.

[8] 广西新闻网. "空店"精准扶贫暨广西民企扶贫现场会在天峨召开 [EB/OL]. http：//news. gxnews. com. cn/staticpages/20161026/newgx5810cdca – 15585113. shtml，2016 – 10 – 26。

[9] 贵州省科学技术厅. 贵州科技特派员沉基层助脱贫 [EB/OL]. http：//kjt. guizhou. cn/xwzx/mtjj/202010/t20201012_63987077. html，2020 – 10 – 12.

[10] 国家发展和改革委员会. 全国"十三五"易地扶贫搬迁规划 [EB/OL]. https：//www. ndrc. gov. cn/xxgk/zcfb/ghwb/201610/t20161031_962201_ext. html，2016 – 09 – 20.

[11] 国务院扶贫办官方网站. 关于公布全国连片特困地区分县名单的说明 [EB/OL]. http：//www. cpad. gov. cn/art/2012/6/14/art_50_23717. html? from = groupmessage&isappinstalled = 0，2012 – 06 – 14.

[12] 国务院扶贫办官方网站. 机构职能 [EB/OL]. http：//www. cpad. gov. cn/col/col282/.

[13] 国务院. 国务院关于珠江—西江经济带发展规划的批复 [EB/OL].

http：//www. gov. cn/zhengce/content/2014 – 07/16/content_8933. htm，2014 –
07 – 16.

［14］鹿寨县信息办. 我县走出一条独具特色的精准扶贫路子［EB/OL］.
http：//www. 545600. net/article/article_7165. html，2015 – 11 – 16.

［15］南宁日报. 南宁宾阳县：学习教育推动脱贫攻坚［EB/OL］.
http：//f. china. com. cn/2016 – 07/19/content_38914263. htm，2016 – 07 – 19.

［16］南宁新闻网. 武鸣区扶贫攻坚呈现良好局面［EB/OL］. http：//www.
nnnews. net/p/1536914. html，2016 – 08 – 16.

［17］人民日报海外版. 中国扶贫线30年涨10倍［EB/OL］. http：//paper.
people. com. cn/rmrbhwb，2015 – 10 – 16.

［18］韦庆芳. 河池市金城江区："五抓五出"深化党建精准扶贫［EB/
OL］. http：//fpb. gxzf. gov. cn/gzzc/fpjy/t5314834. shtml，2020 – 05 – 07.

［19］西江都市报. 梧州市积极探索资产收益扶贫新举措［EB/OL］.
http：//www. wzljl. cn/szb/xjdsb/html/2016 – 09/07/content_36169. htm，2016 –
09 – 07.

［20］新华网. 世界银行上调国际贫困线标准［EB/OL］. http：//www.
xinhuanet. com/world/2015 – 10/05/c_1116739916. htm，2015 – 10 – 5.

［21］杨光. 云南将力推新时期扶贫开发"63686"行动计划［EB/OL］.
http：//www. cpad. gov. cn/art/2015/8/25/art_5_13173. html？from = groupmess
age&isappinstalled =0，2015 – 08 – 25.

［22］云浮市扶贫办. 云浮市新时期相对贫困村帮扶工作方案［EB/OL］.
http：//fpb. yunfu. gov. cn/issueFileShow. ifs？issueId = 394240&filePath =/govm-
ach/fpb/html/394240_0. htm&keyWords = &msgType = 0&jsecuKeyNumberStr =
1542267153077，2018 – 09 – 12.

［23］云南省科学技术厅. 云南省科技厅关于印发2019年科技扶贫示范项
目实施方案的通知［EB/OL］. http：//kjt. yn. gov. cn/show – 12 – 246 – 1. html，
2019 – 03 – 01.

［24］云南网. 坚持"五步法"考察识别脱贫攻坚一线干部［EB/OL］.
https：//kuaibao. qq. com/s/20200709A0SRUC00？refer = spider_push，2020 –
07 – 09.

［25］中国青年网. 云南积极创新构建精准扶贫精准脱贫政策体系［EB/
OL］. http：//news. youth. cn/gn/201603/t20160305_7707044. htm，2016 – 03 – 05.

［26］中国政府网.2019年全国农村贫困人口减少1109万人［EB/OL］. http：//www. gov. cn/xinwen/2020 –01/24/content_5471927. htm，2020 –01 –24.

［27］中央政府网. 贵州启动新一轮易地扶贫搬迁5年将搬142万人［EB/OL］. http：//www. gov. cn/xinwen/2015 – 12/02/content _ 5019034. htm，2015 –12 –02.

后　　记

　　本书是广西师范大学廉超老师主持的 2016 年国家社科基金青年项目《多维贫困视阈下珠江—西江经济带精准扶贫与脱贫的机制与政策研究》（项目编号：16CJL048）的研究成果，该课题已于 2021 年 10 月通过结题验收。

　　该成果将珠江—西江经济带（包含延伸区）作为区域研究范围，以多维贫困为视角，从健康贫困、生活条件贫困、生产条件贫困、公共资源贫困、自我发展能力贫困等多个维度对珠江—西江经济带的精准扶贫与脱贫的机制与政策问题进行研究，从而提出有针对性的减贫策略，有利于深入推动珠江—西江经济带的扶贫开发、相对贫困治理，以及巩固珠江—西江经济带精准扶贫、精准脱贫成果，并为推动珠江—西江经济带扶贫开发与乡村振兴的有机衔接提供重要的理论和现实指导；同时，该成果通过从福利经济学以及贫困的多维度视角出发，研究珠江—西江经济带的多维贫困及精准扶贫与脱贫问题，有助于转变传统以单一维度贫困为核心的反贫困理论体系，转向以多维贫困理论为重要内容的反贫困理论体系，并为精准扶贫、精准脱贫提供理论参考和借鉴，以及为解决跨区域经济带和落后地区的贫困问题提供新的理论视角和现实途径。

　　该成果的出版，获得了国家社科基金青年项目"多维贫困视阈下珠江—西江经济带精准扶贫与脱贫的机制与政策研究"（16CJL048）、"广西高等学校千名中青年骨干教师培育计划"立项课题"乡村振兴背景下农民文化贫困治理逻辑与路径研究"（2022QGRW007）、广西哲学社会科学规划课题"广西高水平推进西部陆海新通道共建共享的机制与路径研究"（23FYJO28）、"广西高等学校千名中青年骨干教师培育计划"立项课题"西部地区自由贸易试验区建设的区域经济增长效应及政策支持研究"（2022QGRW029）、广西马克思主义理论研究与建设工程（广西师范大学）基地立项项目"2020 年后我国相对贫困的变动趋势及其治理逻辑研究"（2020MJD04）、广西八桂青年拔尖人才培养项目、广西师范大学马克思主义学院学术著作的出版资助，在此表示特别的感谢。

　　该成果在申报立项、成果撰写过程中，得到了林春逸、蒋团标等老师的精心指导和大力支持，在此表示衷心的感谢；裴金平、张亚萍、罗琳、王政武、谢琳、蒋毅、岑文静、赵美荣、熊兴华、王董等课题组成员，对本书的撰写给予了大量的帮助和支持，在此一并表示衷心的感谢；同时，该成果的申报立项、撰写和出版，得到学校社会科学研究处、马克思主义学院、经济管理学院等单位领导和老师的大力帮助和支持，在此表示衷心的感谢。经济科学出版社以及李晓杰编辑为本书的出版提供了大量的帮助和支持，在此也表示衷心的感谢。

　　由于作者的水平有限，书中难免存在不足和疏漏之处，恳请读者批评指正，以便进一步改进和提升。

廉　超

2024 年 1 月